GAME
The Same Planet
同一颗星球
PLANET

SAME
The Same Planet
同一颗星球
PLANET

刘 东 主编

横 财

全球变暖 生意兴隆

[美] 麦肯齐·芬克（McKenzie Funk） 著

王佳存 译

Windfall

The Booming Business

of Global Warming

江苏人民出版社

总　序

　　这套书的选题，我已经默默准备很多年了，就连眼下的这篇总序，也是早在六年前就已起草了。

　　无论从什么角度讲，当代中国遭遇的环境危机，都绝对是最让自己长期忧心的问题，甚至可以说，这种人与自然的尖锐矛盾，由于更涉及长时段的阴影，就比任何单纯人世的腐恶，更让自己愁肠百结、夜不成寐，因为它注定会带来更为深重的，甚至根本无法再挽回的影响。换句话说，如果政治哲学所能关心的，还只是在一代人中间的公平问题，那么生态哲学所要关切的，则属于更加长远的代际公平问题。从这个角度看，如果偏是在我们这一代手中，只因为日益膨胀的消费物欲，就把原应递相授受、永续共享的家园，糟蹋成了永远无法修复的、连物种也已大都灭绝的环境，那么，我们还有何脸面去见列祖列宗？我们又让子孙后代去哪里安身？

　　正因为这样，早在尚且不管不顾的 20 世纪末，我就大声疾呼这方面的"观念转变"了："……作为一个鲜明而典型的案例，剥夺了起码生趣的大气污染，挥之不去地刺痛着我们：其实现代性的种种负面效应，并不是离我们还远，而是构成了身边的基本事实——不管我们是否承认，它都早已被大多数国民所体认，被陡然上升的死亡率所证实。准此，它就不可能再被轻轻放过，而必须被投以全力的警觉，就像当年全力捍卫'改革'时一样。"①

---

① 刘东：《别以为那离我们还远》，载《理论与心智》，杭州：浙江大学出版社，2015 年，第 89 页。

　　的确，面对这铺天盖地的有毒雾霾，乃至危如累卵的整个生态，作为长期惯于书斋生活的学者，除了去束手或搓手之外，要是觉得还能做点什么的话，也无非是去推动新一轮的阅读，以增强全体国民，首先是知识群体的环境意识，唤醒他们对于自身行为的责任伦理，激活他们对于文明规则的从头反思。无论如何，正是中外心智的下述反差，增强了这种阅读的紧迫性：几乎全世界的环境主义者，都属于人文类型的学者，而唯独中国本身的环保专家，却基本都属于科学主义者。正由于这样，这些人总是误以为，只要能用上更先进的科技手段，就准能改变当前的被动局面，殊不知这种局面本身就是由科技"进步"造成的。而问题的真正解决，却要从生活方式的改变入手，可那方面又谈不上什么"进步"，只有思想观念的幡然改变。

　　幸而，在熙熙攘攘、利来利往的红尘中，还总有几位谈得来的出版家，能跟自己结成良好的工作关系，而且我们借助于这样的合作，也已经打造过不少的丛书品牌，包括那套同样由江苏人民出版社出版的、卷帙浩繁的"海外中国研究丛书"；事实上，也正是在那套丛书中，我们已经推出了聚焦中国环境的子系列，包括那本触目惊心的《一江黑水》，也包括那本广受好评的《大象的退却》……不过，我和出版社的同事都觉得，光是这样还远远不够，必须另做一套更加专门的丛书，来译介国际上研究环境历史与生态危机的主流著作。也就是说，正是迫在眉睫的环境与生态问题，促使我们更要去超越民族国家的疆域，以便从"全球史"的宏大视野，来看待当代中国由发展所带来的问题。

　　这种高瞻远瞩的"全球史"立场，足以提升我们自己的眼光，去把地表上的每个典型的环境案例都看成整个地球家园的有机脉动。那不单意味着，我们可以从其他国家的环境案例中找到一些珍贵的教训与手段，更意味着，我们与生活在那些国家的人们，根本就是在共享着"同一个"家园，从而也就必须共担起沉重的责任。从这个角度讲，当代中国的尖锐环境危机，就远不止是严重的中国问题，还属于更加深远的世界性难题。一方面，正如我曾经指出过的："那些非西方社会其实只是在受到西方冲击并且纷纷效法西方以后，其生存环境才变得如此恶劣。因此,在迄今为止的文明进程中,最不公正的历史事实之一是,原本产自某一文明内部的恶果,竟要由所有其他文明来痛苦地承受……"①而另一方面,也同样无可讳言的是,当代中国所造成的严重生态失衡,转而又加剧了世界性的环境危机。甚至,从任何有限国度来认定的高速发展,只要再换从全球史的视野来观察,就有可能意味着整个世界的生态灾难。

正因为这样,只去强调"全球意识"都还嫌不够,因为那样的地球表象跟我们太过贴近,使人们往往会鼠目寸光地看到,那个球体不过就是更加新颖的商机,或者更加开阔的商战市场。所以,必须更上一层地去提倡"星球意识",让全人类都能从更高的视点上看到,我们都是居住在"同一颗星球"上的。由此一来,我们就热切地期盼着,被选择到这套译丛里的著作,不光能增进有关自然史的丰富知识,更能唤起对于大自然的责任感,以及拯救这个唯一家园的危机感。的确,思想意识的改变是再重要不过了,否则即使耳边充满了危急的报道,人们也仍然有可能对之充耳不闻。甚至,还有人专门喜欢到电影院里,去欣赏刻意编造这些祸殃的灾难片,而且其中的毁灭场面越是惨不忍睹,他们就越是愿意乐呵呵地为之掏钱。这到底是麻木还是疯狂呢?抑或是两者兼而有之?

不管怎么说,从更加开阔的"星球意识"出发,我们还是要借这套书去尖锐地提醒,整个人类正搭乘着这颗星球,或曰正驾驶着这颗星球,来到了那个至关重要的,或已是最后的"十字路口"!我们当然也有可能由于心念一转而做出生活方式的转变,那或许就将是最后的转机与生机了。不过,我们同样也有可能——依我看恐怕是更有可能——不管不顾地懵懵懂懂下去,沿着心理的惯性而"一条道走到黑",一直走到人类自身的万劫不复。而无论选择了什么,我们都必须在事先就意识到,在我们将要做出的历史性选择中,总是凝聚着对于后世的重大责任,也就是说,只要我们继续像"击鼓传花"一般地,把手

---

① 刘东:《别以为那离我们还远》,载《理论与心智》,第85页。

中的危机像烫手山芋一样传递下去,那么,我们的子孙后代就有可能再无容身之地了。而在这样的意义上,在我们将要做出的历史性选择中,也同样凝聚着对于整个人类的重大责任,也就是说,只要我们继续执迷与沉湎其中,现代智人(homo sapiens)这个曾因智能而骄傲的物种,到了归零之后的、重新开始的地质年代中,就完全有可能因为自身的缺乏远见,而沦为一种遥远和虚缈的传说,就像如今流传的恐龙灭绝的故事一样……

2004年,正是怀着这种挥之不去的忧患,我在受命为《世界文化报告》之"中国部分"所写的提纲中,强烈发出了"重估发展蓝图"的呼吁——"现在,面对由于短视的和缺乏社会蓝图的发展所带来的、同样是积重难返的问题,中国肯定已经走到了这样一个关口:必须以当年讨论'真理标准'的热情和规模,在全体公民中间展开一场有关'发展模式'的民主讨论。这场讨论理应关照到存在于人口与资源、眼前与未来、保护与发展等一系列尖锐矛盾。从而,这场讨论也理应为今后的国策制订和资源配置,提供更多的合理性与合法性支持"[1]。2014年,还是沿着这样的问题意识,我又在清华园里特别开设的课堂上,继续提出了"寻找发展模式"的呼吁:"如果我们不能寻找到适合自己独特国情的'发展模式',而只是在盲目追随当今这种传自西方的、对于大自然的掠夺式开发,那么,人们也许会在很近的将来就发现,这种有史以来最大规模的超高速发展,终将演变成一次波及全世界的灾难性盲动。"[2]

所以我们无论如何,都要在对于这颗"星球"的自觉意识中,首先把胸次和襟抱高高地提升起来。正像面对一幅需要凝神观赏的画作那样,我们在当下这个很可能会迷失的瞬间,也必须从忙忙碌碌、浑浑噩噩的日常营生中,大大地后退一步,并默默地驻足一刻,以便用更富距离感和更加陌生化的眼光来重新回顾人类与自然的共生历史,也从

[1] 刘东:《中国文化与全球化》,载《中国学术》,第19—20期合辑。
[2] 刘东:《再造传统:带着警觉加入全球》,上海:上海人民出版社,2014年,第237页。

头来检讨已把我们带到了"此时此地"的文明规则。而这样的一种眼光,也就迥然不同于以往匍匐于地面的观看,它很有可能会把我们的眼界带往太空,像那些有幸腾空而起的宇航员一样,惊喜地回望这颗被蔚蓝大海所覆盖的美丽星球,从而对我们的家园产生新颖的宇宙意识,并且从这种宽阔的宇宙意识中,油然地升腾起对于环境的珍惜与挚爱。是啊,正因为这种由后退一步所看到的壮阔景观,对于全体人类来说,甚至对于世上的所有物种来说,都必须更加学会分享与共享、珍惜与挚爱、高远与开阔,而且,不管未来文明的规则将是怎样的,它都首先必须是这样的。

我们就只有这样一个家园,让我们救救这颗"唯一的星球"吧!

刘东

2018 年 3 月 15 日改定

目　录

前　言

　　根据银行与活动承办方达成的合同要求,必须有一条蟒蛇或水蚺,哪个更能取悦观众就准备哪个。最后,银行家们得到的是后者,一条绿色的水蚺,长 6 英尺,重 85 磅,挂在耍蛇人的脖子上。耍蛇人蓄着长长的头发,隐匿在一片富有异国情调的植物之间,紧靠着人造瀑布和一个穿着亚马逊风格服装的模特。不远处是两个铁丝笼子,里面有猩红色的金刚鹦鹉;还有一个巴西舞蹈队和一个小棚屋,这个小屋向游客提供免费的有机饮料。瀑布有 18 英尺长,下面有一尾巨大的鲤鱼,在水池里游荡。这些水是温的,是被过滤过的,有 4 500 加仑,不久就会被排到东河(East River)里。这是一片热带丛林,搭建在一个大帐篷内,位于下曼哈顿地区(lower Manhattan)南街海港(South Street Seaport)的人行步道上。这个帐篷宽 30 英尺,长 60 英尺,里面弥漫着一层薄薄的雾,温度达到 80 华氏度,帐篷的边是白色的,顶是透明的,游客可以通过帐篷顶看到华尔街上(Wall Street)的摩天大楼。这是 21 世纪初的纽约,是 2 月的一天,外面很冷,气温只有 39 华氏度。两名模特走在街道上,招揽过往的行人进帐篷看一看。被好奇心驱使的行人进入帐篷后就不得不马上脱下外套,摘下围巾,因为和外面的温度相比,里面实在太热了。当然,这么大的温度差异,就是我要说的重点。

　　这个引人注目的活动是德意志银行"气候投资形势在改变"路演的首次亮相。路演要在美国各地举办 80 场,本场是耗资最大的。在活动规模和想象力方面,能与这个帐篷丛林相媲美的只有德意志银行几个星期前在比弗利山庄（Beverly Hills）罗德欧大道（Rodeo Drive）上搭建的滑雪村庄和 90 英尺长的滑雪坡道。那里的小木屋装饰着鹿角枝形吊灯和木质的滑雪鞋，冰雕上刻着"德意志银行"的字样，模特们打扮成冰雪兔女郎，供应的瓶装水来自冰岛，范思哲（Versace）商店房顶上吹下片片人造雪。当然还有 30 吨真正的雪，这些雪是用木片切削机切削冰块制造的，有一辆冷藏卡车装着满满的冰块。还有两名专业滑雪运动员，他们后来抱怨没有一个合适的起跳板。曼哈顿和比弗利山庄两次活动的费用总共加起来为 150 万美元。但是，银行家们宣称，他们的活动是碳中和的，排放的温室气体已经被他们投资在印度的生物燃气项目所抵消。在南街海港，每个参加人员都会得到碳信用公司（Carbon Credit Company）颁发的一个证书，以此作为没有增加温室气体排放的证据。丛林活动持续了三个小时，产生了 152 吨温室气体，这是一个印度人三辈子才能排放的数量。

在巴西女孩（Brazilian Girls）乐队——巴西女孩是个演出团体，不过没有一名真正的巴西人，也只有一名女孩——的 DJ 演出前，银行家们召开了新闻发布会。2008 年初，面对北极有史以来最大幅度的冰雪融化以及阿尔·戈尔（Al Gore）组织拍摄的气候变化警示片和政府间气候变化专门委员会（IPCC）发布的不容乐观的报告，全世界都不知所措。就在这个当口，六家主要的投资公司发起成立了以全球变暖为主题的共同基金。其中，德意志银行的基金是 DWS 气候变化基金（DWS Climate Fund），总额为 29 亿美元。这次丛林活动就是为宣传那个基金而搞的，新闻发布会解释说，"德意志银行虽然在气候变化问题上不持立场，但是 DWS 气候变化基金在气候变化投资方面却发挥领先的作用"。基金的高管阿克塞尔·施瓦泽（Axel Schwarzer）说，这次活动的目的"不仅是显示气候变化正在发生，还要创造与气候变化有关的投资机会"。另外一次新闻发布会说得更进一步："关于气候变化的争论，已经不再是成本和风险的问题了，而是要考虑如何抓住这难得的机遇进行投资。"像气候变化这么重大而广泛的问题，并不全是不好的。即便是发生什么生态灾难，对每一个人来说，并不见得一定就是金融投资上的灾难。

德意志银行首席气候战略专家马克·富尔顿(Mark Fulton)的办公地点在中城区公园大道(Park Avenue)上的一幢大楼里。投资路演结束后,我去拜访他,先是进行安全检查,然后乘坐一部无声电梯,一直上到27层。他虽然在角落办公室①,但地方并不大,凌乱地堆放着各种文件。富尔顿是澳大利亚人,在牛津大学接受的高等教育,看起来既像资本家,又像科学家。他应对气候变化的愿望非常真诚,告诉我说,早在上世纪70年代,他还在上学的时候,就已经读过罗马俱乐部(Club of Rome)发布的报告《增长的限制》(*Limits to Growth*),这份报告对于地球的承载力持新马尔萨斯主义观点。他说:"那本书给我印象很深,书里所讨论的是,假如各种资源都要用完了,'我们该怎么办?我们必须改变我们生活的方式!'"富尔顿曾考虑毕业后到绿色和平组织(Greenpeace)工作,但却成为一名证券经纪人,之后成为一名分析家,现在则是帮助德意志银行最终认识到全球变暖的"大趋势",这个大趋势可以带来数十年的利润。他打趣道:"在我的职业生涯中,气候变化总是助我一臂之力。"

尽管DWS基金主要投资那些建造绿色世界的技术,比如风能、太阳能、智能电网以及更加智能的电表等,它也购买其他公司的股票。这些股票得到DWS基金的青睐,并不是因为它们有助于应对气候变化,而是因为气候越是变暖,地球越是不适合居住,这些公司得到的横财就会越大。不言而喻,这些公司的成功证明,我们在阻止气候变化方面,已经失败了。威立雅集团(Veolia)是当今世界最大的水公司,在五大洲74个国家建设了输水管道和海水淡化厂,并经营管理。孟山都(Monsanto)和先正达(Syngenta)都是农业生物技术领域的巨头,不断利用基因技术,开发培育抗旱的农作物品种。威特发公司(Viterra)是加拿大温带地区的一家农业企业,发展很快。DWS基金还持有多元环球水务(Duoyuan Global Water)以及两家肥料跨国集团雅苒

---

① 美国企业或机构相关负责人的办公室一般位于拐角处。——译者注

(YARA)和加阳（Agrium）的股票，其中多元环球水务在水资源枯竭的中国，是最大的从事水处理的公司之一。我问富尔顿，德意志银行将计划如何围绕海平面上升进行资本运作，他提到只是在一家荷兰公司那里小试牛刀。这家公司叫皇家波斯卡利斯（Royal Boskalis），从事河道疏浚业务，刚刚在马尔代夫人工建造了一个岛屿。在 2004 年的海啸中，马尔代夫曾遭受大洪水。他反问我："如果要找建造海堤的专家，除了荷兰，还能到哪儿去找呢？"

其他气候变化投资基金的做法大同小异。它们购买清洁技术、绿色技术，购买新经济和低碳经济中的基础要素，不过，它们也开始进行对冲投资。在伦敦，施罗德全球气候变化基金（Schroder Global Climate Change Fund）正在投资俄罗斯的农田，（来应对）由于冬天变暖以及干旱导致的粮食危机。这些廉价、肥沃的土地一夜之间会变得身价百倍。该基金的经理甚至走得更远，按照这一逻辑购买了家乐福（Carrefour）和乐购（Tesco）等超市连锁企业的股票。他告诉我，"如果气候变化导致农作物减产，那么人们在食品上花的钱就会更多。很显然，零售业将会从中受益"。在伦敦市的另一边，另外一个基金经理向我解释他为什么看好慕尼黑再保险公司（Munich Re）和瑞士再保险公司（Swiss Re）。他说："随着自然灾害越来越普遍，随着气候变化开始带来洪涝和干旱，保险公司，特别是再保险公司，将会获得定价的权力。"由于保险公司可以浮动价格，因此"对于保险公司来说，飓风实际上是个相当有利的因素"。该基金在华尔街高楼大厦的投行中有一位合伙人，这位合伙人给我看了些乌克兰农田的照片，说他的公司将购买那里"大片的土地"。他说，苏联时代的集体农庄已经退化为"伪生计农业"（pseudo-subsistence agriculture），"你可以到这儿来，用几瓶伏特加或者两个月的粮食，就可以获得几千公顷的土地。你只需要给他们伏特加和粮食就行了"。

国际社会接连在哥本哈根（Copenhagen）、坎昆（Cancun）、德班（Durban）和多哈（Doha）等地召开气候大会。在随后的日子里，几乎所有人都担忧北极熊和电动汽车的命运，但一些基金经理担心我会误解他们,把他们误解为过分乐观的活动分子,把他们的基金误认为只是另一个绿色基金或具有社会道义的基金。索菲·霍斯福尔(Sophie Horsfall)是英国 F&C 全球气候机会基金(F&C Global Climate Opportunities Fund)的一名经理。她告诉我:"很多人会问,'你怎么能投资气候变化呢?'他们往往只看到一两个领域,或者是三个领域,比如替代能源等。对于我们来说,需要考虑的还有很多。我们必须把气候变化和伦理道德分隔开来。我们认为必须把气候变化和环境问题分隔开来。我们还必须往后退一步。"她一定是看到我迷惑不解,于是便接着说:"我们必须考虑气候变化的现实。这听起来很难,对吗?"

关于全球变暖,从我们对它有一定了解以来,已经有上百年了;从我们对它进行科学探索以来,也有几十年了。人们对全球变暖的首次认识,要追溯到 19 世纪的约翰·丁达尔(John Tyndall)和斯凡特·阿伦尼斯(Svante Arrhenius)。但是如果说是社会民众普遍对全球变暖感到焦虑并进行讨论,那要追溯到上个世纪 70 年代第一批复杂计算机模型的建立、1979 年首次召开的世界气候大会(World Climate Conference)和 1988 年美国航空航天局(NASA)大气物理学家詹姆斯·汉森(James Hansen)在国会听证会上所作的具有里程碑式的证词。人们不停地谈论全球变暖这一陈词滥调,并聚讼纷纭,已经有足够长的时间了,这要归功于我此刻在西雅图写作时依然经历着的热浪。其实,人们在那以后又提出了新的陈词滥调,并不断花样翻新,也已经有足够长的时间了。新的腔调认为,由于我们的工程技术开发,由于我们的温室气体排放,我们已经极大地改变了地球,我们现在正生活在一个以人类为中心的时代(Anthropocene epoch),这个新的地质时代是人类自身创造的。的确,全球变暖时间太长了,我们应该围绕它做点什么。在新的千年,我们看到了阿尔·戈尔的《难以忽视的真相》(An Inconvenient Truth)、尼古拉斯·斯特恩勋爵(Lord Nicholas Stern)长达 700 页的报告《气候变化经济学》(Economics of Climate Change)以及一系列未通过的气候立法提案和未实施的联合国大会决议。人们对全球变暖警告的声音更大了，也更持久了。大气中二氧化碳的浓度一直在增加，这主要是我们对气候造成的影响，也是推动全球变暖的主要因素。现在大气中二氧化碳的浓度比工业化之前高出40%，更是比过去80万年里任何时候的水平高不知凡几。在纽约麦迪逊广场公园（Madison Square Garden），坐落着一个70英尺高的世界末日钟。这座钟最近由德意志银行揭幕，实时监测着温室气体的浓度，我们地球上每个月就增加温室气体20亿公吨，也就是说每秒增加800公吨，总数已达到3.7万亿公吨。电子计数器有13个红色的数字，但是如果你从第七大道望去，最后面的三位数字模糊一片。它们转动得太快了，根本看不清楚。

当今世界好像是我们不遗余力地创造出来的，本书要讨论的是我们如何来应对这个世界。这本书是关于气候变化的，但不是关于气候变化科学的，也不是关于气候变化政治的，更不是直接谈我们如何或者为什么阻止气候变化的。恰恰相反，这本书是关于赌注的，这些赌注基于一个简单的、令人生疑的假定，这就是：我们在近期任何时候都不能阻止气候变化。本书是关于人的，主要是关于像我这样的人的，像我这样的人来自北半球，来自发达国家。从历史上看，我们这些国家都是温室气体排放国，世界上也这样称呼我们。不管是事实上的，还是隐喻层面的，我们都占有着高纬度的、干燥的土地。

我之所以对气候变化感兴趣，是因为我把它看作是人的行为的推动者。我希望通过个案研究，来了解我们是怎样应对危机的。全球变暖将重塑我们的地球，从宽泛的意义上，我们已经知道全球变暖会如何重塑地球，这就是：热的地方将会变得更热，雨水多的地方将会变得更湿，冰雪将会融化。贫困的国家，其中大多数位于热带，是消耗化石燃料最少、温室气体排放最少、最不应该对全球变暖负责任的国家，但却受全球变暖的影响最大。不过更加富裕、纬度更高的地区，包括欧洲、加拿大和美国在内，也不能完全幸免。气候的变化很普遍，很广泛，似乎在检验着人类认知的局限性。因此，我们对这样的事实不应感到奇怪，这就是：我们在技术至上和超级个人主义、增长与发展协调推进、毫不动摇地信仰自由市场等理论的指导下，走过了后工业时代，发展到今天这个程度，我们还要依赖这些同样的理论，希望找到走出气候变暖困境的方法。人类的远景视野以及一孔之见的融合，在我们如何应对变暖的世界这个问题上，表现得淋漓尽致，其他任何时候都无法与之相比。

有一种说法认为，人是非理性的。这一论断近来颇为流行，出现这个思潮要拜全球金融危机所赐。行为经济学家提醒我们，市场远不是由完全讲求逻辑的个人组成的集合，它受到凯恩斯"动物精神"的制约，当然，部分原因是我们对减少温室气体排放无动于衷。"动物精神"涉及人的情感、偏见、冲动以及捷径等，几乎人类的每一个决定和每一个金融泡沫，都受到这些因素的影响。在美国，联邦气候变化研究经费中将近 98％的预算都用于自然科学的研究，其发现了大量的全球变暖证据，足以让任何一个诚实的人相信这一切。同时，气候变化研究还研制开发了越来越精准的计算机模型，对日益紧迫的未来进行预测。根据 MIT 计算机模型一项最近的预测，如果我们不控制温室气体排放，那么到 2100 年，全球平均气温将上升 5.2 摄氏度。有识之士认为，如果温度上升这么多，那么极地的冰盖将在夏季全部融化，中美洲的一部分和美国南部将变成干旱尘暴区，岛国将从地图上消失。联邦气候变化研究经费剩下的 2％的预算资助社会科学研究人员，比如哥伦比亚大学环境决策研究中心的研究人员。这些人员探索的内容，可能是现在最重要的问题，即如果我们认识到危险存在，那么我们为什么不采取点行动呢？该中心的主任埃尔克·韦伯（Elke Weber）认为，人类在情感和分析两个层面上做出自己的决定，这两个层面都有障碍。情感层面的障碍是，如果我们看不到，我们就不感到害怕。韦伯写道："全球变暖的风险具有延迟性、抽象性，常常呈现着统计学上的特征，这就不会引起人们内心深处强烈的反应。"在分析层面上，个人风险和系统风险之间有着冲突，这是很明显的公地悲剧，经济学家称之为双曲贴现（hyperbolic discounting）。它的逻辑是这样的：如果让人来选择今天可以拿走 5 美元，或者明年拿走 10 美元，那么他可能会选择拿走那个 5 美元。

在很多活动家、政治家和科学家看来，气候变化现在面临的主要是公共关系问题。如果找到适当的注视点，或者气候变化的现实最终能够触动人的内心，那么公众就会采取行动。不过，他们没有说出来的、几乎没有认真研究的，是第二个问题，这个问题更大，即"采取行动"意味着减少碳排放。减少二氧化碳排放的行动将采取一定的形式，比如绿色屋顶、碳总量限制、绿色汽车、太阳能板、人行小道、森林、荧光灯、自行车、隔热材料、水藻、充气轮胎、淋浴、晾衣绳、循环、食物本地化、轻轨、风能发电厂、素食主义、热泵、家庭远程办公、更小的房子、更小的家庭、更节俭的生活。我们希望我们对全球变暖的集体恐惧能够不可避免地推动我们采取集体的行动。但是，如果我们所认识的这个地球开始消失的话，那么我们所认识的这个世界又将何以为之呢？对于冰盖的融化和海平面的上升，对于气候变化的现实，还有另一种可能的反应。这种反应是部分人的，是原始力量推动的，是追逐利润的，是注重眼前的，一点都没有理想主义的色彩。每个人都是为了他自己，每个企业也都是为了它自己，每个城市也是为了它自己，每个国家更是为了它自己。很有可能，我们的选择就是拿走那 5 美元。

如果你在北极过上一个下午，也许还会有一位俄罗斯人或冰岛人抑或是一位石油公司的高管陪着。听一听他们正在酝酿的计划，你就会再一次感受到德意志银行丛林帐篷里的狂热氛围。为写作这本书，我第一个采访报道的就是北极。正是在北极，我第一次感受到了关于气候变化的眼花缭乱，第一次感受到环境危机中的机会主义。北极冰下面有石油。北冰洋上会出现新的航道，可以穿越极地。格陵兰岛上会长出草莓。如果说有什么地方，气候变暖不是看不见的威胁，而是每天都可以看见的现实，那么首推的就是高纬度的北极地区，因此这也是我亲眼所见的人们对气候变暖作出反应的第一个地区。带着同样的想法，我开始游历全球其他的地方，记录当下人们对不断变暖的世界做了什么样的准备，观察当今的地球上正在发生什么，而不是从理论上探索可能会发生什么。

　　全球变暖对大自然产生的影响，是我所调查的计划和项目启动实施的推动力，从大的类别上可分为三类，分别是融化、干旱和洪水。由此，本书也就分为三个部分。第一部分是融化，讨论的是全球冰层和冰川的融化，这一过程一直在加速。从有记录以来，西北航道（Northwest Passage）和东北航道（Northeast Passage）在历史上从来没有像今天这样不上冻，没有结冰，因而具备了商业通航的条件；北极的冰盖从来没有像 2007 年、2008 年、2009 年、2010 年、2011 年，特别是 2012 年夏天那样小，2012 年，北极有 457 万平方英里的冰盖融化了，面积比美国还大。第二部分是干旱，讨论的是我们地球上进行的大规模的水利治理，使得雨水降落在不同的时段、不同的地方，导致新的沙漠的出现。在有些地方，干旱是积雪融化的结果。高山积雪和冰川是地球上最好的自然水库，但现在正在大幅度地消退。干旱已经发生，其证据不仅是一些特殊的事件，而是呈现一定的模式，比如科罗拉多发生野火，中国北方罹患水灾，西班牙出现沙漠化，塞内加尔遭遇粮食骚乱。甚至还存在这样的现象：人们在描述澳大利亚的"米袋子"墨累-达令流域（Murray-Darling Basin）的近况时，已经摈弃"干旱"这个词，开始使用"干涸"这个听起来表示持久干旱的词语了。第三部分是洪水，讨论的是离我们最远的事情。一般来说，即便不是几个世纪，也是几十年后才会发生的事，比如海水上涨、河流泛滥以及威胁岛国和海滨城市的超级风暴等。但是，随着缺水的城市因为开采地下水而下陷，随着格陵兰的冰盖融化流入大海，这一进程在加快。飓风桑迪（Sandy）和台风宝霞（Bopha）的发生，削减全球碳排放努力的一次又一次失败，使得洪水不再是那么遥远的事情。

　　从融化到干旱，再到洪水，按照这样的顺序对气候变化进行考察，这正是我在全球旅行采访气候变化时的做法，当然也有一些例外。以这样的方式考察，往往会经历一个从机会主义到同心协力，到两眼绝望的过程。在北极石油开发热潮中，扩张主义者踌躇满志，充满激情地积极活动，就像伊丽莎白时期的侵略者一样，抢占一块块的处女地。

接着,我们的世界会进入残酷的、自由的市场社会中,从而发生马尔萨斯灾难,缺乏足够的水。然后,我们的世界会在海平面上升和飓风的袭击下呈现囚笼心态。对于很多美国人来说,这种心态最终会让他们个人对气候变暖有深切的感受。不过,我们逃离囚笼的唯一出口是依靠技术,而技术能否成功也是未知的,存在着很大的风险。即便是聚焦于一个有限的目标,我们发现人们对于全球变暖影响的反应,也不是单一的。但是,在全球游历的过程中,我采访了数百人,发现了一个一以贯之的主题,这就是他们都认为气候变化将使得他们变得更加富有。为写作这本书,我花费了六年的时间,跑了 24 个国家和美国十几个州(坐飞机次数太多,远远超过了我自己碳排放的份额),采访了形形色色的人,包括投机商、工程师、军阀、唯利是图者、治安维持会成员、政客、间谍、企业家以及小偷等,他们都希望在一个新的、变暖了的世界中出人头地,崭露头角。他们对我都很友善、热情。几乎所有的人,都被思想认识、恐惧害怕或者冰冷的现实所裹挟着,或者这三者兼而有之。他们认为自己所做的,都是必须要做的事情。六年来,我从没有遇到一个坏人。

如果你生活在高地,也就是说,你足够地富有,生活在北半球的高纬度,距离海平面很远,那么全球变暖对你的生存就构不成威胁,但对埃及人、马绍尔群岛人或者纽约市斯塔顿岛的居民来说,就是生死存亡的威胁。全球变暖以后,滑雪季节将变短,面包将更贵,新的商业机遇便应运而生。我们有钱购买海水淡化工厂生产的饮用水,我们有钱构筑海防堤坝。由于气候变化,世界上存在的很多不均衡将会扩大;而且,由于我们应对气候变化措施的不同,这些不均衡还可能会进一步扩大。对于如何应对已经变化了的地球,有一个专业的术语,叫"适应"(adaptation)。(努力减少二氧化碳排放,被称为减排。)2009 年和 2010 年分别在哥本哈根和坎昆召开的气候大会上,其中一个实实在在的会议成果是碳排放国家的承诺,即帮助贫困国家适应气候变化。但是新建立的气候基金远没有达到碳排放国家的承诺,截至目前只有 20 亿美元。用这笔钱来拯救世界上的贫困国家,显然是杯水车薪。仅仅建造一个风暴防护大堤，保护纽约市不受下一次桑迪飓风的侵害，至少还需要 100 亿美元呢。

如果认为本书所描写的每一个计划和项目都是专门或主要应对气候变化而制定的，那就错了。北极石油吸引着众多人的视线，被很多人觊觎，原因有很多。其中最大的一个原因是其他地方的石油储量越来越少，现在拥有石油的国家常常是那些有敌意的国家（伊朗、委内瑞拉、苏丹）和最近发生冲突的地区（伊拉克、尼日利亚、利比亚）。水市场在澳大利亚和美国加利福尼亚州蓬勃兴起，在很大程度上要归功于其历史上颁布实施的关于水的法律和决定。这些法律和决定当时看起来匪夷所思，不管是愚蠢，还是勇敢，其目的都是将荒野变成粮田，将沙漠变成天堂。非洲难民涌进南欧的隔离营，造成的威胁常常比撒哈拉沙漠的扩大还要严重。基因工程师争分夺秒地培育超自然的完美玉米，他们只是把气候变化当作开展基因研究的另一个借口。20 年来，气象工作者一直努力进行人工增雨和驯服飓风。印度在孟加拉国周边构筑了 2 200 英里长的城墙，并不全是和海平面上升有关，甚至根本没有什么关系，因为印度不怎么喜欢孟加拉国，孟加拉国的移民长期以来一直是双方冲突的来源。我们很难将今天的天气状况或一次小麦歉收归咎于长期的气候变化，同样我们也很难将人的行动归咎于单一的气候原因。不过，全球变暖是将这些故事串联在一起的红线，是观察我们集体思维状态的一扇窗口。我在本书的采访写作过程中一直努力聚焦于当下，如果本书中有少许关于未来的文字，那也仅仅是因为我们制造了未来。对于越来越急迫的"我们围绕气候变化正在做什么"这一问题，本书会给你答案。

第一部分

融　　化

当北极地区就要被拍卖、谁出的价高就卖给谁、谁是最后的出价者谁就拥有它的消息传来，人们的意见见仁见智，千差万别，这是非常自然的……

还能开发利用北极地区吗？为什么大家普遍认为这样的主意"只有傻瓜的脑子里才有"？

不过，没有什么想法比这个主意更严肃了。

——儒勒·凡尔纳(Jules Verne)

一

北极热：加拿大捍卫西北航道

　　在实施主权行动的第一天，舰长指挥其率领的护卫舰减速前进，我们拿出机枪，将子弹射向西北航道，感觉好极了。外面雾气氤氲，澄净的海水被我们的铅弹污染，子弹落水后溅起点点水花。我们看不到什么生命，也几乎看不到什么波浪。风是冷的，北冰洋呈现着乏味沉闷的绿色。再也没有什么冰，但是如果真有冰，我们也一定会向它射击的。

　　我们手里的枪是 C7 突击枪，实际上就是美国的 M16，但是重新进行了命名，就像很多加拿大的武器一样，都冠以爱国标志的字母 C。配备这种突击枪的士兵大多是身着迷彩服的勇武青年，来自魁北克著名的魁北克皇家陆军 22 团，一般被人称作 Vandoos，源自法语 vingt-deux（二十二）。① 22 团的小伙子在后甲板上三人站成一排，每个士兵都由一位强健的海军战士安排到合适的位置，然后开火。他们先是用半自动步枪，然后换成全自动步枪，打了很多发子弹。步枪之后，他们又换成机关枪，嘟嘟嘟地射击，直到甲板上落满弹壳。射击结束后，他们将弹壳踢到大海里。船上有记者。北冰洋在融化，加拿大在北部边

---

① 这支加拿大部队说法语，可能是说英语的人难以清楚地发出 vingt-deux 这个词，将它说成了 Vandoos，所以该团才有了 Vandoos 这个绰号。——译者注

疆拥有了一条新的海岸线，需要开发和保卫。这个时候，他们正在尽最大的努力，来展现他们的勇武凶猛。他们希望通过自己的行动让全世界明白，不管融化退去的冰层下面露出什么财富，他们都会不遗余力地为之而战。

这艘护卫舰的名字是蒙特利尔号，有两个城市街区那么长，被漆成军舰典型的灰色，装备了两打鱼雷，载有官兵将近 250 人。舰上有水手、22 团士兵、加拿大骑警，有加拿大新闻通讯社的记者和至少两个航空杂志的摄影师，还有因纽特土著的显贵以及来自努纳武特腾加维克公司（Nunavut Tunngavik Incorporated）的观察员。这家处理因纽特事务的公司虽然不是政府部门，但在 1999 年经与加拿大政府协商，帮助建立了因纽特人自治行政区努纳武特（Nunavut）地区，面积有 80 万平方英里。我们护卫舰的速度是 15.5 节，我们的燃料储备达到 125%。由于辅助容舱里装的不是水，而是柴油，所以我们洗澡淋浴最多只能使用两分钟。我们的护卫舰奋力地向北驶去，比加拿大皇家海军过去几十年里走得都远。

北极地区主要有两个宝贵的东西：石油和新航线。根据美国地质调查局（U. S. Geological Survey）的数据，北极地区蕴藏的石油高达990 亿桶，天然气高达 1 670 万亿立方英尺，占世界术开采储量的 22%左右，其中有些资源并不属于任何国家。冰越少，具备开采条件的石油就越多，就有更多的国家声称要拥有它。同样，冰越少，那条充满传说故事的西北航道就越有可能替代巴拿马运河（Panama Canal），因为西北航道这条线是穿越大西洋和太平洋的捷径。如果通航，从纽瓦克（Newwark）或巴尔的摩（Baltimore）开往上海或釜山的船只可以少走4 000 英里左右的路程，节省数百万美元的中转费用和燃油费用，所以人们一直觊觎着，只是苦于冰封已久。

北极地区西北航道的两边都有加拿大的领土，但是很多国家，特别是其一直以来的盟友美国，并不认同加拿大可以独享这条水道。对于这个拥有更多人口的邻居，加拿大人非常讨厌其指手画脚，颐指气使。根据维基解密发布的一份 2008 年的电报，美国外交官"对加拿大人进行指责，认为加拿大总是跟在美国'蝙蝠侠'（Batman）的后面，扮演着配角'罗宾'（Robin）的角色"。① 在这儿，关键的是国家荣誉，而不仅仅是金钱或国家安全。为了彰显此次兰卡斯特行动（Operation Lancaster）的威慑力，保守的加拿大总理史蒂芬·哈珀（Stephen Harper）不顾长途舟车劳顿，亲自来到伊卡卢伊特（Iqaluit）。这里曾是美国的军事基地，现在则是努纳武特的首府。哈珀总理不仅来了，而且带来了很多承诺，要建造新的重型破冰船、新的北极战争和培训中心、新的深水港口、新的水下传感器和空中无人机网络。现在，随着他的陆军 22 团和骑警乘着护卫舰向北驶去，他的靴子也踏在了北极地区的冰上了。

加拿大过去也搞过这样的主权宣示行动，包括 2006 年的努勒维特演习（Nunalivut exercise）。在因纽特语里，努勒维特的意思是"土地是我们的"。还有上一年的冰冻海狸演习（Exercise Frozen Beaver）活动，加拿大的部队乘坐直升机，抵达汉斯岛（Hans Island）。这个小岛似豆荚状，靠近格陵兰，有 0.5 平方英里大。丹麦和加拿大这两个国家都声称对其拥有主权，而且在那里安插了据说是防风的钢旗和钢制旗杆，但是人还没走，狂风就立刻把旗帜、旗杆吹倒了。不过，这次兰卡斯特行动是截至目前规模最大的，是第一次利用海冰退去的机会向前推进，又恰逢西北航道首次穿越 100 周年（第一次穿越是一名挪威人完成的，不过没有较为详细的记载）。通过兰卡斯特行动，加拿大希望宣告自己的目标，即"在北极地区东部广袤的区域，部署大规模的军事力量"。这次行动总共将持续 12 天，蒙特利尔号护卫舰将率一支由两艘海军战舰和两艘海岸警卫队的破冰船组成的小型舰队，进入兰卡斯特海湾，也就是西北航道的东入口，然后在那里游弋巡视。天空嗡嗡地飞着阿若拉（Aurora）侦测飞机和格里芬（Griffon）直升飞机。同时，22 团的士兵们将乘更小的船只上岸，在海湾的两边都设立起

---

① 美国 1997 年拍摄了一部电影《蝙蝠侠与罗宾》（*Batman and Robin*），蝙蝠侠是主角，罗宾是配角。罗宾虽然是蝙蝠侠不可或缺的助手，但也惹出许多麻烦。——译者注

观测站,不过他们需要因纽特预备役军人的陪同,因为必须确保他们不被北极熊吃掉。北边的观测站设在岩石嶙峋的德文岛(Devon Island),是一号观测站。南边的观测站设在冰川覆盖的拜洛特岛(Bylot Island)和相邻的博登(Borden)半岛,是二号和三号观测站。一周的大部分时间里,这些官兵都将守卫着这片高地,时刻注视着西北航道,及时发现入侵的外来者。

在这之前,他们要按加拿大的方式来展示一番,也即模拟阻截。我听见了机枪开火和枫叶旗帜飒飒作响的声音,就溜达着走向舰桥,紧挨着站在蒙特利尔号护卫舰指挥官的旁边。他和他的船员都戴着绿色的头盔,穿着绿色的防弹衣。无线电波噼啪作响,一个加拿大人发出的近似加州冲浪运动员声音的响声充斥着舰桥。这个人在模拟中被当作杀人蜂号(Killer Bee)的船长,实际上这艘船是鹅湾号(Goose Bay),有 150 英尺长,是一艘加拿大海岸防卫船。这些战争游戏者决定让自己的鹅湾号船充当一艘臭名昭著的"美国"商船,不经允许就要通过西北航道。

杀人蜂号在雾中 4 英里之外,与我们相向而行,如果不停下,估计14 分钟 42 秒后,两船就要相撞。杀人蜂号不报告它要去哪儿,也不报告船上装的是什么。我们的无线电人员问:"杀人蜂号商船,你船上装的是什么? 我是战舰336。再问一次,你船上装的是什么?"杀人蜂号的回答简短、粗鲁,除了个别用词不当外,从语气上就可听出是个自信满满的美国人。"我们距海岸 40 英里,已经是国际水域。你确信你有权力在这儿质问我吗? 请你再告诉我一遍,你为什么问我这些问题?你们是无所不能的加拿大政府,我相信,你们在别处也能收到此类信息。"

蒙特利尔号向负责执行此次兰卡斯特行动的上校发电请示,要求对杀人蜂号进行安全检查,请求上校派遣上船检查的人员,如果必要,就实施"火力控制"。舰桥上的水手透过我们的左舷看了看远处的薄雾。我们告知杀人蜂号,我们要登船检查。杀人蜂号的船长答复说,他对此"不是太沮丧"。马达发动起来,我们开始缩短与杀人蜂号之间的距离,700 码,600 码,500 码。可以看到杀人蜂号商船了,我们将0.50 英寸口径的机枪瞄准了它。船上传来了声音,对我们说:"在大洋上趾高气扬、颐指气使,不是推动我们两个国家合作交往的方式"。我们命令杀人蜂号甲板上的所有人都下去。我们的枪手早在距离杀人蜂号 1000 码的时候就鸣枪警示,枪药的味道在舰桥上弥漫。然后,我们的枪手在距离杀人蜂号 500 码的时候又鸣枪警示。最后,我们 57 毫米口径的大炮瞄准了杀人蜂号,急速连续地发出五声巨响,冒出五股浓烟,接着,也就是几秒钟,又发出了第六响。杀人蜂号前面的海面上掀起巨浪,它的船长语气温和了许多,这位假冒的美国人哀怨地说:"我觉得加拿大是维护和平的国家。"

在下面继续进行的 500 英里的航程中,我们只看到了水和雾,偶尔能看到巴芬岛(Baffin Island)峰顶上的瀑布和圆形岩石。这次行动的第四天,还不到上午 10 点,扬声器中就传来期待已久的消息,前面发现了冰山。我们冲到左舷的甲板上,船上的官兵通常在那里抽烟。我们的位置是北纬 72 度,我们看到了三座冰山,高达两三百英尺,就像巨人般矗立在我们的护卫舰面前。冰山的峭壁被小小的瀑布撕裂开来,大块大块的冰跌落到大海里。冰山正在向南漂移,直奔大西洋的温暖水域而去。只是到了那儿,这些冰山就会变得一无所有,融化成水。22 团的官兵斜靠在舰船的栏杆上,咔咔咔地拍着照。

这是 2006 年的夏天,因干旱而渴坏的骆驼很快就会冲进澳大利亚的一个村庄;纽约市哈德逊河(Hudson River)的切尔西码头(Chelsea Piers)很快就会有海牛游过;荷兰也会宣布其久负盛名的十一城之旅(Elfstedentocht)越野滑雪溜冰赛无限期地推迟;犰狳正在往位于美国东北地区的阿肯色州(Arkansas)迁徙;阿拉斯加的狼开始猎食狗;野火烧掉了西伯利亚 5 000 万英亩的土地;格陵兰岛丧失了1 000 亿吨的冰,因纽特人安装上了空调,北极熊蹒跚地行进到了濒危物种的行列;印度的葛拉马拉岛(Ghoramara Island)大多已经消失在孟加拉湾之中;巴布亚新几内亚(Papua New Guinea)的马拉斯格

(Malasiga)村也大多消失在所罗门海(Solomon Sea)之中；阿拉斯加的希什马廖夫(Shishmaref)村决定在被楚科奇海(Chukchi Sea)淹没之前全部搬迁出去。加拿大的科学家报告说，40平方英里的埃利斯冰架(Ayles Ice Shelf)已经完全脱离埃尔斯米尔岛(Ellesmere Island)，自己形成了一个快速融化的冰岛。欧洲卫星显示，北极地区的冰盖上出现了一个临时性的裂缝，从俄罗斯北部一直延伸到北极。美国国家海洋与大气局(National Oceanic and Atmospheric Administration, NOAA)宣称，2006年的冬天是其自1880年有记录以来温度最高的冬季。联合国政府间气候变化专门委员会宣布，在过去的12年里，有11年是人类历史上最热的时候。

回顾起来，正是在2006年夏天的时候，我们开始相信全球变暖这种现象，不只是从抽象的科学上相信它，多数人已经被动地承认了气候变化，而且还相信全球变暖过程中有钱赚，有权争，其间既有赢家，也有输家。全球变暖怀疑论者会继续大声地质疑科学界压倒性的一致意见，但是这些质疑也只不过是烟雾弹而已。对于那些从战略层面而不是从理论层面考虑气候变化影响的军事家、企业家和少数政治家来说，现在已经到了解决全球变暖问题的时候了。会有赢家，也会有输家。决定谁是赢家、谁是输家的博弈，正在进行当中。

英国政府最近请首席经济学家尼古拉斯·斯特恩勋爵围绕全球变暖对世界市场可能产生的影响进行研究分析，他的结论是非常不容乐观的。如果不控制温室气体排放，那么其造成的经济损失将相当于每年全球GDP的5%或更多，而且每年都会是这样，永无尽头。在非洲和南美的热带地区，作物产量将会大幅减产。在南亚和东亚，数亿的人和数万亿美元的财产将会受到海平面上升的威胁。2007年，英国外交大臣玛格丽特·贝克特(Margaret Beckett)问联合国安理会："什么将引发战争？"得到的答复是："对水的争夺。降水模式的改变。对食物生产和土地使用的争夺。"根据斯特恩勋爵的分析，当今世界正处在大巨变、大动荡的边缘，其规模不亚于两次世界大战和大萧条(Great Depression)。

但是，地球的未来看起来并不全是一片黑暗。就在危机的夹缝中，有些人已经看到了存在的机遇，特别是那些气候变化的始作俑者——富裕国家的人。至少是在可以预期的将来，大多数欧洲国家、俄罗斯、加拿大和美国将依旧会有降水，而且由于我们排放的温室气体的推动，植物生长季节将会延长，有些农业还会扩大。二氧化碳是植物生长的一个关键要素。除了个别情况，所有其他的一切都是平等的，二氧化碳浓度越高，作物产量越高。

越往北，到了北极地区，冰反射率回馈效应（ice-albedo feedback）就愈加明显。海冰反射 85% 到 90% 的太阳辐射，但是融化成海水以后，则吸收 90% 的太阳辐射。这一冰反射率回馈效应所造成的影响是，北极地区的温度攀升速度是全球速度的两倍。北半球国家的经济看起来至少是快速地增长，速度也是全球速度的两倍。对加拿大的农民来说，每年作物生长的日子已经延长了两天。研究显示，阿萨巴斯卡（Athabasca）的油砂有一天可能从北部通过马更些河（Mackenzie River）进行开采。很多美国人认为加拿大是友善的，甚至到了纯真无邪的地步，但是在史蒂芬·哈珀总理领导下的这个国家正在成为国际气候变化大会上的反派角色，不积极支持温室气体排放的控制。加拿大是《京都议定书》（Kyoto Protocol）的签署国之一。这个议定书是 1997 年达成的，约束力比较弱，因为美国、中国等主要温室气体排放国家都没有加入。不过，这份文件依然是国际社会围绕控制温室气体排放达成的第一个、也是唯一的有约束力的国际协议。但是，加拿大在 2012 年退出了这一协议。此时，其温室气体排放已经超出了《京都议定书》目标的 30%。不久，另一个在北极地区的国家俄罗斯也宣布退出了这一国际协议。人们可能会指责加拿大在气候变化政策方面的翻手为云、覆手为雨，但是气候变化对于加拿大来说是否全是坏的呢，这也是不清楚的。

阿尔·戈尔的《难以忽视的真相》作为纪录片获得票房收入 4 900 万美元，这可能是第一个利用全球变暖而获得盈利的真实的成功故事。但是，随着蒙特利尔号进入西北航道，国际社会就会形成新的想法。花旗银行（Citigroup）、瑞士联合银行集团（UBS）以及雷曼兄弟（Lehman Brothers）①都发布报告，就如何从全球气候变化的乱象中挣钱给投资者提供建议。花旗银行的报告是《气候的影响：气候变化的投资启示》（*Climatic Consequences：Investment Implications of a changing climate*），发表于 2007 年 1 月，对于投资特别有帮助。这份报告突出介绍了 18 个国家里 21 个产业中 74 家公司的投资机会，包括巴塞罗那之水（Aguas de Barcelona），这家公司在饱受干旱之苦的西班牙被誉为"水供应的领导者"；孟山都，这是一家专注于培育抗旱作物的公司；约翰迪尔（John Deere），这家企业主要生产农业机械设备，随着干旱影响了澳大利亚小麦的出口，美国将需要更多的农用拖拉机。这份报告还用图表说明了世界上前六个天然气生产量最大的国家，其中四个是俄罗斯、美国、加拿大和挪威，都是北极国家。

在蒙特利尔号船上，和我同住一个舱的加拿大人个子很高，40 多岁，长着浓密的褐黑色的胡子，有着长跑运动员的体格，戴着黑色的贝雷帽，帽顶镶着金色的饰章，我在此处暂且称呼他斯特朗中士（Sergeant Strong）吧。他在阿富汗、巴尔干等地区服过役，杀过人，但是他不说出具体地点，我每次拿出相机，他都要躲开我的镜头。他不希望我使用他的真名。他是名爱国者、职业军人，就在不久前成为加拿大《军事消息》（*Army News*）的记者。他肩上挎着两个尼康相机，在船上跑前跑后。我们第一次相遇是在靠近直升机停放库的后甲板上，他当时就问我对拥有西北航道怎么看，我说我不知道。他告诉我："那条航道是我们的，就是我们的。"接着，他向我分享了他对于解决汉斯岛领土争端的方案。他说："我们直接用核武器消灭丹麦就行了。"当然，他是开玩笑，因为加拿大没有核武器。他真正的解决方案更加具有加拿大的特色，显示出他笃信最基本的实地占有的逻辑，这就是兰卡斯特行动的前提，将自己的靴子踏在北极的冰上。如果加拿大通过

---

① 美国知名投行之一。2008 年，雷曼兄弟宣布申请破产保护。——译者注

物理上的出现来支撑自己对北极领土的主张，那么世界上就会予以承认。他说："就在岛上放一辆旅行拖车，两个人执勤，每次两个月。给他们配备电视和 VCR。你猜怎么样？问题解决了。"

中士有个同伴，叫布莱德雷下士长（Master Corporal Bradley），是个摄像师。这家伙体格硕大，无论是从哪方面来说，都是拿破仑情结（Napoleon complex）①的反面。布莱德雷的胡须呈灰色，梳理得棱角分明，即便不是在拍摄，他也戴着消音的双耳式耳机。他走起路不得不弓腰，就像个驼子，在蒙特利尔号上到处穿梭，走路时会经常碰着自己的头。后来，我们三人都被选为德文岛一号观测站的登陆人员。我们将与另外八名 22 团的官兵和四名加拿大骑兵巡逻队员在登达斯港（Dundas Harbor）上岸。那几名加拿大骑兵巡逻队员都是因纽特预备役军人，穿着红色的棉套头外罩。登达斯港则位于一个很浅的峡湾，上世纪 20 年代，加拿大皇家骑警（Royal Canadian Mounted Police）就在那儿设立了哨所。早在那个时期，还发生过事故，有两名警察因为子弹打伤自己的头部而命归西天。第一位，是自杀；第二位则明显是猎捕海象时发生了意外。

所有的人都坚持把我们这次去德文岛的行动称为"楔入"。行动的前两天，我们得到许可，可以参观一下蒙特利尔号的控制室。这简直就是个洞穴，空气潮湿，只有雷达和声纳的屏幕以及暗暗的红灯提供照明。我们在里面遇到护卫舰的水下作战指挥官。我问他："你们能发现航行的潜艇吗？"他说不能。没有北约（NATO）的允许，护卫舰不能在水里发射声纳射线。"如果我们申请发射声纳射线，他们会感到疑惑不解，"他说，"如果我们真的探测到什么，我们会说，'嗨，我们发现了你们的潜艇'。美国人会说，'不，你们没有发现'。我们会说，'是的，我们发现了'。多尴尬棘手的事啊。"我问他加拿大、美国两个国家海军的相对实力情况。他说："美国人，哎呀，我数不清美国有多

---

① 心理学上的一个概念，因身高 5 英尺 2 英寸（1.57 米）的拿破仑而得名，也被称为"矮个子症候群"。简单来说，就是矮个子更暴力。支持这种情结存在的人们认为，矮个子比高个子更有暴力倾向。——译者注

少艘军舰。他们仅在诺福克（Norfolk）一个军港上就有海军人员六万人。那只是一个海军基地。它就和我们的全部武装力量相等了。他们有大规模的舰队，规模很大。而我们，很显然，您知道，舰队的规模很小。"这时，我们的参观引导员插嘴道："可是我们能打败比我们级别大的对手。"这位指挥官颔首："是啊，是啊，我们能打败比我们级别大的对手。"

控制室下层的甲板上是低军衔官兵休闲活动和吃饭的地方。有天下午，我去那儿听安·米基土克·汉森总监（Commissioner Ann Meekitjuk Hanson）给士兵讲话。这位总监曾担任努纳武特的首脑，她在讲话中谈到自己的童年，说那时候只讲因纽特语，后来被迫迁徙到多伦多接受教育，还谈到了自己从事的新闻和政治工作以及被加拿大化了的生活。她说："我得更正在我们南边的加拿大人对于我们的认识。在他们的脑子里，好像只知道我们爱斯基摩人用雪块砌成的圆顶小屋。我要向他们解释，除了击鼓和呼麦，我们还有很多东西。"船上有个水手叫罗伯特（Roberts），可能是整艘船上仅有的五个黑人之一。他问气候变化是如何影响因纽特人的生活方式的。总监说，秋天明显迟了很多，因纽特人对天气和冰雪状况的预测遇到了困难，现在的季节只有六个，而不是传统的八个了。她给我们看了些关于她家乡的幻灯片，把一盘磁带放进一个录音机里，给我们播放呼麦音乐。

音乐播完后，我走出了大厅，发现斯特朗中士又在向人推销他的关于解决与丹麦汉斯岛争端的方案。"很简单，只需要在那儿放一个房车，派驻几个人，"他对其中一个航空杂志的记者说，"那能花几个钱啊？问题就迎刃而解，一去不复返了。"

那年 10 月，我到温哥华拜会法律学者迈克尔·拜尔斯（Michael Byers）。他曾担任杜克大学加拿大研究中心的主任，是加拿大安全和主权问题上广受尊敬的学者。拜尔斯教授看起来很年轻，也就是 40 岁的年龄，好像每天都蓄着别致的胡子。他最近刚回国，出于一种爱国主义豪情，将自己的美国绿卡交还给了一名边防官员。他已经接受了在大不列颠哥伦比亚大学(University of British Columbia)的教职，还邀请我参加他组织的研究生气候变化研讨会。这个研讨会只有十个研究生参加，是在一个角落房间里举行的，窗户高高大大，可以看到外面高高的冷杉树。我迟到了 15 分钟，一名精瘦的学生正在用 PPT 作关于"气候变化和国际安全"的报告。他叫莱德·麦克基翁(Ryder McKeown)，穿着牛仔裤，戴着眼镜，脚上穿的是彪马牌(Puma)运动鞋，颜色正好是红、白和蓝。

麦克基翁的一个 PPT 上写着："如果让人们在饿死和劫掠之间进行选择，那么会选择劫掠。"他说的并不是来自热带地区的难民，或者即便是，至少也不仅仅是那些人。他说，美国缺水问题越来越严重，加拿大的淡水储量占全世界的 20%。他介绍了那些大量出口淡水的"宏大计划"，包括 NAWAPA (North American Water and Power Alliance)。NAWAPA 指的是北美水和电力联盟。这是洛杉矶工程公司柏诚集团(Parsons)在上世纪 60 年代提出的建议，即通过工程手段让加拿大的河流向南流，而不是向北流。在另一个计划中，他们想要将位于不列颠哥伦比亚省的峡湾的一端用大坝堵上，并充满淡水，然后用水罐车装满，往南运到加利福尼亚州去。这位小伙子说："我们有水，他们需要水。"拜尔斯插嘴道："我们现在讨论的是三亿人的国家，这个国家有着世界上最强大的军事力量，对水资源有着极其迫切的需求。"这个国家的人口是加拿大人口的十倍。他接着说："从某种程度上看，国际法的约束力将随着时势的发展而逐渐弱化。但是幸运的是，节水保水要比实施巨型工程项目便宜得多。他们会发现实施这些项目的花费将是巨大的，投资是难以收回的。"

师生间的讨论转到了西北航道的话题上。美国曾在没有得到许可的情况下两次派船出入西北航道，使得加拿大的爱国主义者很是震怒。SS 曼哈顿号(SS Manhattan)是美国的一艘超级油轮，具有很强的破冰能力，1969 年进入西北航道，探索通过这条冰封航道往外运送阿拉斯加北坡油田的石油(North Slope oil)的可行性。（探索结果是不可行。）美国的这一行为使得加拿大议会决定，授权联邦政府控制北极交通的权力。此后，加拿大政府虽经努力，也没有达到先发制人的目的，最终还是没有阻止亨利·基辛格（Henry Kissinger）和美国国务院提出新的法律建议。于是，加拿大对美国进行报复，削减加拿大向美国出口石油的数量。1985年，美国海岸警卫队（Coast Guard）的破冰船极海号（Polar Sea）再次穿越西北航道，引起了加拿大人更大的不满。双方通过协商，达成了非正式的"不申请、不拒绝"（don't ask, don't tell）的政策。每次从西北航道经过之前，美国海岸警卫队要告知加拿大，这就是美国方面没有提出正式的通航申请。同时，加拿大方面同意，不对它的邻居美国的通航说不，这就是不拒绝。美国潜艇已经使用西北航道，在大西洋和太平洋之间游弋穿梭。我听说一些故事，当然没有证实，说是因纽特的渔民把看到的潜艇误认为是鲸鱼，便开始射击，结果射出的子弹都被弹了回来。

拜尔斯说："我们现在讨论的是，一个国家本来只有两条海岸线，现在就要有三条海岸线了。面临这种变化，我们该怎么办。有人告诉我们，我们新的第三条海岸线不应该全由加拿大管辖，原因是这里属于荒芜的西部。"他说，如果加拿大不进行控制管理，那么这个地方的贩毒、枪支走私、非法移民以及环境破坏就会变得肆无忌惮。麦克基翁说，还有更深层的威胁。他提出，由于西北航道的管辖存在众多的分歧，在真正危机的时刻，加拿大和美国将会团结在一起，而不是彼此分开。他立即援引了一些加拿大和美国跨境间的合作，有1940年的加美常设联合防务委员会（Canada-U. S. Permanent Joint Board on Defense）、1949年的北约、1958年的北美空防司令部（NORAD）、2001年的智能边境声明（Smart Border Declaration）。上世纪50年代中期，人们发现从苏联到美国的最短航线是通过北极，这给美国带来了很大的隐忧。于是，主要由加拿大出地、美国出钱，设立了58个雷达站，构建了远距离雷达早期预警网（the Distant Early Warning Line）。如果气候变化真的具有两次世界大战那样的破坏性，那么加拿大是否会与美国结成难以逃脱的关系呢？

麦克基翁报告结束的时间就要到了，他匆忙地过了最后的几个

PPT片子，提出了一个气候变化的图景，希望"拓宽我们的思维方式"。第一，海平面上升将淹没孟加拉国、孟买和上海。难民潮将淹没加拿大。加拿大会出现恐怖分子组织和团体，而且很快就会袭击美国。美国关闭其与加拿大的边境。作为报复，加拿大停止水出口。但是那个时候，随着移民从北极的潜入以及俄罗斯和中国潜艇在西北航道的巡行，加拿大会恳求美国的帮助。为了国土安全，加拿大会向美国提供一切，所有的资源美国都可以使用。麦克基翁总结道："加拿大依然只是个名义上独立的国家。"

拜尔斯进一步阐述道："如果我们处于《疯狂的麦克斯》(*Mad Max*)①那样的世界，当形势越来越危险，而且到了适者生存的时候，我们的未来会与美国绑在一条船上，这不是没有可能。"教授是在说反话，实际上是要引起大家的讨论。教授的反话起作用了，课堂马上活跃了起来。麦克基翁说："融合到美国那里，是我们国家的倒退。"坐在教室远端的一个学生同意这个观点，他附和道："我们会失去我们中央银行的独立性，失去我们金融的独立性，失去我们社会民主的加拿大主义。"他接着说："我们的主权是我们的，对吧？没有了主权，我们在各方面都失去了独立的政策。"

拜尔斯问道："有人去过波多黎各(Puerto Rico)吗？它是美国的一部分吗？"学生们回答，那是个自治政体，是个受保护国。一个学生说："从某种程度上说，他们是美国公民，但是他们又没有投票权。"另一个学生说："他们没有最低工资标准。"拜尔斯总结道："有很多人支持与美国进行更大规模地融合，他们都认为我们国家将会成为第二个加利福尼亚，也就是说，我们将成为美国的一个州。但是，有人曾告诉我，我们加拿大人需要更多地注意波多黎各，从中吸取教训。"

此刻，我想到几年前曾收听过一次加拿大广播大赛，大赛要求听众想出一句全国性的口号，在意义上类同于"像苹果派一样具有美国

---

① 《疯狂的麦克斯》是一部澳大利亚电影。在电影中，道德沦陷，人性丧失，整个社会变成了血与火的世界，为了生存，所有人都进行着残酷的争斗。——译者注

特色"(as American as apple pie)。最终获胜的口号是"在任何情况下都要像加拿大人"(As Canadian as possible under the circumstances)。这里的讨论已经远离了兰卡斯特行动的虚张声势，但这只不过是同一个硬币的另一面罢了。在正在变暖的世界上，加拿大正在努力成为一个赢家。但是，另外的、同样的目标首先是避免成为一个输家。这一点，我们很快就会在地球上看到。

为了实施向德文岛的"楔入"，我们手脚忙乱地准备行囊，熟悉航图测读，在直升机存放库中分类整理食品给养。不久，从蒙特利尔号的船舷上扔下一个绳梯，我们穿上黑色的救生衣，需要顺着绳梯爬下去，然后上橡皮筏。那只橡皮筏在 6 英尺高的海浪中颠簸着。22 团的中士第一个下去。最后下去的是布莱德利，其身手之优雅，实在令人吃惊，他可是有 300 磅左右的体重啊！我们把帆布背包、食品袋、枪支武器等放在橡皮筏的前边，然后就开始在大海上快速地行进，直到在迷雾中看到了一艘小型战舰。这艘战舰是蒙克顿号（Moncton），比冰球场还要短，在登陆方面应该比蒙特利尔号更容易些。我们爬上这艘船的梯子，排成一个队列，把橡皮筏上卸下来的东西相互传递着装到船上去。蒙克顿号战舰非常舒适，简直是宾至如归。不过，船上已经有 40 名预备役军人，因此船上的空间很紧张，22 团的战士不得不在过道上搭建宿营床。多数水手和我们一样，都对北极一无所知。

关于德文岛，我只知道那是 NASA 火星项目在地球上的一个研究试验基地。研究人员尝试在那里进行生存试验，因为那里的地质也是岩石构成的，气候极其寒冷，而且干燥无雨，这与火星那个红色星球有着相似的环境条件。我们第二天到那儿的时候，深为其壮美所震撼。尽管还有 30 英里，但是德文岛已经赫然显现了，冰川融化后的冰水从荒凉的 3 000 英尺高的山峰上倾泻而下。雾已散去，太阳高挂在天上，冰山不断地漂浮着。水有些发白，非常寒冷。一架阿若拉侦察飞机飞过来，在我们头上盘旋三圈，四个推进器后面留下羽状的烟柱。

我们是从东边驶进德文岛的，就在我们转过弯进入峡湾时，我们惊讶地看到一艘船从西边突然悄悄地抵近,那艘船挂着俄罗斯国旗,是被澳大利亚租用的,吨位是 6 600 吨,名字叫科学约菲号(Akademic Ioffe)。这是艘游船,我是从值班人员的图画书中认出来的,那里面有这艘船的照片,就夹在丹麦战舰和侦察飞机图片的中间。约菲号的冰区领航员通过无线电说:"下午好,708 战舰,我们是科学约菲号,是艘小型客船,是艘科考船。船上有很多加拿大人,我也是。"他的声音有点颤抖。"看起来你们要在我们之前进入登达斯港,请放心,我们不会挡你们道的。"蒙克顿号战舰上的军官吃吃地窃笑,翻动着白眼,对他们给那艘船造成的恐惧感到甚是得意。一个说:"你是对的。"另一个说:"简直难以置信,我们还没叫它,它竟呼叫起我们来了。"这让他们想起了那次与杀人蜂号的冲突,不过这次虽然碰到的是加拿大人,却是真正的对手。

我们的军舰猛地一冲,从游船旁划过,往右转了个陡弯,就进入了峡湾,然后进行慢慢地漂移。我们的航海图是 50 年前的,上面没有标注这个海港有多深,船长担心我们的船,生怕搁浅了。我们拿出水深测量设备,对着泥沙混浊的海水进行测量。航海图上说这片水域有 30 英尺深,我们的声纳说是有 200 多英尺深,最好是原地不动。因此,我们就在距海岸一英里的地方抛锚,然后慢条斯理地准备我们的橡皮船。科学约菲号冒着蒸汽,从我们身边驶过,抛锚的地方比我们距离海岸近了半英里。当 22 团的士兵穿上橘黄色的救生衣,当蒙克顿号的船员戴上淡蓝色的头盔,约菲号已经将小船放到水里了。有人喊道:"他们超过我们了。"我们的 12 名士兵还没下船,那 100 名游客就开始上岸了。

加拿大的部队登上窄窄的、满是礁石的海岸时,约菲号上的游客已经结束了他们的休闲散步。游客们满头白发,身体虚弱,穿着蓝黄相间的戈尔特斯(Gore-Tex)夹克。为了一览浩渺无垠、空旷辽阔的北极,他们每人掏了 8 845 美元的银子。他们的脖子上挂着相机和双筒望远镜。看到我们,他们脸上有点困惑不解的表情。22 团的士兵背着他们 100 磅重的包,在海滩上铿锵有力而艰难地走着,嘴里嘟囔着,手里握着突击步枪。他们穿过表面已经极度松软的冻原,每走一步,靴子就会陷在深深的泥泞中。约菲号上的一名导游是从西雅图来的,长着浓密的胡子,戴着一顶褐色的软呢帽,挡住我们的行进队伍,提醒我们"不要留下痕迹"(leave no trace),因为德文岛的环境太脆弱了。斯特朗中士看着那个美国人,对他说:"我们很多人在北极地区待了很长时间了,我们到这儿来,就是为了保护它。"

在美国,小布什的第二个任期已近尾声。美国政府的北极政策和气候政策一直都游移不定,前者的游移不定是因为国家安全优先领域发生了改变(我们不再害怕俄罗斯从北面进攻了),后者的游移不定是因为经济优先领域没有发生改变(减少碳排放就是减少使用化石燃料,也就是减少一百年来急速发展的发动机)。但是,当我在 2007 年的春天和冬天造访华盛顿 DC 的时候,我发现形势开始发生了变化。北极再次成为政府关注的焦点,这次是从经济角度考虑的,气候变化也成为国家安全方面的一个议题。

研究气候和安全之间关系的第一份报告是由美国国防部组织撰写的,具体由未来学家彼得·舒瓦兹(Peter Schwartz)执笔起草。舒瓦兹曾在皇家荷兰壳牌石油公司担任发展规划部的负责人,成功地预测了诸如苏联解体等轰动世界的事件。他主笔的关于气候和安全之间关系的报告共 22 页,题为《突入而来的气候变化及其对美国国家安全的影响》(*An Abrupt Climate Change Scenario and Its Implications for United States National Security*),在 2004 年发表。报告中所提出的建议中,有几条是:国家要"确保有足够的粮食供应和淡水";"应对气候变化导致的不可避免的事件,比如大规模移民、疾病和传染病";加强研究,根据我们的要求再造全球气候,即实施地球工程。2007 年春天,舒瓦兹用两个月的时间,起草了第二份关于这个主题的报告(是给一家未透露名字的机构撰写的)。美国参议院要求 16 家主要的情报部门协助国家情报委员会(National Intelligence Council)提出自己的秘密报告。海军分析中心(Center for Naval Analyses)的 11 位退役将军和舰队司令，不久发表了另一份里程碑式的研究报告《国家安全和气候变化的威胁》(*National Security and the Threat of Climate Change*)。此后，这类的研究预测报告在华盛顿 DC 就像 5 月的雨一样，连绵不断，层出不穷，已成为智库重要的可信资源。多数报告都不约而同地说着同一件事情：气候变化对于美国来说不是个生死存亡的威胁，它与基里巴斯 (Kiribati) 和孟加拉国遇到的威胁不一样，但是气候变化的影响是无穷无尽的。舒瓦兹告诉我，五角大楼的担心可以归结为一个词：摩加迪沙 (Mogadishu)。他说："严重的干旱导致饥馑灾荒，进而导致索马里 (Somalia) 的崩溃，再导致联合国的介入，然后是导致美国的染指，最后导致了军事灾难。他们看到了这一连串的摩加迪沙事件，可能会在未来重演。"

美国北极研究委员会 (U. S. Arctic Research Commission) 的办公地点距离五角大楼 5 英里，在阿灵顿 (Arlington) 一个毫不起眼的办公楼里。我造访该机构的时候，拜会了该机构的七名委员和三名职员。截至目前，他们都是国家北极政策的核心组织成员。该机构的执行主任自豪地给我看了一张新的泛北极海底地形图，是由北极研究委员会帮助绘制的。在这张图上，北极处于中心位置，上面标注了富含石油储量的海床的地形轮廓，这是其他的地图所没有的，也是从前没有标注过的。

我首先询问了有关西北航道的问题，不过，在美国谈这个话题，与在加拿大不同，并没有引起多么大的爱国热情。美国并不否认西北航道穿越加拿大的水域，只是主张这条航道是国际航道，就像马六甲海峡、直布罗陀海峡、曼德海峡、达达尼尔海峡和博斯普鲁斯海峡一样，应该向各国的货轮和油船开放。欧盟与美国的观点一样。如果这条水道能够开放，中国也是一个获益颇多的国家。最近中国雪龙号 (Snow Dragon) 航行到北极地区，船长若无其事地让船上的人员在加拿大小村庄图克托亚图克 (Tuktoyaktuk) 登陆。雪龙号是艘破冰船，长 550 英尺。

"关于西北航道，为什么是我们和加拿大协商呢？"乔治·牛顿

(George Newton)辩称道。他蓄着络腮胡子，曾担任核潜艇的艇长，现在担任北极研究委员会委员也有很长时间了。"难道日本不应该带头与加拿大协商吗？日本的舰队很庞大。或者是马士基集团(Maersk)，那可是丹麦的大型船运公司。丹麦不该在这方面带个头吗？"他解释道，船只在畅通、不结冰海峡"无害通过"(innocent passage)的权利是由《联合国海洋法公约》规定的一项适用于沿海国领海内的船舶通行制度。《海洋法公约》的地位相当于联合国宪章，是所谓的海洋宪章。根据最新数据，这项公约的签署国有 164 个(美国参与制定该法，并起草了很多条款，但是，由于对联合国公约的保守和谨慎，美国到现在也没有签署该公约)。乔治·牛顿说，关于西北航道法律问题的复杂性，是由冰造成的。这个航道通常情况下是冰封的，因此很难称它为畅通的、不结冰的海峡。不过，也同样很难说，它永远成不了畅通的、不结冰的海峡。《海洋法公约》关于国际海峡的条款表述使得美国大受裨益，同样，关于冰封地区的语言措辞也损害了美国的地位。但是，华盛顿的所有人都认为，海洋公约的语言表述可以再温和一些，对此，我们都应该像成年人那样，不可鲁莽造次。这件事具有很大的经济利益，达成协议将不可避免。

争取美国批准加入《海洋法公约》过去是，现在也是北极研究委员会的最大目标。不过，这件事几乎与西北航道没有任何关系，有关系的是北极的石油和天然气。这个公约建立了国际通航规则，确立了每个国家在离其海岸 200 海里之内拥有渔业和矿产资源的权利，而且还允许成员国根据水下大陆架延伸的长度来主张更大领土的要求。其基本的观点是，"这是我们领土的一部分，只不过是恰巧在水下面"。这个规定，也就是《海洋法公约》第 76 条，将会改变当今世界的格局，使其成为另一个样子。如果考虑到将来可能拥有的海底，美国的国土面积会增加 410 万平方英里，因为美国的海洋边界会扩大，每个岛屿周围还会有相当大面积的主权领海。所以，美国的国土面积将超过中国、加拿大和俄罗斯。也许这三个国家的领土也会有扩张，但美国将成为世界上最大的国家。

由于北冰洋较浅，几乎每一片海底都可能被人宣布拥有主权。美国由于其拥有阿拉斯加而在北极地区占有一席之地。美国北极研究委员会的委员们希望，《海洋法公约》第 76 条有助于美国获得属于美国的极地石油资源的份额，根据一项推算，大约价值在 6 500 亿美元左右。正是依据《海洋法公约》的规定，加拿大、丹麦、挪威、俄罗斯和美国这五个与北冰洋相连的国家，将对北极地区进行开发。《海洋法公约》是当今世界对地球上最后的大面积土地进行瓜分所遵循的条款。

"我们对石油的需求不会飘然而逝的，"乔治·牛顿说，"只要我们的手能够得着，我们就需要每一滴石油，每一块土地。即便我们汽车和卡车使用的石油不如从前那么多，但是我们还需要塑料、肥料，以及一切日常生活中所必需的东西。我们直接拥有的石油越多，那么通过输油管道或短距离从美国水域运输过来的石油就越多，我们就越富裕。"他说，加拿大的北极群岛（Arctic Archipelago）是下一个"大油田"（oil elephant）①，还不止如此。在埃尔斯米尔岛，还蕴藏着大约 210 亿吨的煤。甲烷是另一种有潜力的能源来源，这种气体是一种温室气体，其危害性至少比二氧化碳大 20 倍。在北极地区融化的永久冻土里，几乎到处都往外冒着这种气体。

美国北极研究委员会的委员们一直注视着俄罗斯，俄罗斯刚刚宣布派遣一支特殊部队保护其石油装备和输油管道的计划。通过开采北极地区的油田，俄罗斯获得了巨大的财富。乔治·牛顿说："看看那个国家是怎样从泥沼中自拔出来的。他们站起来了，绷紧着自己的肌肉，感觉就像大男孩一样，人们就会致以敬意。这一切，都要归功于北极。"

我们在德文岛的宿营地是一块平坦的高地，位于一个红色碎石堆的脚下。营地的前面就是西北航道，营地的一边就是登达斯港所在的峡湾，营地下方几百码远的地方就是被风雨剥蚀的已经废弃的骑警哨

---

① 指石油蕴藏量在 5 亿桶以上的大型油田。——译者注

卡的木房子。海湾里有一些冰块,哨卡木房子周围有一些草地,只是叶子已经枯黄。视线之内,最绿的东西就是 22 团的士兵搭建的 A 字型帐篷,排成一排,一顶挨着一顶,非常凸显军人的特色。与我们一起的因纽特预备役军人,有两位男士和两位女士,乘直升机早于我们到达了,此时正躲在附近一个圆形帐篷里面打扑克呢,帐篷拉得严严实实。因为有个人总是不由自主地放屁,所有的人都笑得前仰后合,不能自已。我把我的绿色帐篷扎在斯特朗中士和布莱德雷下士长帐篷的中间。此前,有通知告诉他们,会给他们提供住宿,但是,这个信息是不准确的。

百无聊赖。第一天晚上,22 团的中士几个小时的时间里都在和蒙克顿号军舰以及海湾上的两个观测站联络,但是多数情况下都是静电噪音,即便是他的手下几次三番地不断调换接收天线,依然没有信号。"系(是)信号台吗？ 系(是)信号台吗?"他对着旷野用蹩脚的英语大声地呼喊着,"杰系(这是)B31……再雪(说)一遍？ 再雪(说)一遍？ 再雪(说)一遍?"有一位因纽特人,和操法语的魁北克人不同,在学校里学了比较标准的加拿大英语,于是从中士手里接过对讲机,但是他的运气依旧不好,也没有接通。那四个 22 团的士兵显然是太无聊了,于是跑出去,爬营地后面的山去了,但是经他们的上司吼了一通,只好又乖乖地回来了。我就数冰山有多少,看见的有 15 座,其中两座很大,就像大船一样,还有一座冰山裂成了两半,因纽特预备役军人那天早些时候就看到这座冰山分开了。冰在移动,但是非常慢,不仔细瞧一会,你都观察不到它的位置有什么变化。太阳照射着冰山,而且永远也不会真正地落下。在北纬 74 度,如果你称之为黑夜,那么这个黑夜也只有三个小时,而且只是比正常的灰色暗淡一点罢了。

我们了解到,分配给我们的抵御北极熊的电篱笆根本不能用。现在我们防御北极熊的手段就只有两支 0.303 英寸的霰弹枪,还有四位因纽特人。为了以防万一,中士让所有的队员都挤到他的帐篷里,围着他的笔记本电脑,观看一张防卫北极熊的安全片。中士提醒大家,戳北极熊的眼睛不管用。他说,0.303 英寸的霰弹枪,前三枪是吓唬北极熊的，就像爆竹一样，把北极熊给吓走，最后一枪是装有铅弹的。根据加拿大法律，只有因纽特人才可以猎杀北极熊，根本没有例外。但是，如果处于生死关头，我们就要随时准备好使用子弹。我们要瞄准北极熊的脖子或者是它的前腿下边的身体部位，那儿就可能射杀它的心脏。

第二天上午，德文岛上来了更多的游客，有92人，都穿着黄色的戈尔特斯夹克，乘着船向我们帐篷的方向驶来。斯特朗中士说："看起来像是一群企鹅在行走，呃？"一位老太太戴着贝雷帽，背着小背包，登上岸，盯着中士看。

"你是谁？"她问。

"你是谁？"中士反问。

"我从船上刚下来。"她说。她是个美国人，来自芝加哥。她的朋友是葡萄牙人，但是住在距离加拿大不远的上纽约州，也走过来与我们聊天。话题很快转向了领土主权方面。"美国人太贪心了，"她的朋友说，"如果这儿有石油，他们也会到这儿来。所有的战争都是因此而起的。"她还提到汉斯岛，斯特朗中士就来了精神。

"我觉得解决汉斯岛问题的方案很简单，就是派些人在那儿，"他说，"只需全年派驻些人在那儿，就可以了。"

那位女士扮了个鬼脸，回答道："但是，丹麦人也会在那儿派驻些人的。"

这两位游客走了，我们站在营房里，手插在衣兜里。"那个女人对什么事都有自己的主见。"中士说。"她有毛病，"布莱德雷说，"说打仗只是为了石油，真是太天真了。我们产的石油很多，往南运了很多，你们美国人根本没必要到这儿来啊，你们要多少，我们就卖给你们多少。"我们看着那些游客又乘着一小队橡皮船回到游船上。那些游客刚上船，有一位因纽特预备役军人就拿出步枪，打中了一只3英尺长的北极野兔，那只野兔距离我们有200码远，子弹正中它的两眼之间。他剥了兔子的皮，剁成块，放在营地中间的一个塑料袋上，以便让太阳将它晒干。

那个时候我们还不知道，仅仅过了一年，西北航道就出现了无冰的季节，历史上第一次实现了通航。随着冰雪融化，北极冰盖将萎缩成一个肾的形状，呈现病态和消瘦，其中部也就仅剩 800 英里长，因此，北极冰盖的面积将打破以前所有的纪录。加拿大在极地北部地区的力量和决心的展现，将受到国际社会的影响，尤其是俄罗斯的挑战。2007 年 8 月，极地探险家阿图尔·奇林加罗夫（Artur Chilingarov）乘坐一艘破冰船，在北极点上面的冰上发现了一个开口，然后就部署了两个深潜器，用了三个小时的时间，在完全漆黑的环境中下潜到了 14 000 英尺深的海底。阿图尔·奇林加罗夫是俄罗斯国家杜马的副发言人，也是弗拉基米尔·普京（Vladimir Putin）领导的统一俄罗斯党中的风云人物。他的深潜器利用机械臂在真正的北极的平坦黏土中竖起了一面钛合金的三色旗帜，也就是有着白、蓝、红三种颜色的俄罗斯国旗。深潜器浮上来，上面有 40 多名记者见证了这一事件。"北极，"奇林加罗夫在新闻发布会上宣称，"一直都是俄罗斯的。"从那以后，争夺北极的基因就种下了。

有一两年的时间，每个人都认为俄罗斯在北极海底插下的那面国旗，就像加拿大的主权宣示行动一样，具有某种有说服力的地缘政治的逻辑，起着非常重要的作用。但是，真正的事实是，根据《海洋法》，北极的瓜分早就开始了，只是没有引起广泛的注意。真正起重要作用的是海洋深海探测图表、地震勘探图表和好的律师。科学家对以前没有探测的海底进行绘图，然后与政治家、律师等共同就哪些是大陆架、哪些不是大陆架以及哪些大陆架属于谁等，进行磋商、争论。然后，不断变暖的北极将会被五个富裕的国家瓜分。这五个富裕的国家因为历史上的温室气体排放而导致北极首先成为争相抢夺的肥肉，并提出各自的分配方案，哪里在乎什么国旗或战舰。

在北极开发热中，俄罗斯一点都没有藐视和践踏国际法，而是在 2001 年作为国家首次根据联合国《海洋法公约》的第 76 条款，向联合国递交了领土申请。在最初的诉求中，俄罗斯提出对 45% 的北冰洋拥有主权的主张，但是这一要求被联合国拒绝了，因为其提供的数据不完整。现在，俄罗斯正在收集整理更多的数据。在奇林加罗夫北极海底深潜之前的两个月，由 60 名科学家组成的科考队对北极进行了为期 45 天的考察，收集整理了大量的数据，但是新闻媒体对此很是冷淡，没有一点反应。在圣彼得堡一个偏僻街道的昏暗办公室里，我见到了领导这次科考以及随后调查的地质学家。他骄傲地给我看他们科考时的照片，照片显示了他们收集地震数据所采取的措施。他们把一个有高尔夫球场大小的网状袋子，装满炸药，推到一个冰洞里。

加拿大在 2003 年签署了《联合国海洋法公约》，丹麦是在 2004 年签署的。尽管对于汉斯岛的归属还存在争议，但是这两个国家一直在协力证明，罗蒙诺索夫海岭（Lomonosov Ridge）也连着加拿大的埃尔斯米尔岛和丹麦的格陵兰岛。罗蒙诺索夫海岭有 1 100 英里长，横跨北冰洋，是一个水下的山脉，这个水下山脉可能有利于支持俄罗斯对于北极主权的要求。美国也派遣科学家以及国务院在阿拉斯加北部的代表，对楚科奇海和波弗特海（Beaufort Sea）提出部分主权要求，我曾与他们在一艘破冰船上平静地度过了一个月的时间。至于第五个北极国家挪威，它在 2006 年也根据《海洋法公约》第 76 条款提出了领土主张。挪威根据其石油和能源部收集的数据，对 96 000 平方英里的海底提出了主权要求，而且提出，在与俄罗斯解决了石油储藏丰富的巴伦支海（Barents Sea）边界争端之后，还保留主张更多领土的权利。四年后，挪威与俄罗斯平静地解决了巴伦支海边界争端问题。

对于气候变化带来的正面效应，其他北极国家也开始意识到，但是只有俄罗斯大声地表达了出来。俄罗斯自然资源部的发言人宣称："全球变暖对其他一些国家来说，可能是大的灾难，但对于我们不是。如果有什么影响，那也是使我们更加富裕。俄罗斯更多的土地将从冰冻中解放出来，可以用于发展农业和工业。"普京更是实话实说："我们将节省毛皮外衣和其他取暖的东西。"在莫斯科，我听到奇林加罗夫本人说的都是热情洋溢的话语。他在俄罗斯议会，也就是俄罗斯杜马的办公室中对我说："当然啦，我赞成开展北极地区的国际合作。"他支持《海洋法公约》，他对在北极点海底安插钛合金国旗的解释非常坦率。

他说，当一名探险者探险到一个地方，不论是月球，还是珠穆朗玛峰，抑或是北极，他都会插下自己的国旗。他在一张带有那面国旗和机械臂的照片上签名，并送给了我，然后用他的食指猛戳了一下，指着海底，对我说："看这儿，这儿，还有这儿，另外还有这儿。有很多的地方，可以插其他国家的国旗。"我最终弄明白了，如果每个国家都能得到足够大的北极土地，那么争夺剩下残存小片土地的动力就几乎没有了。

慢慢地，我了解到，这也是美国情报机关所表现出来的智慧，这些都是深思熟虑的。在华盛顿 DC 的一家星巴克咖啡馆里，我和一个人讨论美国国家情报委员会的一份关于气候变化的机密报告。我们两人的见面有点鬼鬼祟祟，滑稽可笑，他要求公开的身份是"熟悉气候变化事务的一名高级情报官员"。他的看法非常明朗。我们一定要考虑那些来自南半球缺水国家的难民，要考虑不得不介入非洲的资源争夺，要考虑海平面上升对于国内重点基础设施的破坏。但是，在北极，如果你的国家是五个北极主权声索国之一，对被认为是公地的北极地区的石油提出主权要求，则无需对另外四个国家给予太多考虑。

第二天，从观测站可以看到，蒙特利尔号从海湾中出现了，后面是体型小得多的蒙克顿号军舰，就像一头小象尾随着。这两艘船驶过去了，我们观察着。22 团的中士拨弄着他的收音机，用带着法语口音的英语，唱着歌谣："你今夜孤单吗……我们就要分手远离，你难过吗？"有个因纽特士兵盯着他，说："埃尔维斯（Elvees），猫王，你不知道猫王吗？"后来，中士带着几个士兵去钓鱼，结果是无功而返。他们返程的时候，脱光衣服，一头扎进北冰洋里，在水里呆了很长时间，用了一瓶子飘柔洗发水，把头发洗了个痛快。

我们梳理着所带的口粮，将不需要的东西都扔在一个硬纸盒子里。前一天，那个戴软呢帽的美国人竟大着胆子，对加拿大如何处置本国的石油问题指手画脚。我旧话重提，以此打趣斯特朗中士。可是，这位中士简直太加拿大了，一点都理解不了其中的幽默和讽刺。他说："很好啊，他是对的。我们需要保护这儿的环境。"他的诚挚打动了我。毫无疑问，北冰洋上已经有油轮行驶，现在没有一个可行的办法可以清理洒漏在冰上的石油。因为，泄漏的原油会被冰层覆盖，而水上很难安装吊臂。如果使用化学驱散剂，它们在很冷的温度下也会失效。最成功的措施之一就是点燃泄漏的石油，远远地看着它燃烧。

无线电终于工作了，我们从无线电里听到海湾另一边其他观测站发生的情况。由于海军水手不听从因纽特预备役军人的建议，没有选择更容易的浅滩上岸，因此二号观测站的人员是在波涛汹涌的海岸登陆的。登岸途中，有两只橡皮船被打翻了，士兵们不得不用他们的头盔，将船里的水舀出来。有些人不得不再回到蒙特利尔号上，就是为了暖和暖和，而其他人硬是上了岸，并在一个陡峭的山坡底端，搭建了一个很粗糙的营地。第二天早上，他们才得知，他们的目的地是一座被废弃的科研站，还有 6 公里远的路程，必须乘直升飞机才能到达那儿。人员到齐以后，他们发现需要乘坐的是空军的一架双水獭（Twin Otter）直升飞机。这种飞机起飞时需要跑道，而这架飞机正停在跑道上的泥窝中。他们的卫星电话收不到一个信号，他们的无线电也几乎不能工作。在三号观测站，一行人差一点被北极熊给吃掉。他们在等待直升飞机来接的时候，撤掉了北极熊防护篱笆，卸下了霰弹枪里面的弹药，因为这是乘坐直升机所必须执行的标准程序。那头北极熊从一个沟壑中偷偷地爬上来，在距离那些人 50 码的地方，被直升飞机驾驶员发现了。于是，飞行员驾着直升飞机向北极熊俯冲，才将北极熊吓走了。与德文岛上的枯燥乏味相比，这两个观测站所经历的一切听起来倒是有点惊心动魄。但是，我们的工作任务是观测，而且，我们做到了。我们的任务是需要到那儿宣示一下我们的存在，而且，我们也做到了。

浓雾又卷了上来，北极地区的世界变得阴森、灰暗。浓雾过去以后，我和斯特朗中士一起检查了加拿大骑警的哨卡。前门上漆着红色的漆，已经褪色了。进去以后，我们发现了一台缝纫机、一个生锈的燃油桶，还有一个木桌子，上面堆着一些书，有《两只黑羊》（Two Black Sheep）、《托林顿路上等待惊天罪恶》（The Astounding Crime on

Torrington Road)、《巴克·罗杰斯在 25 世纪》(*Buck Rogers in the 25th Century*)等。墙上是不知谁贴的 1945 年夏天的物品目录,有两个养狗的栅栏、一个旗杆、一把火铲、一张餐桌、四把餐椅、一个煤炭炉子、一只能盛 45 加仑水的桶、两个盛鲸油的罐子。有两名骑警死在这儿,他们的墓穴就在山上。中士说:"如果有个温暖的小屋,我也能在这儿守卫。我可以在这儿度过冬天。"

我们要在这儿停留三天。我们生了堆火。我们晚上睡得越来越晚。时间过得不知东西南北。一天夜里,我独自站在帐篷外面,眺望着永不落下的太阳。22 团里两位最年轻的士兵,一位 16 岁,另一位 17 岁,他们站第一班岗。我看到一位拿出录像机,然后在冻原上溜达,根本就没录什么景色。他的同伴坐在那儿,正对着西北航道,举起手中的步枪,瞄向空中,然后放下,接着又举起,然后又放下。

壳牌战略：当一家石油公司相信气候变化

荷兰皇家壳牌公司是世界石油超级巨头之一，也是在利用北冰洋融化进行石油开采方面第一家吃螃蟹的企业。30多年前，荷兰皇家壳牌还没有率先涉足北极石油的时候，其著名的未来预测团队的缔造者就造访了日本。皮埃尔·瓦克(Pierre Wack)身材消瘦，是一位注重自我修炼修行的法国人，是希腊-亚美尼亚裔宗师乔治·葛吉夫(Georges Gurdjieff)的追随者。秃发的葛吉夫，笃信多数人终其一生都处于一种"醒着睡眠"(waking sleep)的催眠状态，因此就教导他的学生如何跨越这个催眠状态。瓦克本人的讲话，大多是寓言性的、格言式的，有很强的说教性。他每年都从壳牌公司休假几周，到印度与另一位宗师一起冥想、沉思。到日本以后，他在东京北面的科学中心筑波城(Tsukuba)，参观了一个艺术展。他认为，这个展览是对他在石油公司工作的完美比喻。艺术展上有各种各样的显示屏，上面模拟着不同的动物是如何看待这个世界的。在蜜蜂眼里，这个世界是数百个微小的图像，而在青蛙眼里，这个世界只不过是个二维的现实存在，没有什么深度。重要的动物是马，因为马的眼睛长在头的两边靠上的地方，显示屏展示了与正常人类认知完全不同的一面。瓦克的信徒彼得·舒瓦茨在《前瞻的艺术》(*The Art of the Long View*)中这样解释道："人类从自己眼角中看到的物体边缘，是模糊不清的，也是扭曲变形的。"这本书是关于战略工具的，壳牌公司称之为情景规划（Scenario planning）。"我们的双眼在高度聚焦中，看到的是物体的核心。而马这种动物，至少是根据日本文化的阐释，是在物体边缘进行高度聚集目光的。情景规划的目标就是像马一样，看见客观现实，但是特别注意边缘地带，因为那个区域常会有出人意料之处。"

在最简单的描述中，一个情景规划就是一个故事。情景规划作为一个工具，几乎已经被每一个机构所采用，从迪斯尼公司到国家情报委员会，无不如此。这一工具为壳牌公司几十年里的多数重大决策提供指导。每一个情景规划都是一个关于可能性未来的可能性故事，这类故事是由瓦克等未来学家研究并讲述的。由于这些故事是关于人如何从心智上和情感上理解我们的世界，因此构想一个情景的行为就被看作是迫使决策者为这一情景做好准备。情景不是预测。瓦克说，预测倾向于假定未来将是现在的延续，而这些预测在最关键、最需要它们的时候往往显得一无用处，比如在公司需要预知"商业环境重大变动的出现。这种变动往往会使得公司的整个战略变得过时和落后"。瓦克的目标是开发多个版本的未来图景，这是对情景规划技术的改进。关于情景规划技术，瓦克是从赫尔曼·卡恩（Herman Kahn）那里学到的。卡恩肩瘦臀肥，曾在兰德公司（Rand Corporation）和哈德森研究所（Hudson Institute）工作，对于核毁灭有着深入的思考。他可能是第一个自称未来学家的人。舒瓦茨告诉我："赫尔曼·卡恩试图让未来走在正确的轨道上，也就是说，尽可能地让未来靠近现实。而皮埃尔则努力对我们今天所做的决策施加影响。"瓦克并不是下所有的赌注，期待某一个结果，而是希望不管未来呈现哪个版本的样子，他都能使他的公司为将来的繁荣做好准备。

壳牌公司是审慎的英国人和审慎的荷兰人联合组建的一家企业，在 70 多个国家和地区拥有员工 8.7 万人，根据某些指标，将会成为世界上最大的石油公司。在这样一个趋于保守的公司，壳牌的情景规划者显得很是另类，不过，他们可以和公司高层管理人员进行直接接触。

这些情景规划者提出的未来愿景往往过于标新立异,是这些高层管理人员自己怎么都不会想出来的。"我的感觉我就像是一只头狼,随着狼群猎食,"瓦克 1997 年去世前接受采访时说,"我是狼群的眼睛,需要将信号发给同伴。如果你发现了严重的情况,而狼群没有注意到,那么你最好是搞清楚是怎么回事。你不是在前面吗?"在瓦克所处的那个时代,情景规划者成功地预测了 20 世纪 70 年代发生的两次阿拉伯石油危机,这些石油动荡是公司高管看不到的,因为石油价格在相当长的时间里都保持稳定。因此,皇家壳牌公司在躲过这两次石油危机后实现了繁荣发展,而它的对手却没有在危机中幸免。从历史上来说,在石油公司七姐妹(Seven Sisters oil companies)中,壳牌的效益曾是最差的。但是石油危机十年后,壳牌的效益一跃而成为最好的,甚至在规模上短期超过了埃克森(Exxon)。

彼得·舒瓦茨蓄着胡须,常出惊人之语,他是训练有素的航空工程师,修习过藏传佛教,曾与超个人心理学家(transpersonal psychologist)威利斯·哈曼(Willis Harman)合作研究,与著名音乐人彼得·盖布瑞尔(Peter Gabriel)和乐队"感恩而死"(Grateful Dead)相为交好。在任职壳牌公司的后期,他领导的团队成功地预测了苏联的坍塌。壳牌公司以自己的战略打了所有预测苏联不可能解体的专家的脸。

从企业特性来说,石油公司要未雨绸缪,立足未来,因为要花费数十年进行地震勘探,获得开采许可,探勘钻打油井,找到含油富矿,确定合作伙伴,搭建采油井架,组织石油生产,将储集岩中的油气采净。但是,在壳牌公司,未来主义观点已经成为企业身份的一部分。壳牌公司的情景规划还成功地预测了穆斯林极端主义的兴起、全球环境意识的不断提高,还在西雅图(世贸组织)骚乱前预测了某些社会力量对于全球化的抵制等。这些情景规划都冠以让人遐想的名字,向人提示着其中的动人故事,比如穿越激流(the Rapids)、美好时代(Belle Epoque)、绿色俄罗斯(Greening of Russia)、权力下放(Devolution)、人民权力(People Power)、商务舱(Business Class)、棱镜(Prism)等。最为重要的是,这些情景规划对于一切意见、思想都呈现开放性的特征，因此提出的观点无不让公司高管感到自愧弗如。因此，就一家石油企业而言，壳牌公司能够面对最令人不可思议的未来，这就一点也不让人奇怪了。和BP一样，壳牌公司是最先公开接受气候变化科学的石油巨头之一。

任职壳牌公司以前，舒瓦茨曾在位于帕罗奥图（Palo Alto）的智库——斯坦福大学国际研究院（SRI International）工作，并在20世纪70年代后期帮助建立了一个大规模气候模型。斯坦福大学国际研究院不仅发明了计算机使用的鼠标，而且开发了名为"价值观念和生活方式"（VALS）的系统。VALS是一种研究方法，广告客户用它来瞄准美国大众中的特定目标人群。舒瓦茨1982年来到壳牌公司工作，那个时候，气候变化和温室气体排放已经是这家石油公司情景规划的一部分。他告诉我，看起来是无法避免的，"我们要随着时间的推移来减少碳排放，原因有很多，其中一个是气候变化。"从那以后，壳牌公司大举进军天然气领域，气候变化就是原因之一，因为天然气比石油的碳含量要小。

范德伟（Jeroen van der Veer）在壳牌公司也曾担任过情景规划人员，他后来成为该公司的首席执行官（CEO）。1998年，他组织领导了一个正式的、涉及整个公司的项目，研究气候变化对于壳牌公司全球业务的影响。其结果就是产生了一个企业内部版的《京都议定书》，提出了到2002年将自己公司的温室气体排放减少10%的目标。同时，该研究还围绕二氧化碳排放，要求实施内部总量管制与交易制度（cap-and-trade），建立碳影子价格，而且要求评估项目不仅要依据产生的利润，而且要考虑排放的二氧化碳数量。在碳总量管制与交易制度下，壳牌公司根据各部门过去的碳排放情况给予其一定的碳排放许可量，然后鼓励碳减排，并将剩余的碳排放指标卖给需要更多碳排放的部门。不过，这一制度很快就以失败告终，因为这一机制是自愿参加的，只有那些容易减排的部门报名参加。还有一个原因是，那些需要更多碳排放的部门干脆直接到壳牌总部，说自己需要碳排放指标，壳牌总部也就批准了。尽管如此，壳牌公司计算内部碳排放的承诺保留了下来，于是到 2002 年就轻松完成了减少碳排放 10% 的目标。这个目标在很大程度上是靠在尼日利亚（Nigeria）的一些炼油厂停止燃烧甲烷实现的。长期以来，壳牌公司在尼日利亚的炼油厂燃烧着过剩的甲烷气体，照亮了上面的天空。如果按照壳牌公司的计算方法，只看壳牌公司自己的碳排放，那么它排放的数量只相当于马绍尔群岛（Marshall）或英属维尔京群岛（The British Virgin Islands）。但是，另一方面，如果在计算中包括壳牌公司从地下开采并售卖给世界的产品所排放的温室气体，那么壳牌公司的排放量就相当于德国，至少占全球年均温室气体排放量的 3%。

范德伟的气候变化研究首开先河，十年后，壳牌公司迈出了更大的步子。2008 年，壳牌公司公开发布了两个情景规划，分别是"无序世界"（Scramble）和"有序世界"（Blueprints），描述了 2050 年的世界的情景，明确地警示了气候变化所带来的危险。这两份规划还预测，全球能源需求将大幅度增加。壳牌公司在历史上第一次宣布了其更为青睐的情景规划，这就是有序世界。这个规划更为绿色，碳排放更少，不仅对壳牌公司，而且对地球，都将带来更加美好的未来。范德伟接受了采访，他说，要让碳排放和其他温室气体排放所付出的代价更大。全球亟需实施碳排放总量管制与交易制度，要强制实施能效标准。所有这一切都需要政府更多的规章制度。"人们总是认为……市场会解决所有问题的，"他说，"这当然是胡说八道。"但是，随着时间的推移和即便政府在出台实施控制碳排放的管理规定上无所作为，壳牌公司仍一如既往地遵循瓦克所开的药方，这就是不管未来哪个情景成为现实，都要实现繁荣发展。壳牌公司的实践将成为一个案例，这就是一个有着前瞻性的企业如何以自己的力量来应对气候变化。

罗伯特·詹·布劳（Robert Jan Blaauw）是壳牌公司的首席北极战略顾问，他在挪威（Norway）的特罗姆瑟（Tromso）参加一个名为北极前沿（Arctic Frontiers）的会议。就在大会召开的那一周，壳牌公司首次宣布了无序世界和有序世界这两个情景规划。北极前沿大会的会议议程共有六天，有会议发言、海岸考察、宴会、舞蹈表演和音乐会，参加的企业还有超级石油巨头康菲石油公司（ConocoPhillips）、埃克森美孚公司（ExxonMobil）、挪威国家石油公司（Statoil）、俄罗斯天然气工业股份公司（Gazprom）和卢克伊尔石油公司（Lukoil）、意大利埃尼集团（ENI）、法国的道达尔公司（Total）等国有大型石油企业。会议的第一个晚上，正是位于北极地区的特罗姆瑟迎来新年第一缕阳光的前夕。当时，我目睹着数百名企业高管和各方显要济济一堂，吃着当地的节日点心，挪威人称为太阳餐包。一位当地的萨米（Sami）艺人穿着羊毛衫正在讲话，欢迎着与会的远方客人。他问场下通晓多种语言的来宾："你们感觉好吗？"然后，就在支架上放好话筒，开始嚎唱起来。

上一年的夏天，北极海冰又减少了 50 万平方英里，是得克萨斯州面积的两倍，创造了新的纪录。造成海冰减少的很大原因在于碳排放，而且主要是源于化石能源。但是，在北极前沿大会的会议厅内，与会人员讨论的问题不是现在是否应该开发北极，而是如何进行开发。挪威石油和能源部部长表示："我认为，重要的是要认识到，这（海冰融化）也是一次机遇。"阿拉斯加北方研究院（Institute of the North）的一位研究人员说："而且，在北极地区，蕴藏着世界已探明煤炭储量的25％。"来自挪威的一名社会科学家称："《北极气候影响评估报告》（*Arctic Climate Impact Assessment*）研究的是气候变化如何影响油气开采的条件，而不是油气开采如何影响全球气候变化。"康菲的一位高管坦言："将北极熊列入《濒危物种法》（*Endangered Species Act*）的保护范围，对于减少北极冰融化根本不起任何作用。"新一版《北极理事会油气评估报告》（*Arctic Council Oil and Gas Assessment*）的一名作者认为："总起来说，有着羽毛和长着毛皮的生物对于石油泄漏非常敏感。"莎拉·佩林（Sarah Palin）办公室有一位代表，后来被奥巴马总统任命负责阿拉斯加油气管道项目（Alaska Gas Pipeline Project）。这位代表坦陈道，"正如一位知名历史学家所说：'1977 年以来，普拉德霍湾（Prudhoe Bay）和北坡（the North Slope）的油田所造就的财富，比阿拉斯加所捕的鱼、所打的猎、所砍的树以及所开采的铜、天然气、锡、银、白金和生产的鲸制品以及一切东西所带来的财富，都要多。阿拉斯加的历史账目很简单，很好算，一个普拉德霍湾比阿拉斯加有史以来所挖、所砍、所捕、所杀、所猎的所有东西总和，都值钱。'是的，对于我们来说，石油就是一切"。

第二天上午，会议举办了一个专题论坛，名字叫"环境挑战——风险管理和技术方案"。论坛结束的时候，世界自然基金会（World Wildlife Fund）北极项目的负责人发表讲话。"我首先要向会议的译员道歉，"他说，"因为我下面要说得很快。好吧。你们会在一个洪水百年一遇的漫滩上购置房产吗？如果你是监管者，你会将核电站的安全标准设定在每百年发生一次重大事故吗？"他的声音很大，带着澳大利亚口音，说话的时候，他的头前仰后合，花白的胡子上下抖动。

"我认为这儿多数人的回答都是否定的，"他接着说，"那么作为地球上最有发明才华、最具聪明智慧的物种，我们为什么继续进行那些比我刚才罗列过的项目更加危险的行动呢？"他开始备述有关数据，包括北极变暖的速度、格陵兰岛冰盖的萎缩、因为西伯利亚河流泛滥而导致的海平面上升加快等。他重申，30 年前，空气中的碳含量每年增加 1.5 个 ppm，而现在每年则增加 1.9 个 ppm。海洋、植物等自然界的碳汇现在可以容纳的碳比 50 年前减少了 10%，其作为碳缓冲器的效用大为减弱。"从 2000 年以来，化石燃料的碳排放大为增长，是上世纪 90 年代的三倍。"他说，"即便是 IPCC 所设定的碳排放最高愿景，我们也超过了。"他给我们看一个图表，向我们展示超过红线有多高。

"好吧，我们来总结一下，"他说，"我们在过去的两年时间里损失了北极海冰面积的 22%。你可能会认为这很稀松平常。我们在过去的四年里损失了北极海冰体积的 80%。我们自欺欺人地认为，只有部分海冰的减少是我们导致的。"他看着与会代表，眼睛直直的，似乎冒着火。"那么，我们能从中得出什么？"他问道，"这是皇帝的新衣，什么都没穿。在北极地区油气开采的扩大将进一步加速温室气体的排放，这些排放将进一步导致全球气候的变暖以及地球系统的重大变化，而这一切将对北极地区以及全球产生严重的影响，从而最终对你、对我都会造成伤害。女士们、先生们，我们生活在矛盾之中。"接着，他呼吁禁止在北极进行一切海上油气开发活动。骤然间，会场上出现死一般的沉寂，这位老兄的愤怒似乎不合时宜，看起来有点鲁莽，甚至有点不着调，与大会友好、热烈的气氛有点格格不入。接着，与会代表礼貌地、稀稀拉拉地鼓了几声掌。

最终，壳牌公司还会对这个显而易见的矛盾作出恰如其分的反应，也就是说，那根本就不是什么矛盾。布劳在另一个大会上说："问题是，在北极开发石油和天然气，是否存在一个矛盾？我认为根本不存在，原因很简单。今天，我们69亿人生活在这个地球上。到了2050年，将会有90亿人。为了满足快速增长的能源需求，特别是中国和印度的需求，还需要同时开发多种能源来源。是的，需要更多的可再生能源。我们需要减少二氧化碳排放，但是，我们还需要化石燃料和核能。我们需要这一切能源。随着常规石油和天然气资源的枯竭，我们需要寻找非常规的能源资源以及非常规的开采地点。这恰恰是为什么开发北极的原因。"

有人认为，壳牌公司的北极开发战略与海冰融化有着联系。对此，壳牌公司的高管刻意回避。从很多方面看，这是可以理解的。正如布劳所指出，20世纪70年代石油危机以后，当石油价格最近一次处于高峰的时候，壳牌公司开始勘探北极的楚科奇海和波弗特海，这两个地方分别位于美国阿拉斯加的西部和北部。只是由于石油价格后来再度跌到谷底，壳牌公司才放弃了十几个勘探地块。壳牌公司主要的北极钻井船是库鲁克号（Kulluk），排水量2.8万吨，直径270英尺，是在石油价格高企的时候建造的，已经有30多年的服役历史。壳牌公司2005年将这艘船购买过来，并最终花3亿多美元对它进行翻新改造。现在，石油价格又回升了，全球石油供应进一步紧张。由于技术的改进，北极地区石油的商业开采成为可能。这项新技术是定向斜井（directional drilling）技术。由于这项技术的发明，每一个钻井不再各自需要一个造价昂贵的、环境破坏性大的开采平台。现在的一个钻井平台就可以在各个方向打一圈油井，而不再需要到海底钻几十个洞。海上石油开采还有另一个关键的变化。在 20 世纪 80 年代和 90 年代，美国铺设了长达 800 英里长的跨阿拉斯加输油管道（Trans-Alaska Pipeline），全部用来输送普拉德霍湾的石油。管道里装满了石油，因此也不能再输送其他任何东西。现在，这个管道几乎没有什么可以输送的了，因此阿拉斯加的官员们急切地寻找新的可输送的物品。否则，石油管道中的石油会因为太少而温度降低，从而在里面被冻住。

尽管壳牌公司可以回避，但是其北极战略与北极冰融化并不是没有关联的。在对外公告和私底下的谈话中，壳牌公司的高管承认这样的事实，这就是，气候变化是真实存在的。气候变化正在导致北极冰的融化。海冰融化以后会使得通航更加容易。海冰融化以后还会使清理石油泄漏更加容易。海冰融化以后也会使得地震勘探更加容易，正如壳牌公司门户网站所解释的，没有冰的海水将"使得勘探者清晰地看穿固体物质，就像医生利用超声看孕妇肚子里的婴儿一样"。在阿拉斯加等地区，政府只允许在海冰融化的夏季进行石油开采，现在夏季是一年比一年长了。壳牌公司的一位副总裁曾在其他一个会议上告诉与会代表，"如果阿拉斯加一年到头都是夏天，我将是那些最为此而欢呼的人之一"。

在北极前沿会议期间，一天上午，我排队冲杯咖啡的时候碰到布劳。交谈中，他向我也表达了同样的想法。壳牌公司的一支由 18 艘船组成的船队最近驶向了波弗特海，因为该公司于 2005 年再一次获得了在那儿的开采租约。但是，就在夏季勘探前，这份租约受到了来自当地土著和环境保护团体的抵制，并被诉诸法庭。布劳告诉我："今年的海冰很少，少得有点不同寻常，所以不让我们钻井采油，真是很遗憾。"北极不能与沙特阿拉伯相比。他说："如果你在中东错失了钻井的机会，那么六个星期后你可以再回去重新开始。但是，在北极就不行了，北极的冰融化得很慢，很慢。如果要海冰全部融化掉，你得等整整一年。"我问他，如果说北极地区是全世界下一个石油高产地区，是否有点夸大其词。他说，不夸大。他让我密切注意阿拉斯加将要进行的 193 号租约拍卖，这是 17 年来楚科奇海上石油开采的第一次拍卖。"北极有着巨大的希望，"他说，"我认为，在这次海上石油开采租约拍卖会上，你从竞价中就可看到这一点。"

　　范德伟曾写过一个小册子，介绍壳牌公司至 2050 年的两个情景规划。在谈到乐观的有序世界这个情景规划时，他说："当地政府采取的行动越来越多，开始应对经济发展、能源安全以及环境污染等方面的挑战。如果排放大量的温室气体，就要支付一定的费用，这就会形成激发研究清洁能源技术的巨大动力。"还会有其他措施，比如提高能效，推广电动汽车和太阳能电池板等，这个世界"将越来越成为一个电子的世界，而不是一个分子的世界"。尤为重要的是，将广泛采用碳捕捉和封存技术（carbon capture and storage），也就是 CCS，这项技术依然处于初期开发阶段，目的是在发电厂将碳排放到大气之前就将其捕获。通过 CCS 技术，可以将温室气体封存在土地里，从而使得化石燃料公司可以继续生存发展。不论将来是有序世界，还是无序世界，壳牌公司都会做好准备。范德伟写道："但是，在我们看来，有序世界的结果更加符合我们的希望。"

　　有序世界是和无序世界是相对应的。基于三个确凿无疑的事实，壳牌公司认为有序世界是可能发生的结果。这三个事实，一是全球能源利用出现新的变化。（发展中国家，比如人口大国中国和印度，正在进入经济发展最需要能源的阶段。）二是将没有足够的常规能源来维持经济的发展。（到 2015 年，容易开采的石油和天然气的增长将满足不了能源需求的增长。）三是气候变化和其他环境压力是真实存在的，而且愈演愈烈。（人们开始认识到，能源的使用不仅会大量增加，而且还会威胁他们最为珍视的健康、社区、环境、子孙后代的未来以及地球本身。）

　　在有序世界的情景规划中，变化的发生是从下而上的，因为人们出于对自己经济发展和生活质量的担心就会在当地采取行动，从而导致区域性的、全国性的，最后形成国际性的行动，也就是说，"对能源供给、需求和气候的压力形成大量的、关键的、一连串的反应"。按照事态的发展，碳交易会加速，"二氧化碳的价格机制很早就会形成，而且价格会不断上涨。人们就会开始摆脱经济持续发展导致气候变化的困境"。即便是在发展中国家，"人们也会将当地气候行为的异常与更大范围的气候变化联系起来，包括水供应和海岸地区受到的威胁。《京都议定书》2012 年到期以后，在区域性和城市间应对气候变化的基础上，国际社会就会形成具有重要意义的碳交易框架，对碳排放进行切实有效的认证和批准"。根据有序世界的情景规划，到 2050 年，世界上最富裕国家的大多数燃煤发电厂和燃气发电厂都将安装 CCS 设备，温室气体总体排放水平将减少 20% 以上。

杰里米·本瑟姆（Jeremy Bentham）是英国戏剧爱好者，曾担任壳牌公司氢项目的负责人，现在接任瓦克和舒瓦茨的职位，领导壳牌公司的情景规划团队。他后来向我解释了为什么碳价格对于实施 CCS 至关重要的原因。他说："根据拇指规则，也就是从常识看，建设一座千兆瓦火电厂，就需要成本 10 亿美元。如果要安装 CCS 设备，那还需要再投入 10 亿美元。除非对二氧化碳排放贴上价格标签，否则，第二个 10 亿美元的投入成本是没有回报的。"同时，还有另外一个常识需要谨记。他说："一旦某个东西从技术和商业上证明是可行的，那么就会呈现两位数的增长。"但是，即便保持每年 25% 的增长，而且持续 30 年，CCS 的增长量也依然是微不足道的。他接着说："CCS 所能做到的，也只有全球能源市场的 1%，因为全球能源市场太庞大了。"换句话说，壳牌公司所期望的有序世界的愿景，是极其鼓舞人心的。他告诉我："最好的气候愿景，如果推到极致，那就是有序世界。根据有序世界，全球气温将升高 3.5 摄氏度左右。我觉着，如果我们期望得到更多，我们可以畅所欲言地进行讨论。但是我们必须进行思考，如果出现海平面上升、气候动荡、风暴以及诸如此类的气候，我们的世界将是什么样子。我曾是一名物理学家，（我知道）从任何流体中获得的能量越多，那么这一行为所造成的动荡就越大。"

有序世界情景规划的姊妹篇是无序世界，这一情景规划描述的未来更为可怕，但是壳牌公司这两个情景规划发布后的五年里，无序世界似乎与现实更加贴近。在无序世界中，关键的特色是它呈现着反向作用的特点，即"温室气体排放超过温室气体减排"。很多国家持续不断地燃烧煤炭和石油资源，竞相开采，排放越来越多的碳，只有在大自然压力的强迫下才改变资源使用的方式。范德伟写道："除非资源供给紧张，政策制定者对提高能源利用效率根本就不屑一顾。因此，只有在发生重大气候事件以后，温室气体排放才能得到真正的重视。"

根据无序世界的情景规划，在最初的几年里，尽管会有一些"动荡"，全球经济还会持续增长。本瑟姆的团队解释道："在无序世界中，政府是主要的因素，政府的能源政策一直聚焦于供给侧，因为道理很简单，政治家们不愿意抑制能源需求，抑制能源需求就等于抑制经济增长。"在那些不受排放约束的年代，很多能源来自煤炭。煤炭是最脏的化石燃料，排放的碳是天然气的两倍，比石油多将近三分之一。之所以大量使用煤炭，"部分原因是来自公众'能源独立'的压力，部分原因是煤炭可以为当地提供就业岗位，因此好几个大的经济体在政府政策中鼓励使用这种本土能源资源。在 2000 年到 2025 年期间，全球煤炭工业将在规模上实现翻番，到 2050 年，其产值将是 2000 年的 2.5 倍。"

由于对能源的饥渴，在无序世界里，各国还会开发生物燃料，这就会与农业生产形成竞争，特别是在玉米种植地区，从而推高全球粮食价格。那些进口生物燃料的国家无意间就鼓励了贫穷国家毁坏雨林，从而种植和生产棕榈油或蔗糖，使得储存在森林土壤里的二氧化碳大量释放出来。投资者还将"越来越多的资金注入到非常规石油项目上"，比如加拿大的油砂。对于油砂的开发，环境保护组织一直反对，因为油砂温室气体排放大，消耗水资源多。

在无序世界，气候变化宣传者的声音很大，从而让社会了解气候变化的严峻性，但是"警告疲劳也使得普通民众饱受烦扰。国际间关于气候变化的讨论陷入了意识形态层面的争吵，纯属'聋子的对话'，因为对话双方的立场是冲突的，一方是富裕的、工业化国家，一方是贫穷的、发展中国家。处于这种对峙的、各自都无可奈何的局面,二氧化碳向大气中的排放就毫无节制地增多。"直到无序世界情景的末期,当供应紧张和气候变化不能再忽视的时候,温室气体排放才能稳定下来。但是,这时候大气中二氧化碳的浓度已经大于 550ppm,超过气候变化宣传者、很多谈判专家与科学家所认定的 350ppm 的红线,超出幅度在 200ppm 以上。无序世界的情景规划者写道:"越来越多的经济活动和创新,将最终会直接用来应对气候变化的影响。"这就是说,我们必须适应我们的世界所发生的变化。

2012 年,我问本瑟姆,相对于有序世界,未来是否更有可能像无序世界? 他没有任何表情,回答简单明了。他说:"是的,我认为这样。"

在跟随壳牌公司到阿拉斯加参加石油开采租约竞拍之前,我离开特罗姆瑟的大会,去游览挪威的海岸,希望能瞅一眼未来的北极。曾经单调乏味的小渔村哈默菲斯特(Hammerfest)如今是斯诺赫维特(Snøhvit)气田所在地。斯诺赫维特的意思是"白雪",是世界上最北边的液化天然气生产地,一直被壳牌公司和其他对手虎视眈眈着。我抵达的那天,正是斯诺赫维特气田计划投产的前一天。毗邻渔村的岛屿,曾经绿草茵茵,如今变成了油气田,很久以前就开始安装开采设备,投资达 100 亿美元。哈默菲斯特新建了霓虹灯闪烁的购物中心,从那里望过去,可看到有一排排烟囱、电灯、管道等,后面是峡湾和一连串的雪峰。油气田还要更远些,位于巴伦支海,在 800 英尺深的水下,通过 89 英里长的管道与这座岛连接在一起。油气田投产的日期已经拖后了。几个月以前,当工程师测试油气田的时候,风向变了,由于燃烧多余的油气,烟囱里冒出火焰,使得当地的汽车和房屋上面蒙上了一层黑灰。这个油气田的运营者是挪威国家石油公司,也是壳牌公司在阿拉斯加石油开采租约竞拍的潜在对手。看到这些黑灰,挪威国家石油公司请来医生,检测是否有致癌物质,同时让社区联络人员发放补偿支票。

北大西洋洋流(North Atlantic Current)流经斯堪的纳维亚半岛

（Scandinavia）的顶端，离开海岸线的时候，海水大多都是不结冰的。挪威位于斯堪的纳维亚半岛，所谓的挪威人易患精神分裂症固然有夸大之嫌。在世界国家富豪榜上，挪威位列第二。挪威还拥有世界上规模排名第二的主权财富基金，资金总额达 5 000 亿美元，一般通称为石油基金（Oljefondet）。由于从海上石油那里获得了大量收入，所以挪威不缺钱，可以财大气粗地关注环境。2000 年，挪威成为第一个，也是目前唯一的由于政府在减少碳排放方面缺乏进展而解散政府的国家。挪威在执行《京都议定书》方面非常认真严肃，因此斯诺赫维特气田最终会成为 CCS 的测试场，因而也是诸如像有序世界那样的情景规划是否能实现的试验场。斯诺赫维特气田将在开采完所有的天然气后，把二氧化碳重新注入海底。同时，斯诺赫维特气田如果在开采上出现问题，仅这一个企业就会导致挪威完不成《京都议定书》的减排目标。作为国家主权财富基金，石油基金出于伦理的考虑，拒绝来自烟草企业和军火商的投资，但是却让壳牌公司持有其最多的股票。如果说挪威患有精神分裂症，那么也许这件事可以与精神分裂症相提并论了。

在哈默菲斯特的村民等待油气田重新点火期间，我跟随挪威国家石油公司的一名发言人游览了这座小岛，先是进行安检，然后开车通过海峡下面的隧道，经过外来打工人员的营帐。这些打工人员有土耳其人、希腊人、斯洛文尼亚人、波兰人、芬兰人和俄罗斯人。风又吹起来了，北极公主号船（Arctic Princess）正停泊在港湾里，这是世界上最大的液化天然气船之一。但是，最让我感兴趣的是渔村里发生的浮士德式的交易。在村镇中心的一个比萨店里，我见到了当地唯一反对油气开发的政客，她只有 19 岁，来自革命社会主义的红党（Red Party）。我们谈话的主题大多数是关于购物的。她说："我喜欢 eBay！"她告诉我，她通过 eBay 从 4 千英里以外的美国订购衣服。斯诺赫维特气田的天然气将会通过东北航道运输到西班牙的毕尔巴鄂（Bilbao），最终到达日本和中国。东北航道是最近新通航的航线，从俄罗斯的北边经过，也被称作北海航道（Northern Sea Route）。斯诺赫维特气田的很多资金都会留在当地，挪威国家石油公司每年以财产税的形式支付给有着9 400

人的村镇哈默菲斯特 2 200 万美元。对此,这位社会主义政客是同意的,她说,那笔钱是支付开采权使用费的。即便是她的母亲,也是支持斯诺赫维特气田的。

在靠着海湾的办公室,哈默菲斯特的副市长踌躇满志地向我介绍着城市建设的新项目,有小学翻新改造、建设一个更大的机场、建造一个豪华的体育场馆,还有建设一个"全数字"的、玻璃幕墙的文化中心。过去五年来,当地的房价翻了一番,积雪覆盖的街道上到处是无所事事的闲逛人员。人们很容易忘记,不久前,哈默菲斯特还是一个毫无声息,甚至要消失的城镇。人口锐减,是挪威暴力事件最多的地方。这位市长向我保证:"现在都是君子动口不动手了,不大耍棒弄刀了。"我问他油气燃烧落下的尘灰,他说:"我们的人不喜欢,但是都能接受。"

此时是下午两点,但是在冬季的北极地区,天已经黑了。我从市长办公室走出来,正好看到斯诺赫维特气田投产点火了,北极地区就像着火了一样。燃烧的火焰喷薄而出,从最高的烟囱里腾空四五百英尺,其高度使远处的群山相形见绌,悬浮在城镇上空,给城镇披上了橘黄色的亮光。从 2 英里之外的地方,我都能听到烈火燃烧的声音,脸上能感受到灼热。

在楚科奇海的 193 号租约拍卖会上,兰道尔·卢奇(Randall Luthi)对与会人员说:"首先,请让我向你们表示感谢。"会场上,济济一堂的石油贸易商和游说人员静静地盯着他看,也可能是没有看他,而是看他旁边的石油开采地块的地图,那个地图投射在屏幕上,屏幕很大,从地板一直到天花板。他说:"感谢那些有兴趣参与此次拍卖的企业家。但是,还要感谢那些对油气开发表达不满的人,因为此时此刻,他们鲜明地表达了我们今天面临着怎样的世界、怎样的经济、怎样的能源未来。我们现在处于艰难的时刻,需要作出艰难的抉择,也面对着艰难的问题。人们问我的第一个问题是:为什么举行这次拍卖会?"

拍卖会地点在港口的公共图书馆，会场外面有一群环保运动分子、两名因纽特爱斯基摩男人和三名白人妇女，其中一人穿着带有北极熊图案的衣服和北极熊牌的鞋子。他们挥舞着手写的标语："石油和北极熊水火不容！""大石油公司滚出我们的花园！""停止钻井！""别破坏我的晚餐！"他们呼出的热气在严寒的空中凝固下来。会场内，大屏幕前面的桌子旁边站着三名不苟言笑的女职员，拿着胶带、回形针和瓶装水，桌子上摆放着蓝色的文件夹，那是标书。卢奇是来自怀俄明州自由市的一名大农场主，曾被乔治·W. 布什（George W. Bush）任命为矿产管理服务局（MMS）的局长。他今天穿着很不得体的灰色外衣，站在发言台上，发言台镌刻着 MMS 的印章，这三个字母代表的是"矿产收入、海上矿产和管理"（Mineral Revenues-Offshore Minerals-Stewardship），字母的周围环绕着一个金色的雄鹰。矿产管理服务局当时还没有发生"石油和性交易"的丑闻，还没有因为在墨西哥湾深水地平线钻井平台石油泄漏灾难中的监管疏忽而备受指责，还没有被重组或至少是更名为海洋能源管理、监管和执法局（BOEMRE），或者简称为海洋能源管理局（BOEM）。第 193 号租约拍卖区域位于北冰洋海底，占地 4.59万平方英里，每个开采单元地块占地 9 平方英里。这个租约拍卖已被MMS 的上级主管部门内政部几次延迟，这次又被重新提了出来。内政部正在研究作出一个备受关注的决定，即是否应该把北极熊列入受威胁的物种名录，成为受气候变化影响的第一个官方认定的受威胁的物种。北极熊一直生活在楚科奇海的冰上，但是海冰不断减少。在北冰洋的历史上，这次租约拍卖是最有油水的，壳牌公司将不遗余力地争取，提出的价格远远高于其他对手，投标额高达 21 亿美元。

竞标开始前，卢奇首先自己回答了自己的问题。"为什么？今后几十年，我们对能源的需求将年增长 1.1％左右。"他说，"美国的能源生产不能保持同步增长。现在，不需要仔细思考，你就会认识到，需求大于生产的时候，就出现了缺口。楚科奇海被广泛认为是美国最后的能源边疆之一。现在，我认为，我们不应该把它看作是我们最后的边疆，我们应该把它看作是一个提供无限机遇的边疆。"

他接着说："我们理解楚科奇海对于生活在附近的居民的重要性。我们与当地社区进行了沟通协商，包括波因特霍普（Point Hope）、波因特莱（Point Lay）、温莱特（Wainwright）、巴罗（Barrow）和因约皮特（Inyoopit）的土著村庄居民。噢，是因努皮特（Inupit）。还不对，对不起，是北极斜坡的因努皮亚特（Inupiat）社区的居民。"

会场上有人笑了起来。

卢奇又说了一遍："因努皮亚特。我总是说错。我坐在后边的时候还在练习呢。"

另一个人站起来，开始宣布竞标书名单，共有 667 份，这又创造了北极地区的一个记录。他说："我们预计此次竞拍可能需要四个小时才能结束。"他提醒竞拍成功者，务必将保证金电汇到美国财政部的账户上，时间不晚于第二天的下午两点。

第一个竞买成功的石油巨头是西班牙的雷普索尔（Repsol），没有企业和它竞争，它以 75 050 美元的价格拿下一个地块。会场上没有欢呼，也没有激动，这是一次静静的拍卖，所有的竞标都是事前完成好的。那个人打开标书，我们只是坐在那儿。他以几乎没有任何变化的乏闷腔调，读着竞标结果。"地块 7011，一个竞标，雷普索尔，标价 75 050 美元。地块 7019，一个竞标，雷普索尔，标价 75 050 美元。地块 6868，一个竞标，墨西哥湾壳牌公司，标价 303 394 美元。"随着竞标结果的宣布，那些表情呆板的会议服务人员将桌子上的蓝色文件夹从左至右地取下来。整个会场大厅寂静无声，只有几声咳嗽。

那个人又开始宣布："地块 6154，一个竞标，康菲公司，标价 125 110 美元。地块 6155，两个竞标，第一个是墨西哥湾壳牌公司，标价 4 106 999 美元。第二个是康菲公司，标价 251 625 美元。地块 6515，一个竞标，壳牌公司，标价 508 900 美元。"竞标结果就这样宣布着。壳牌公司继续竞标成功，以 4 105 958 美元的价格拿下了一个地块，以 14 300 435 美元的价格拿下了另一个地块，以 31 005 358 美元的价格拿下了又一个地块。壳牌公司接下来拿下的地块引起会场上一片窃窃私语，竞标价格是 87 307 895 美元。然后，壳牌公司又以 105 304 581 美元的价格拿下了另一个地块。

两个小时过去了。我们在会场走廊里中场休息,那个穿着印有北极熊图案衣服的环保主义活动分子此时坐在靠近窗户的一个石凳上,神情沮丧。他的旁边是一位油气贸易人员,正在用手机和人聊天。与会人员再次陆续进入会场之内,会议主持人继续沉闷地宣布结果。他宣布的时候都是完整地读出竞拍价格:"一亿零五百三十万零四千五百四十美元。"当竞拍总额达到 10 亿美元的时候,我对竞拍规模就没了一点概念。壳牌公司,一千零一万零一千五百五十美元。挪威国家石油公司,二百七十六万两千六百二十二美元。壳牌公司,九万六千六百零三美元。壳牌公司,五千四百一十万零四千八百一十四美元。壳牌公司,六百五十七万零六百七十九美元。壳牌公司,三十万零七千七百五十美元。壳牌公司,壳牌公司,还是壳牌公司。一万零一千三百三十美元,八万二千零八十八美元,两亿四千零三十万零七千六百零一美元。

与会人员从屏幕上就可看到壳牌公司的竞标结果,壳牌公司因为要追逐实现其北极开发的梦想,已经从一家最绿色的石油企业转变为一家被绿色和平组织盯住不放的企业。壳牌公司曾经积极推动美国国会通过气候变化法案,现在则悄悄地发生了转变,认识到政府在这方面是不可能有所作为的。壳牌公司逐渐接受这样的现实,未来开始看起来像是无序世界的情景。第 193 号租约拍卖会后的几个月里,壳牌公司抛出了其在世界最大风力发电场千兆瓦级的伦敦阵列(London Array)风场 33% 的股票。一年之内,壳牌公司放弃了对风能、太阳能和氢能等所有新的投资,开始争取加拿大的资金,投入 13.5 亿美元,实施奎斯特(Quest)项目,与史蒂芬·哈珀政府合作,在阿萨巴斯卡(Athabasca)的油砂开发中建立世界上第一家 CCS 设备,将捕获的碳再注入一英里多深的地下岩石缝隙中。但是同时,壳牌公司还不顾争议,自己大量投资开发碳排放量很大的油砂项目。如果壳牌公司的油砂开采不进行有效的 CCS,那么环保主义组织会在 2009 年的一份报告中声称,壳牌公司将成为世界上碳排放量最大的石油公司。

杰里米·本瑟姆的未来预测团队已经开始转向研究下一个情景,探讨水、能源和食品之间的"压力关系"(stress nexus),这是当今世界在适应气候变化方面一个极其重要的话题。"几乎所有形式的能源生产都需要水,"本瑟姆写道,"处理和输送水需要能源,种植和生产食品既需要水,也需要能源。仅举其要者,就有这些联系。"气候变化与水、能源和食品三者都有关联,不论是以森林砍伐的形式种植粮食,还是以碳排放量高的海水淡化的形式生产饮用水,这三者也都和气候变化有着关联。本瑟姆告诉我:"我从前是搞石油冶炼的。在炼油过程中,水一直是非常重要的。不论是供热之水,还是径流之水,都一直是重要的日常问题。现在,水显得更加重要,已经成为核心的战略问题。"本瑟姆的副手曾是 BBC 的记者,他补充说,水资源紧张的地方属性使得它比碳排放更具政治上的爆炸性。他说:"人们因为水已经打了多年的战争了,但很难想象人们会因为二氧化碳排放而打仗。"

2012 年,我就壳牌公司不再涉足可再生能源问题询问本瑟姆。他对我说,从伦敦矩阵风场和其他可再生能源项目中抽身,如果从公司内部来看,就会得到不同的观点。"我们正在聚焦最具投资价值的项目,那么,这些项目都有哪些? 你需要认识到,有些东西你能做得很好。"他说,"而有些东西,你会发现你不能再为此增加任何新的价值。"在风力发电中,最主要的东西是涡轮机和其他设备,而这些产品,壳牌公司都不能自己生产制造。在太阳能方面,最重要的东西是硅电池,而壳牌公司也不擅长这一领域。他说:"壳牌公司不能为此增加新的价值。"但是,壳牌公司正在进军巴西,开发那里的生物燃料,这是第二代作物,不会与粮食形成竞争。同时,壳牌公司还与加拿大合作,实施CCS 项目。"壳牌公司已经跨过了石油为主的阶段,目前 50％以上的主营业务不再是石油,而是天然气。我们现在是一家天然气公司。"他补充道:"天然气是很符合有序世界情景的燃料。"

彼得·舒瓦兹很久以前就从壳牌公司退休了,但他一直以商业顾问的身份宣传普及情景规划的原则,而且在交流中直言不讳,非常坦诚。不过，我有一次问他，如果壳牌公司一味坚持自己所推崇的有序世界的情景，是否都是合情合理的。"不全是合情合理的。"他说。接着，他停顿了一下，又说："事实上，从某些角度看，确实是合情合理的。因为可再生能源看起来更符合无序世界，而不是有序世界。我想说的是，你看看美国。我们是继续实行税点优惠还是没有实行？就在当下，人们又开始争取风能优惠税点政策了。你看，加利福尼亚州已经实施总量管制与交易制度，而别的地方则没有实施。对吧？你能怎么办呢？这不是有序世界的情景。在北极地区，我们肯定都在无序地争夺。我们没有有序世界。"

格陵兰岛凸起：独立运动如火如荼

我抵达格陵兰岛的时候，主张分裂的一帮人正聚集在一个社区的体育大厅内。这个地方正好位于去格陵兰岛西海岸的中途。乌佩纳维克（Upernavik）是个有着 1 100 名人口的城镇，在北纬 73 度，坐落于一个无树的冻原上，距离格陵兰首府努克（Nuuk）以北 600 英里。我曾与加拿大 22 团的士兵一起驻扎在德文岛的观测哨所，从那里往东500 英里，经过巴芬湾（Baffin Bay），就可以到达这里。但是，丹麦人开发建设的乌佩纳维克很是繁荣，与空洞寂寥的德文岛形成了极其鲜明的对比。这个城镇有一个渔业加工厂，山坡上的墓地里有着水泥墓穴，上面覆盖着塑料花。城镇里还有一条硬化的街道，有一个没有标志的卖酒的小店，这个小店是用一个集装箱改制的。房子是用木头建的，漆着美丽的原色。小孩子在街道上玩耍嬉戏，手机里大声地播放着街舞的曲子。早晨，城镇的街道旁边摆满了黄色的垃圾袋，等着环卫工人用车拉走。与格陵兰岛的其他地方一样，乌佩纳维克呈现着怪异的、错位的现代化特色，从城镇设计上是斯堪的纳维亚式的，但是从排列布局上又不总是那样。

三个世纪以来，格陵兰岛一直是丹麦的殖民地，现在就要迎来石油和矿产的繁荣，这可能会带来新的变化，帮助它呈现新的面貌。也就是说，格陵兰岛可能成为全球气候变化所造就的第一个国家。我到这儿来是为了参加独立分子组织的路演。一般认为，气候变化将造成灾难，我来恰恰是要见证所谓的一些气候变化受害者开始因祸得福的时刻。很多发达国家的人民以及很多生活在北半球高纬度的人都面临着气候变化带来的困境，只不过格陵兰岛是这一困境的极端案例。这一困境是，如果气候变化对于他们自身的利益并没有造成很大的伤害，甚至还会有所帮助，那么为什么不欣然接受气候变化呢？

这次路演是自治办公室（Office of Self-Governance）领导的，参加人员包括六名格陵兰岛的政客，这些男男女女都穿着牛仔裤、羊毛衫和网球鞋。路演期间，还要举办数十场市民大会。2008 年 11 月全民公决前，他们要抵达格陵兰岛几乎所有的地方。格陵兰岛上有 57 000 名居民，分散居住在 57 个村庄和 18 个城镇里。格陵兰岛的面积是 83.6 万平方英里，是得克萨斯州的 3 倍大，是丹麦大陆的 15 倍大。格陵兰岛各居住点之间，几乎没有道路连接。岛上有两个红绿灯，而且都在有着 1.5 万人口的努克城里。我们的旅行是借助螺旋桨飞机、直升飞机、汽艇和双脚来实现的。

在体育大厅内，一位政客为了暖场，正在给参加人员讲述一个关于鲸鱼的滑稽故事。从 20 世纪 90 年代，他就在这儿从事警察工作。他讲的故事情节大致是这样的，警察局长接到一个电话，打来电话的是个渔民，渔民捕获了一头鲸，不知道该怎样对付它。于是，警察局长就对这位渔民说："把它放在你的船上吧，我们明天来处理。"

"把鲸鱼放在船上！明天来处理！"那些来参加活动的人，大致有 60 人，爆发出阵阵笑声。米尼克·克勒斯特（Mininnguaq Kleist）的年龄有 35 岁，是自治办公室的主任，也是办公室主要的 PPT 演示者。他笑得直不起腰来，我也假装着笑了，但是不知道那是什么意思。

轮到米尼克讲话的时候，他走到幻灯片前面，头上戴着一个耳机，看起来更像是电视福音传道者，不像革命者。城市的居民都坐在篮球筐下面的红椅子上，窗户外面，在渔业加工厂附近的海湾里，有一座冰山。米尼克解释道，几个月以后的投票，还不是完全意义上的独立，但是独立的路子已经走了一半，这可以称为"自治"，用格陵兰语说就是"那米讷尔索尔奈克"（Namminersorneq），用丹麦语说就是"塞尔维斯蒂尔"（Selvstyre）。丹麦每年拨给格陵兰岛补贴经费6.5亿美元，每人达1万多美元。丹麦对格陵兰岛的自治表示了认可。

如果全民公投通过，那么格陵兰语将成为官方语言，格陵兰人将在国际法原则下被看作是截然不同的民族。米尼克说："我们将接管警察事务，还要接管移民、教育和法庭等。"最近，美国地质调查局刚刚宣布了世界上500个已知蕴藏量最丰富的产油区，其中格陵兰西北海岸的水域位列第19位，成为北大西洋上还未开采的墨西哥湾。在我们的南面，靠近迪斯科湾（Disko Bay）的地方，格陵兰的第一批石油开采租约刚刚出售给雪佛龙（Chevron）、埃克森美孚等石油公司。壳牌公司及其合作伙伴不久将申请另一个地块的开采租约，位置在巴芬湾，距离乌佩纳维克100英里。由于冰川退去，地面裸露，人们发现了大量的锌、金、钻石以及铀等矿藏。米尼克说："格陵兰还将收回对矿产和石油资源的控制权。"

格陵兰人计划自己独享这些矿产和石油资源。根据已达成的协议，格陵兰岛开采资源收益的最初1500万美元归自己所有，但其后的收益要与丹麦共同分享。随着资源开采收益的增加，丹麦每年给格陵兰的6.5亿美元补贴将逐渐减少。最终，经过5年或者10年时间，或者经过15年、20年的时间，如果气候变得足够暖，如果格陵兰人开采的资源足够多，那么，丹麦的这笔补贴可能就没有了，那么，格陵兰就会宣布独立了。在化学里，有活化能，如果加热，就会得到反应。在格陵兰，有全球变暖，如果加热，就会得到革命。但是，这个独立革命要取决于气候变化的速度，需要慢慢来。

乌佩纳维克的镇长是个瘦削的男人，有几颗牙齿已经脱落，米尼克说完话，他站起来，提了个问题。他惊讶地问道："这些资源开采所获得的钱，还要给丹麦一些吗？"一位穿着黑色羊毛衫的老年妇女问了下一个问题："如果我们能挣那么多钱，有多少会留在我们格陵兰？"

但是，政客们所寄予的期望远远不止矿藏开采。珍贵的高价值鱼类资源,比如鳕鱼、鲱鱼、大比目鱼、黑线鳕等,随着海洋温度的上升,正在向北游动,迁徙到格陵兰的水域。格陵兰岛还涌进很多观看灾难的游客。游客络绎不绝,想要一睹冰川如何滑入大海之中。过去的四年里,来观光的游船数量猛增,增加了 250%。商店里出售大量的明信片,显示着不断融化的冰川,上面还写着"气候变化和全球变暖"的字样。现在,格陵兰岛南部的农业种植季节已经比 20 世纪 90 年代初期延长了三个星期。农业种植时间的扩展就意味着可以种植土豆和萝卜,也会有更多的草,从而养殖更多的羊。格陵兰岛上计划建设一个新的铝冶炼厂,年产量为 36 万吨,是世界上产量最大的,其将由美铝公司(Alcoa)投资兴建,电力来源为格陵兰岛上汹涌河流里的水力发电。一对施工船只刚刚完成水下高速因特网电缆的铺设,穿过丹麦海峡,将格陵兰岛和冰岛与北美连接了起来。格陵兰岛还将计划建设安放服务器群组(Server Farms)的农场和仓库,这些服务器群组是为谷歌(Google)或思科(Cisco)或亚马逊(Amazon)工作的计算机处理器,将充分利用廉价电力和极高纬度的优势。米尼克解释说:"通常来说,服务器群组需要很多的空调。"格陵兰岛甚至还有融化冰的计划,出口水资源。冰与水委员会秘书处(Secretariat of Ice and Water)建立的网站夸耀道:"格陵兰岛上的冰盖体积大约为 170 万立方千米,是世界上最大的水资源仓库。"投资者如果出售"瓶装水,可以卖 200 万年"。

　　这不是格陵兰岛上什么人的错,但是马尔代夫可能难逃劫数,图瓦卢可能在劫难逃,基里巴斯可能难逃厄运,马绍尔群岛可能注定灭亡,塞舌尔可能沉入水下,巴哈马群岛可能注定毁灭,卡特里特群岛可能要被海水吞噬。孟加拉国,至少五分之一的国土,可能面临厄运。马尼拉、亚历山大城、拉各斯、卡拉奇、加尔各答、雅加达、达喀尔、里约、迈阿密和胡志明市等城市的大部分地区都会成为泽国。淹没这些国家和城市的洪水都储存在格陵兰岛的冰盖里,这个冰盖覆盖着格陵兰岛 81% 的面积,冰盖下面是冰冻的土地。自从 1996 年以来,冰盖融化的速度每年上升 7%。如果将来有一天这个冰盖彻底融化,那么全球海平面将升高 20 英尺以上。

在阿拉斯加州,纽托克(Newtok)、希什马廖夫(Shishmaref)和基瓦利纳(Kivalina)等村镇也面临着威胁。由于海岸侵蚀、冻土融化和海水入侵,这些地方越来越不适宜于居住。纽托克上了年纪的长辈们已经在他们南面的一个新岛上选择了新的村镇地址,靠着一座小山,正在游说州政府和联邦政府,给他们资助经费 1.3 亿美元,从而将他们 315 名居民搬迁到那儿。希什马廖夫海水侵蚀和居民搬迁联合会(The Shishmaref Erosion and Relocation Coalition)也已经选定了一个新址,距离现在的地点有几英里远,也在等待着政府的动迁资金。基瓦利纳的居民是一个涉嫌合谋案件的原告,他们控告八家能源公司,包括康菲、埃克森美孚和雪佛龙等。原告认为这些企业涉嫌搅乱人们对气候变化的质疑,从而开采更多的石油。这个案子最终被一名加州的法官驳回,但是一直受到美国辩护律师的密切关注。我听到有人在会上激动地说:"这真是打开泄洪闸门了……噢,可能用词不当。"

小的岛国也考虑提起气候诉讼,比如图鲁瓦在 2002 年就宣称要控告澳大利亚和美国,但是这些岛国大多数的目的也是为了寻找新的栖身之地。一年以前,75 名图鲁瓦人和 75 名基里巴斯人根据移民配额到了新西兰。卡特里特群岛上有居民 1.7 万人,已有 5 人在 2009年搬迁到在布干维尔(Bougainville)新购置的土地上,这地方依然是巴布亚新几内亚的国土。在澳大利亚,有一名在图鲁瓦出生的科学家,他叫唐·肯讷蒂(Don Kennedy),积极推动并寻求支持,为他的乡亲在斐济(Fiji)购买一个岛屿。在马尔代夫,总统穆罕默德·纳希德(Mohamed Nasheed)极富感召力,被称为"马尔代夫的奥巴马",在国内发生军事政变并因而辞职以前,一直是气候变化的代言人。为了预防万一,这位总统在职时宣布,要在斯里兰卡或澳大利亚购置土地。他的这番讲话立即得到印度尼西亚一位部长的回应,说印度尼西亚有空闲的土地,可以出售。

在阿尔卑斯山马特峰(Matterhorn)周围的冰川开始融化,改变了意大利和瑞士于 1861 年设定的边境线。两国的边境线本来是沿着一个雪岭，但是这个雪岭现在不复存在了，从而导致意大利和瑞士不得不坐下来，谈判磋商新的边境线。专家担忧，克什米尔的锡亚琴冰川（Siachen Glacier）的加速融化将会进一步引起印巴冲突。世界不断变幻的政治地图几乎使每一个人都感到害怕。非政府组织基督教援助社（Christian Aid）估计，到2050年，由于全球变暖，十亿人将被迫离开他们的家园。"地球之友"（Friends of the Earth）说，气候难民将达到1亿人。IPCC说，气候难民将有1.5亿人。《斯特恩报告》（Stern Review）中说，气候难民将有2亿人。红十字会国际委员会（International Committee of the Red Cross）认为，气候难民已经有2 500万到5 000万人。

冰川融化所造成的影响对于世界上很多地方来说都是很糟糕的。因此，即便是在乌佩纳维克，考虑冰川融化将给格陵兰带来多少好处，看起来也是唐突的。2003年以来，冰盖减少了100多万吨，以致冰盖下面的基岩每年上升4公分，就像一艘船那样，在慢慢地卸掉船上的货物。在格陵兰岛，土地抬升的速度比海平面上升的速度快。

米尼克喜欢坦率地讨论冰川融化带来的影响。在去乌佩纳维克的路上会经过康克鲁斯瓦格（Kangerlussuaq）机场。这个机场建在格陵兰岛西部的冻原上，给人的感觉就像是阿尔卑斯山中的滑雪屋，摆着安乐椅，有着巨大的窗户，开设着咖啡店，有钱的游客穿着戈尔特斯夹克。在这个机场里，米尼克给我讲了他的故事。他告诉我，在成为格陵兰岛羽毛球冠军后，他又在丹麦奥胡斯大学（Aarhus University）攻读伦理哲学，并获得硕士学位。他的毕业论文是《格陵兰自治还是独立：哲学层面上的思考》，是关于独立理论的论文，研究的是一个国家在道德层面上是否有权利从另一个国家中独立出来。他说，写这篇文章最早的灵感来自他所说的"我的第一次哲学危机"，那个时候，他试图将亚里士多德美好生活的理想诉诸实际生活的每一个方面，结果发现，并不是每个行动都是符合道德的。

对于气候变化对生活的改变，他是很坦率的。他说："猎人是遇到了麻烦，狗拉着雪橇，会掉进冰窟窿里，或者根本就没有冰。"猎捕海豹更难了,冰上捕鱼也更难了。在北极地区,除了搬到更大的城镇去住,什么都干不了了。

对于丹麦,米尼克也同样是坦率的,直言不讳。他说:"他们多数情况下是慈善的殖民者。"在他的毕业论文以及后来关于自治的谈话中,米尼克采用了丹麦人自己的道德观点来反驳丹麦人。只有在一个地方,米尼克的哲学观点明显地与现代退出理论(Theory of Secession)之父杜克大学(Duke University)哲学教授艾伦·布坎南(Allen Buchanan)有所不同。米尼克告诉我:"根据布坎南教授的思想,如果你要证明你是对的,你首先要被不公正地对待。如果我们要从丹麦独立出来,那首先需要丹麦以错误的方式对待格陵兰。这一观点,我不同意。对待这类事情,有时就像是婚姻,都是成年人,只要双方同意,可以尊重各自的意愿而离婚。"

格陵兰在 1721 年成为丹麦的一部分,当时路德教传教士汉斯·埃格德(Hans Egede)来到这个岛上,开始拯救人的灵魂。因纽特人一直崇信地狱是很冷的,是丹麦人首先对因纽特人进行传教,告诉他们地狱是很热的,而不是像他们从前所信仰的那样。丹麦人告诉他们,同吃同住、群体狩猎、多夫多妻的群居生活是有罪的。丹麦人告诉他们,岩石和飞鸟是没有灵魂的。格陵兰人没有面包,也没有面包的概念,因此埃格德就将西方信仰的另一个主祷文进行了演绎,从而更加适应格陵兰岛上的生活现实。被演绎的主祷文是:"主啊,求你今天赐给我们每天都需要的斑海豹吧。"于是,因纽特人就开始祈祷了。

在丹麦殖民时期,丹麦王室早在 1782 年就宣布,格陵兰人的生活福利"应该得到最高程度的考虑,必要的时候,他们的福利要大于贸易的利益"。丹麦人捕获了鲸、鱼,开采了一些煤,但是他们给格陵兰人带来了家庭、学校和医院。1953 年,丹麦对所有格陵兰人都给予完全的公民待遇,向米尼克这样的学生提供免费的教育,让他们自己选择去欧洲或北美的大学接受教育。而加拿大则是截然不同的情况,在 20 世纪 40 年代,加拿大人给因纽特人发放像狗牌那样的身份证,上面只有编号，因为因纽特人没有姓名。为了强化领土主权诉求，加拿大人将因纽特人迁徙到荒凉的岛上。在美国，像米尼克那样的小男孩会被海军将领罗伯特·皮尔里（Robert Peary）放在美国自然历史博物馆进行展览。罗伯特·皮尔里后来宣称自己是首先到达北极的人，这可能是误传。

乌佩纳维克会出现季节性的冰封雪冻，所有的交通都断绝了，没有任何树木可以砍伐，没有任何道路可以运送补给，而这个地方距离丹麦有2 000英里。但是，乌佩纳维克有漂亮的体育馆，体育馆配备着数字记分牌，房顶100英尺高，长长的木头横梁有5英尺粗。当地医院的医生是丹麦人和瑞典人，皮斯菲克（Pisiffik）超市得到政府价格补贴，手机信号很强，街道很平整，完全不像我在加拿大和阿拉斯加看到的因纽特人城镇那样泥泞不堪。距离不远的地方，有一个山头已经被削去了顶部，成了一座平顶山，上面建成了乌佩纳维克机场，实现了与世界的连接。这个机场还配有残疾人无障碍厕所。

至此，丹麦人看起来太过理想化，有点不可思议。丹麦全国风力发电的五分之一来自乌佩纳维克，但是丹麦人刚刚同意放弃其包括乌佩纳维克在内的98%的土地。丹麦人不久还要主办哥本哈根气候大会，并寄予厚望，称之为"希望哈根"，但是会议结果却让所有的人都感到失望。丹麦人真是有点傻帽。我不得不怀疑他们的动机。难道丹麦人不准备要汉斯岛了吗？难道丹麦人不准备根据《海洋法公约》主张其在北冰洋的权利了吗？但是米尼克一点也不怀疑，他甚至不怎么怀疑他嘲讽错了对象。

在体育场的大会举办的第二天，格陵兰的政客们便出发，去小小的捕鲸村康克鲁斯瓦格（Kangersuatsiaq），在村里红色的社区中心与另一些人讨论全民公投事宜。去的时候，我和米尼克乘坐的是一艘长22英尺的渔船，驾船的是乌佩纳维克的市长，他牙齿间有着很大的缝隙。这位市长指着一个大比目鱼拖网渔船，告诉我们说，20世纪70年代，这里的水域从上年12月到次年5月都是结冰的，而现在，全年都不结冰了。捕虾的拖网渔船也到乌佩纳维克来了，而且随着虾群一路向北。青鱼鱼群也游过来了,当地渔民第一次捕到这种鱼时还吓了一跳。他告诉我,格陵兰矿产和石油管理局(Greenland Bureau of Mines and Petroleum)将组织举办一个比赛,内容是评比当地的岩石样本。你只需将你所在地方的岩石样本交上去,他说:"如果你的岩石样本是最好的,你就会赢得12.5万丹麦克朗的奖金。"这相当于2万多美元。

我们乘着船尽快地朝内陆驶去,以25节的速度穿越海浪。随着我们越来越接近冰盖,温度降低了10度。一个陡峭的、高3 000英尺的黑色玄武岩崖壁直直地倒在海湾中,我们绕着走,离它的基座远远的,避免有落石下来。

米尼克紧裹着始祖鸟(Arc'teryx)牌滑雪衣,手指着一些在水上浮动的雏海鸽。这种鸟是海鹦的近亲。这些雏海鸽刚刚离开鸟巢,肥得飞不起来,所以不得不在水里颠簸几个小时,甚至几天,从而减掉重量。否则,这些雏海鸽就很容易成为捕杀者的猎物,就像一个刚刚建立的国家那样,很容易被外国石油和资源公司所觊觎。但是,米尼克认为那些海鸽是妙趣横生的。我们每次绕着海鸽行驶的时候,如果有只鸟徒劳无益地扑打着翅膀,他总会指着它,然后咯咯地笑着,就像是疯子似的。

我在乌佩纳维克的住处是个黄色的两层楼房,紧靠着铺着砖石的街道。我是给这儿的一个村民发电子邮件才找到的。那位村民让我与另一位村民电话联系,然后就有一位沉默寡言的因纽特妇女来机场接我。她把我的行李放到出租车里,然后把我送到这幢房子里,给我写了我应该支付给她的克朗数(450克朗,那个时候合90美元),接着递给我一把钥匙,就走了。几个小时后,房子的门又开了,那个妇女在我的惊讶中将与同住这个房子的房客领进来。他们是两个人,年轻的是荷兰人,年纪大的是丹麦人,都是丹麦地质调查局(GEUS)的科学家。

这两位科学家来这里是为了取一个仪器设备,那个设备安置在北纬76度的冰盖上,离这儿还有200英里,需要乘直升机两个小时。这个仪器有10英尺高,是个金属三脚架,上面安装着一个硬盘、一个太阳能电池板以及很多的传感器,目的是跟踪记录冰川的融化情况。这个仪器设备已经停止工作了,但是这块依然缩小的冰,移动得并不特别快。因此,GEUS 决定不惜花费上万美元把它取回来。由于直升飞机上还有空座,我就有了这次随同考察的机会,这要感谢丹麦的慷慨大度。如果不是这样的话,在格陵兰租用直升飞机非常贵,而且几乎不可能租到,因为石油和采矿公司早就把它们租完了。

我们乘坐的是单螺旋桨的贝尔-212 直升机,纯红色,就像格陵兰空军飞行队(Air Greenland Fleet)的飞机一样。一天早晨,天刚破晓,我们就爬上了直升机,飞机载着我们飞过城镇,飞过峡湾。窗外是雾堤和空旷的岛屿,然后在暴风侵袭的海湾中,出现一个冰山,接着是数百个,然后是数千个。飞机驾驶员是挪威人,他驾着飞机在冰山中穿行,距离水面只有数码之高。然后,我们的飞机再次拉高,沿着冰盖往北飞行。冰川崩裂以后,就会滑落到海洋中,一夜之间海水就会封冻。即便是在冰盖上面,表层也有着深深的沟壑,一眼望不到边际,这样的沟壑有数千条。我看到了蓝色、灰色、白色与褐色,我看到了红色的岩石,我看到了橘红的太阳升起,我看不到的是人。在各种各样的岛屿上有着村庄的遗址、倒塌的石墙、废弃的房舍。随着越来越多的猎人搬到城市,这些地方愈发显得荒凉寂寥。

与我一起坐在窗户边上的还有一位丹麦人,他也是听说直升飞机上有免费座位后才来的。他的名字叫尼考拉(Nikolaj),是乌佩纳维克医院的实验技术人员。他和飞机驾驶员还合作经营着划皮艇的生意,向外租小船、干袋、卫星电话,还外租 0.30-06 步枪弹型号的枪支,主要是防卫北极熊。他们的生意很好,那年夏天,来了 15 个老外,其中有两个以色列人,在一座岛上野营了一个月。

因为飞机燃油不够,我们必须在库勒斯瓦克(Kullorsuaq)村停下来加油。那里唯一的生命迹象是雪橇狗的嚎叫声。我向尼考拉询问医院的情况。他说医生都是国外的,"他们一次来住一个月。妇产科医生可能就停留一周。对他们来说,就像是度假"。我问他对全面公投的意见。他说:"这儿的人被惯坏了。他们不知道这些事情要花多少钱。"直升机驾驶员建议说，格陵兰人应该留在丹麦，但是要找到一个办法，把开发石油的钱给留住。我心里实在是不解，难道丹麦真的愿意放弃那些石油吗？其中一位 GEUS 的科学家说："那恰恰就是丹麦人，让你对丹麦人略知一二。"我们在冰盖上停留了 90 分钟，时间刚好够两位科学家将三脚架拆卸完毕，并装入一个木箱子里。我们飞回乌佩纳维克，又刚好赶上路演的第二个项目。

乌马纳克（Uummannaq）是个岛上小镇，有 1 300 名居民，以西西索克（Siissisoq）的家乡而知名。西西索克是一支金属乐队，用格陵兰语演唱，唱的内容是屠杀非洲哺乳动物的故事。参加这段路演的还有时任格陵兰首相的汉斯·埃诺克森（Hans Enoksen），他是名激进的独立主义者，不可能成为米尼克的领路人。汉斯·埃诺克森曾是镇上的一名食品杂货商，后来在格陵兰政府担任捕猎和渔业部长，在 2002 年就职格陵兰首相。在一所中学的礼堂，我看到他和其他三人一起，痛斥那位唯一的反对独立的政客。这所学校的大礼堂明亮、多角，富有现代气息，房顶是拱形的，墙上是艺术作品，有三拼画的冰山，还有一幅画，上面画着香蕉和葡萄。埃诺克森神情坚定，毫不妥协，讲话的时候慢慢地把拳头举向空中。大厅坐满了，有 80 多个当地人。他用低沉浑厚的声音说："我们被殖民 300 年了，现在我们有了这次机会，怎么能放弃呢？"

首相第二天雇用了一只蓝色的汽艇，我们乘着去造访附近的居民点。我们先是从乌马纳克港湾中驶出来，经过直升机停机坪以及那座心形的、3 800 英尺高的标志性山峰，然后驶入宽阔的海峡，两边是陡峭的、层次分明的花岗岩崖壁。过了一会儿，首相转过身，对着我说："美国驻丹麦的大使一直很支持我们自治，比他的任何前任都支持。"他说的时候，米尼克就翻译给我听。[在一份泄密的电报中，美国驻丹麦的大使詹姆斯 P. 凯恩（James P. Cain）吹嘘说，将埃诺克森以及未来的首相阿勒卡·哈莫德（Aleqa Hammond）介绍给"我们在纽约的一些最重要的金融机构"。]

美国的支持一点也不意外。1946 年，美国政府就对格陵兰岛的战略重要性有着深刻的认识，曾经秘密地磋商，试图用一亿美元的价格从丹麦那里买过来。美国军方现在依然使用着图勒空军基地（Thule Air Base）。这个基地是冷战时期的产物，建在格陵兰岛的最北边，最近被美国中情局（CIA）用来执行法外要犯引渡的任务。此前，我们好像在那儿丢失过一枚核弹头，致使当地的猎人捕食到被放射性污染的鱼和海豹。现在，我们已经了解到格陵兰岛上有着丰富的石油资源，我们的企业正在购买勘探地块。

我不知道格陵兰脱离丹麦后是否会投入美国的怀抱。事实上，格陵兰并不一定能让美国当自己的大哥，因为中国很快就会参与到格陵兰的矿产资源开发上来，但是美国是资本主义发展的范例。所谓的美国精神或美国主义，就是自由市场，对增长的需要，对石油永无休止的渴求。我向首相提了个问题：不要丹麦的钱，替而代之的是要其他外国人的钱，这是真正的独立吗？他顾左右而言他，并没有很直接地回答我的问题。他说："如果发现了石油，不管发生什么，外国人都要来。但是，如果我们全面公投脱离丹麦，那么外国人就是给我们工作。"他用拳头击打自己的胸膛，连续击打了三次，然后将拳头举向空中。他说："这就是在我领导下要发生的变化。"

几个月前，我参加了第一届格陵兰岛可持续矿产和石油发展会议年会。这次会议是 2008 年 5 月在哥本哈根的一家丽笙酒店（Radisson）举办的。会上，只有一位当地的格陵兰人发言，他和其他与会者几乎难以分辨，几乎所有的与会者都是中年人，几乎所有的与会者都穿着蓝色或白色的正装衬衫。他向会议递交了格陵兰冰与水委员会秘书处所作的对洛杉矶和东京的市场调查。调查结果非常能说明问题。这两个城市购买瓶装水的顾客对格陵兰岛几乎一无所知，但对于需要他们知道的东西，他们全都知晓。他解释道："他们对于格陵兰岛的认知仅局限于'冰'和'冷'。"

会上其他发言的人，有加拿大人、澳大利亚人、英国人和瑞典人，他们都是在拉贾斯坦邦、几内亚、蒙古和菲律宾有着丰富开矿经验的开采商,在会上描述了格陵兰岛上的矿产开发热潮。在这些开采热潮中,有西格陵兰岛发现的金子,南格陵兰岛开采的金矿;有加拿大公司哈德逊资源集团(Hudson Resources)发现的两克拉半的钻石;有加拿大企业全真北极宝石公司(True North Gems)开采的红宝石;有加拿大企业夸扎矿业公司(Quadra Mining)建议开采的露天钼矿;有澳大利亚拥有的、最终获得中国支持的、有着当地名字的企业格陵兰矿产和能源公司(Greenland Minerals and Energy)发现的铀矿和稀土金属等。GEUS的一位代表分析了格陵兰岛上的石油开发前景。矿产开采商讨论了格陵兰岛上恶劣的运输条件以及"世界一流的商业条件"。他们的讨论暗示着,只要你能到那儿,那么你想开采哪儿,因纽特人就让你开采哪儿。矿产开采会为格陵兰从丹麦独立提供经济支持,这一开采前景使得格陵兰人非常容易合作。

在会议发言者中,最明确地将采矿收益和气候变化联系起来的是尼克·豪尔(Nick Hall)。他是英国企业安格斯与罗斯公司(Angus and Ross)的CEO,向与会人员展示了一张照片,照片上是矗立于一个巨大峡湾上的大理石山,这座山被称为黑天使(Black Angel)。此处的锌矿是地球上蕴藏量最大的锌矿之一。该矿藏是20世纪30年代发现的,60年代进行了勘探,从1973年到1990年在峡湾上面很高的地方通过打通隧道进行了开采,然后就被废弃了。豪尔的公司在2003年接手了那份开采租约,当时的锌价正要升高,两位地质学家2006年一次户外远足时在不断退去的南湖冰川(South Lakes Glacier)的边缘发现了一个矿藏,纯度和最初的矿藏一样高。冰川融化前,这片矿藏隐匿在100英尺厚的冰川下面。豪尔承认,随着通航季节的延长,他的公司享受到了"全球变暖有利的一面"。

豪尔说完后,就被资本家围了起来。澳大利亚人穿着笔挺的西装,代表的是英国的资本,给豪尔递着名片。加拿大人走过来,向豪尔介绍她公司的服务项目,包括提供护理人员、医疗人员和其他野外服务人员。我也走过去,问是否能参观他在格陵兰的矿区。人们都说,安格斯与罗斯公司富有责任感,业内信誉好,但是它对北极的开发恰恰说明了北极地区的全球变暖"优胜者"所面临的令人难堪的现实。不管这些"优胜者"是因纽特人、格陵兰人、冰岛人，还是加拿大人，因为他们缺乏资金、专家以及人力，没有能力依靠自己的力量开发北极地区。他们所面临的危险是，承受气候变化所带来的大部分损失，承受环境退化所造成的大部分恶果，而有钱的外国人将获得北极开发所带来的大部分利益。

我离开乌马纳克，去安格斯与罗斯公司的锌矿，驶出的是上次与汉斯·埃诺克森首相一起走的那个港湾，驶入的也是同一个宽阔的海峡，但是这一次的船长变成了丹麦人，他是给英国人工作的。我们离开海峡，穿过一片波澜不惊的开阔水域，就看见一片悬崖峭壁。进入一个长长的峡湾，我们向渔民招手，减速慢行，观看一名村妇在岩石上宰杀海豹。峡湾变得更窄，水变得平如明镜。两个小时后，与山崖同名的天使锌矿就出现在我们面前。这个锌矿就像是一块罗夏墨迹图（Rorschach Blot），展现着漆黑的锌，如幽灵一般，高度有 2 000 英尺，就位于一块几乎全白的山崖上。

采矿的夏季作业已经结束了，矿区营地几乎空无一人。整个营区就是一排排的活动板房，搭建在一个人造的高地上，周围全是破碎的混凝土和刚开始采矿时就使用的锈迹斑斑的机器。紧靠着海港的是个缆车，是从瑞士滑雪地区的迪森蒂斯（Disentis）买的二手货。迪森蒂斯所在的阿尔卑斯山正在融化，来自阿尔卑斯山的这台缆车有一天会横跨一英里宽的峡湾，直接到达矿区。这些活动板房有集体宿舍，有休息室，里面放着舒适的沙发，还有宽荧幕电视和高速 Wi-Fi 连接。蒂姆·达佛恩（Tim Daffern）是矿区工班经理，是澳大利亚人，他在休息室里给我讲述了公司的开采计划。

蒂姆·达佛恩的公司将矿井的支撑柱换成了水泥柱，从这个最初的矿井中开采出 2 吨锌以后，就会集中开采南湖冰川那里的矿藏。冰川肯定在退化，为了确保万无一失，他们公司已经委托 GEUS 和英国科学家进行了研究。如果接手的那个最初的矿井可以开采五年，那么南湖冰川的矿藏可以让他们再开采十年。他们已经探明的另一个矿藏又可以再开采两年。还有第四个矿藏，还有另外三个，因为冰川一直在缩小。达佛恩说："只要是冰川融化退去的地方，我们都会勘探。"

达佛恩的前任经理们都是将他们的尾矿残渣倾倒进峡湾里，废物中有0.2%的铅和1%的锌，还没下沉到海中无氧的深处，它们就生锈了。每年春天，一股股融化的冰水就会将这些废物冲到更远的地方，废物就会被紫贻贝吞下，然后鱼就会吃紫贻贝，然后海豹吃鱼，然后，废物就进入了食物链。矿产开采了17年，峡湾的环境恢复还需要17年。

我和达佛恩在雨中走了一会儿，爬上采矿营地，看清了整个峡湾的面貌，还看到了雾堤和阿尔弗雷德·魏格纳冰川（Alfred Wegener Glacier）的冰塔。我大着胆子下一个废旧的矿井，在陡坡的地方我就停下来，那儿已经变成了冰层。达佛恩指着另一个矿井说，那儿发现了成袋成袋的化学品，是在20世纪80年代的什么时候被倾倒进去，并被推土机封埋的。达佛恩许诺说，他们不会这么干。他还承诺说，正如每个人在矿产开采大会上所承诺的一样，要尽可能多地雇用当地人。我们回来后，吃了顿美味大餐，有五道菜，是矿区营地的厨师做的，厨师的名字是约翰尼（Johnny），是位菲律宾人。

在米尼克游说自治之行的第七天，格陵兰的政客们在卡修特（Qaarsut）机场外边的政府迎宾馆里休闲放松，等待着回家。他们已经在七个村庄和城镇里召开了七次会议。我们的飞机要到下午4点半才起飞，所以我们有一整天的空闲时间。自助早餐有什锦饭、酸奶和新烤制的面包。电视机开着，我们掏出手机，或拿出笔记本，浏览着新闻。这时，首相走进来，说是有个渔船现在闲着，可以带我们到尼亚乔纳特（Niaqornat）村去瞧一瞧。那个村有68口人，距离努苏阿克（Nuussuaq）半岛要行船一个小时以上。在外七天奔波以后再出去无异于自虐，因此只有我和米尼克报名与他一起去。

这艘敞篷船大约有15英尺长。我们从飞机跑道下面的满是碎石的海滩上跳进船里，需要计算好海浪的进退，以免弄湿了鞋。米尼克把他的笔记本电脑放进一个塑料袋子里。我和他都尽量地放低身段，以避免刺骨的风，但是首相没有弯腰，他穿着牛仔裤，戴着薄手套和棒球帽，站在船的后舱，看着海岸线快速地远去。

海水波澜不惊，我们一路沿着海滩行船，海滩的那边，斜坡陡然升高，一直到 6 000 英尺高的山峰，山峰上积满着雪。我们的船驶过时遇到海豹和像房子那么大的冰山，最后驶入尼亚乔纳特的自然港湾。这个村庄很令人震撼，位于一个低矮的岬角上，面向海洋的一边是岩石，面向半岛的一边是白色的山峰。村里有明亮的木房子，但没有汽车。村里还有一些晾晒的台子或架子，村民们用来给雪橇狗晾晒干鱼，或者给自己晾晒大比目鱼鱼干和海豹肉肉干。敞篷船和冰山共用这个港湾。太阳在头顶照射着。突然之间，我意识到这就是我想象中的格陵兰岛，也许在首相的心中，也是这样。

会议是在村里的学堂召集的，如果算上婴儿，来参加会的人占全村的四分之一。为了用投影仪，他们将一个大的格陵兰岛地图展开，挂在黑板上，权当投影仪的屏幕。地图的上方是看图识字挂图，孩子们可以学习日常用语的丹麦词汇，比如气球、防水带兜帽夹克、国王、香烟等。首相讲话的时候，我用心看了一幅挂图，上面画着八种当地的鲸鱼以及关键的数据，包括重量、最高速度、长度、屏住呼吸的时间等。有一个人穿着件 T 恤，上面印着"深海鲨鱼捕捞"的字样，他问到钱的问题。米尼克展示了几张我以前从来没有见过的片子，表明未来的矿产收入将大幅度增加。有一个片子显示了格陵兰已经卖给外国公司的石油地块，那些地块就在半岛的另一边。

我们的午饭是在一位首相的支持者家里吃的，主人是捕猎能手，家里的墙上装饰着独角鲸的长牙和海象的头骨以及死亡北极熊的照片。他先是摆上晒干的、像肉干那样的鲸鱼肉，然后又拿上来冰冷的独角鲸皮，他的女儿和首相将独角鲸皮撕成条状，以便可以拿着吃。他家里的 CD 机和计算机放在一个角落里，那里还放着他女儿的宠物沙鼠。他的儿子有十几岁，手里拿着一个半成品的三明治，走进屋子，把三明治放进微波炉里。首相狼吞虎咽地吃着独角鲸皮，说："如果我们不吃这些大海给予我们的馈赠，我们就不能生活在这儿。"我们到码头等船的时候，村民们赶过来给我们送行，有人还分发了小小的格陵兰的旗帜，村民们前后摇着旗帜，直到看不见我们的影子。

几个月后，尼亚乔纳特村将和其他几个村镇一样进行投票，支持格陵兰岛自治，这没有丝毫的悬念，这些村镇是 100％ 的赞成。整个公投得到格陵兰岛 75.5％ 的支持，但是在小小的尼亚乔纳特村，没有一个怀疑者。

我们刚开始参加这次路演活动的时候，米尼克曾很担心他会忘掉很多他所研究的哲学。他对我说："我参与政治太多了。"但是，路演结束的时候，我们进行了最后一次谈话，他又成为哲学家了，思考的不仅是独立的道德性，还有达到这一目的的手段。我们这个时候到了格陵兰岛最大的旅游城镇伊卢利萨特（Ilulissat），这是我们的最后一站。附近有北半球流动最快的冰川瑟梅哥-库雅雷哥（Sermeq Kujalleq），每年往迪斯科湾注入海冰 35 万亿升。

黄昏时候，我在北极宾馆的木板人行道上散步，这家宾馆是靠崖壁这边的标志性建筑，恰巧这时正在主办北欧理事会（Nordic Council）的共同关心北极会议（Common Concern for the Arctic Conference）。欧洲达官显要穿的衣服颜色庄重，形而上地对北极变暖表示煞有介事的忧虑。夕阳余晖里，我盯着海湾看，海湾里全是冰块，这时听到有人与一位风姿绰约的金发女郎闲聊，喋喋不休地说着世界末日就要来临的数据。他的声调很严肃，声音很低，几乎就像是在耳语。他嘀咕道："我不是要吓唬你。"我还是第一次听到有人试图用气候变化来诱惑别人上床的。他又说了一遍："我真的不是要吓唬你。"但是，这位女郎似乎一点也不害怕。

我和米尼克到了楼上，在吧台里点了汉堡包，然后就盯着伊卢利萨特的灯光看。米尼克说："真是不可思议。冰盖融化得越多，格陵兰岛升起得就越高。其他的一些国家在下沉，而格陵兰岛在升高。格陵兰真的在升起。"在我们楼下，前来赴宴的达官贵人正鱼贯而入。米尼克接着说："我们才知道黑天使锌矿真的对环境很坏。它把整个峡湾都毁了。

为了建设一个国家，就可以毁掉三个或四个峡湾吗？我甚至都不敢想这事，但是我们有很多峡湾。我不知道。这是功利主义哲学，对吧？"

　　他摇摇头，然后说："我们很清楚，钻井开采石油后，我们会造成更多的气候变化。但是，我们不能这么做吗？如果这样做可以换来我们的独立，难道还不能做吗？"

发明之父：以色列拯救融化的阿尔卑斯山

　　格陵兰岛全民公投通过的那个冬天，我去了个完全不欢迎冰雪融化的地方。这个地方叫皮兹塔尔（Pitztal），或皮兹山谷（Pitz Valley），在奥地利蒂罗尔州（Tyrol）的首府因斯布鲁克（Innsbruck）的西部，有30英里远。为了去那儿，我租了一辆福特嘉年华车，沿着高速公路行驶，因为车速快，车子有点吱呀作响。我向南往阿兹尔（Arzl）村驶去，那儿有些小旅馆，还有一个教堂，教堂有个洋葱头形状的尖塔。我沿着双车道的公路行驶，穿过了风景如画的村庄，经过了田地、奶牛和牧人小屋等，那些小屋都是旅游经济发展之前的残迹。山谷的两边是繁茂的树林，路越来越陡峭，对面过来大巴车，上面坐着的是荷兰的度假者。车开了半个小时，山谷好像是到头了。那里有个停车场、售票亭，还有个隧道，一直通向山腰，原来那是个地下缆索铁道。我登上索道，用了8分钟就到了3 600英尺高的山上，从那里可以一睹阿尔卑斯山最著名的冰川消失景象。

　　皮兹塔尔冰川减少的一个证据是，在皮兹塔尔山顶上修建的滑雪上山索道，在过去的25年里挪动了三次。还有一个证据是，当地景区每年夏天都在冰川上覆盖巨大的、隔热的保护毯子，目的是减缓冰川的融化速度。总起来说，欧洲的阿尔卑斯山在上个世纪已经损失了一半的冰，上世纪 80 年代后损失了冰川的五分之一。奥地利 925 个被命名了名字的冰川平均每年以 30 到 50 英尺的速度退却，退却速度是十年前的两倍。根据 NBC 的报道和《国家地理》(*National Geographic*) 以及《今日美国》(*USA Today*) 的文章，让皮兹塔尔特别为国际社会所知的不是其冰川融化的速度，而是冰川上盖的毯子，这是迫于无奈的措施，又显得有点荒谬。工人们用毯子覆盖的冰川面积将近 30 英亩，每年花费 12 万美元，每个季节保护 5 英尺厚的雪。这项冰川保护技术已经推广到德国的楚格峰 (Zugspitze) 和瑞士的安德马特 (Andermatt) 以及韦尔比耶 (Verbier)。但是，这项技术只起到部分的作用，不管是盖毯子还是不盖毯子，皮兹塔尔冰川都已经大大缩小，滑雪缆车等候站上面的冰川已经减少了 700 英尺的高度。皮兹塔尔冰川是奥地利用作秋季和春季滑雪的五个滑雪场地中海拔最高的，但是在至关重要的平季，滑雪跑道的最后一段就变成了一堆参差不平的鹅卵石。

每到滑雪季节，来阿尔卑斯山的游客有 8 000 万人左右。大约 120 万提洛尔人，也几乎包括皮兹塔尔的所有居民，都是以冰川滑雪来维持生计的。但是，在欧洲，在全世界，与滑雪相关的经济正处于危急之中。2007 年初，著名的哈恩卡姆 (Hahnenkamm) 高山滑雪赛世界杯举办前一周，与皮兹塔尔相邻的基茨比厄尔 (Kitzbühel) 的滑雪跑道没有雪，都是裸露的。于是，举办者不得不用直升飞机运进来 16 万立方英尺的雪，花了 40 多万美元。那一年，有位英国投资者仅用一个瑞士法郎，就买下了瑞士地势低的厄嫩 (Ernen) 滑雪场；加拿大惠斯勒 (Whistler) 地区滑雪度假胜地的经理，开始使用计算机化的全球变暖模型来选择他们下一个滑雪索道 (答案是：尽量选择更高的山)；玻利维亚的科学家宣布，他们国家唯一的、位于 17 388 英尺高的恰卡塔雅 (Chacaltaya) 上的滑雪场，将在三年内完全失去那儿的冰川 (他们将被证明是对的)；澳大利亚设计建造了室内可旋转的滑雪场 (SkiTrac)，受到广泛赞誉，被认为是"找到了解决气候变化问题的答案"。第二年冬天，穹顶覆盖的室内滑雪场，包括低地国家荷兰的 700 英尺高的蓝德格拉夫滑雪世界（SnowWorld Landgraaf），都被正式列为欧洲滑雪赛道。

造雪已经成为一个数十亿美元的全球产业。奥地利几乎一半的滑雪场地上的雪都是人造雪，造雪炮将雪喷洒在滑雪场上，每英亩人造雪需要大约50万加仑的水。在阿尔卑斯山，造雪用的水比拥有170万人口的维也纳消费的水还要多。数据表明，制造一英亩雪所使用的水量和浇灌一英亩小麦所需要的水量相当。但是，采取传统的造雪方法，即便用光了欧洲所有水塘和湖泊的水，也无法拯救阿尔卑斯山的滑雪生意。因为传统造雪需要完备的条件，缺一不可，分别是温度零下、湿度小于70%、风极小。不过，至少是在皮兹塔尔，当最需要这些造雪条件时，那里却几乎一个也不具备。

到了皮兹塔尔这个滑雪胜地，我看到山峦发出刺眼的白光，一览无余地沐浴在阳光之下，满山覆盖着大自然2月份飘下的白雪。冰砾、鹅卵石等已经被积雪掩盖，不过还是有一些隔热毯子依稀可见，个别凸起的部分就像脊椎一样从山坡斜面上显露着。从位于海拔9 318英尺高的索道底端，我随着游人乘坐视线透明的缆车，来到海拔11 286英尺高的地方，看到了被参差不齐的山岭分割而成的巨大的圆形盆地。山顶上，一阵刺骨的寒风吹着我，我赶紧套上滑雪板，从几块冰上下滑，来到一片粉雪地带，然后滑入被精心休整的雪道，最后到了一个现代派的、石板盖顶的、50英尺高的建筑，这正是我来的原因。这座建筑里面有着世界上最早的IDE全天候造雪机模型之一，造价200万美元，可以在一年的任何时候、在任何温度下、在24小时喷出3.5万立方英尺的雪。对于皮兹塔尔来说，这是向冰雪融化开战最先进的武器。对于我来说，从阿拉斯加、挪威和格陵兰岛回来后，这是应对气候变化的一种新的方式。在这里，就像我以后还要去的其他很多地方一样，全球变暖的影响没有任何裨益，全是问题。如果有什么丁点好处的话，那也是帮助售卖最好的邦迪。

一位名叫雷恩霍德（Reinhold）的索道经理让我进入这座建筑，他面色红润，站在我旁边。我则紧盯着一个巨大的白色圆柱体、一堆管子和管道以及布满后墙的一排灰色的仪器设备。我们两人谁都不认识上面的标签，因为标签的文字是希伯来语。

新闻报道说："全球变暖对经济的影响开始显现。IDE 的全天候造雪机将你以前不能控制的东西变得可以控制！"这听起来像是卖狗皮膏药的，但是吸引奥地利人的这个药方却有着显赫的身世。它来自一个能够克服最大困难的国家，来自一家已经从气候变化中获得数百万美元利润的公司。这个国家具有应对最坏情况的历史，这家企业从海水中摆弄出盐来，名字是以色列海水淡化技术有限公司（IDE, Israel Desalination Enterprises）。我去奥地利以及后来去以色列的原因是，造雪以及与之紧密联系的海水淡化的小故事，这代表着一种美好理想的完美实现。这就是，科技创新和市场力量，如果用来应对气候变化，就可以将我们从气候变化的威胁中拯救出来。以色列和 IDE 还都代表了曾经强大而又危险的世界观，即：只要能解决，即便是有副作用，那方案也是值得的。以色列的仪器设备进一步证明了，应对气候变化的技术措施，一般来说首先是提供给那些能付得起钱的富人，提供给那些排放碳最多的人，提供给那些先己后人的人。那些发达国家把自己的气候变化问题解决好以后，才能关注发展中国家的气候变化问题。

我离开皮兹塔尔一周后，见到了 IDE 的技术总监。他叫阿夫拉哈姆·欧菲尔（Avraham Ophir），他的家距离特拉维夫（Tel Aviv）有 30 分钟的车程，自称是"最佳滑雪者"。阿夫拉哈姆·欧菲尔罹患癌症，满头白发，声音柔和。就是从他那里，我才知道了以色列人是如何研究雪的故事。他的两个同事叫莫什·泰塞尔（Moshe Tessel）和拉菲·斯多夫曼（Rafi Stoffman），与我一起坐在他家的沙发上，他俩看着欧菲尔，表情复杂，既有爱戴，又有敬畏。IDE 现在是以色列具有标杆性的一家企业，很有代表性。欧菲尔是 IDE 经验知识的集大成者，是 IDE 两个古拉格创新故事的主角之一。他坐在一张红色的皮椅上，靠着椅背，开始给我讲述这个故事。

"是这样，说来话长，但是我尽量长话短说。"他说，"我出生于波兰东部的一个小镇，叫比亚利斯多克（Bialystok）。我父亲开了个工厂，生产松节油，是用当地的树木生产的。二战刚开始的时候，我们的国家先是被德国人占领了两周，然后是苏联人来了。我父亲是资本家，所以被抓了俘虏，被送到西伯利亚北部的古拉格。而我们，作为俘虏的家人，都被送到了西伯利亚的南部，事实上就是现在哈萨克斯坦的北部。"就是在那儿，阿夫拉哈姆被迫学习怎样滑雪。他说："你得弄两块简易的木板，但是必须特别结实。然后，每块木板上绑一个皮带，再把你穿的鞋子套进皮带里。这样，我们才能去上学。"通常情况下，因为上学的路上有狼，所以需要有大一点的男孩子带着。他们上学的路上，每隔 150 英尺，就有一个电话线杆子。暴风雪袭来的时候，他们就靠这些电话线杆子找到上学和回家的路。他们在夏天捕鱼，并用盐腌上，就是靠这些腌鱼，他们才度过了漫长的冬季。

　　造雪机的故事也开始于西伯利亚。阿夫拉哈姆说，在俄罗斯，"有一位犹太工程师，名字叫亚历山大·萨尔钦（Alexander Zarchin）。这位工程师是一位支持犹太人复国运动者。正因为此，又因为他是技术人员，所以苏联就把他遣送到一个古拉格，与我父亲所在的那个古拉格是一样的。西伯利亚很冷，夏天也不怎么下雨。他所在的那个古拉格距离北冰洋很近"。劳动集中营需要饮用水。所以，阿夫拉哈姆说，在夏天，"他们就会打开闸门，让海水进来，形成一个潟湖。到了夏末，他们就会关上闸门，潟湖上层的水就会结冰上冻"。一旦结冰上冻，盐和水就分开了。他解释道："在自然力量的作用下，海水中结出的冰晶是纯净水。"当夏天再次来临时，潟湖的表层开始融化，从浮冰上冲刷掉残留的卤水。萨尔钦和其他犯人就关上闸门，将潟湖深处的咸水排出来。他们边排咸水边测量水中的盐度，阿夫拉哈姆说，一旦含盐量低到一定程度，他们就"让太阳来融化剩下的冰，这样，他们就得到了饮用水"。他自豪地看着我们，"您看，"他嘟囔着我后来在以色列所到之处都能听到的话，"需要是发明之母。"

　　二战结束以后，阿夫拉哈姆被允许回到波兰，然后和纳粹大屠杀的幸存者，也就是与一群以色列孩子，一起越过阿尔卑斯山，到了意大利，最后抵达新成立的国家以色列。亚历山大·萨尔钦也从古拉格逃回了以色列，很快就以发明家的身份而声誉鹊起，后来成为阿夫拉哈姆的老板。1956 年，以色列的第一任总理戴维·本-古里安（David Ben-Gurion）支持萨尔钦经费 25 万美元，让萨尔钦建造海水淡化示范厂。这位总理对于海水淡化很是痴迷。1960 年，《瞭望》（Look）杂志宣布，被称为"萨尔钦工艺"的海水淡化技术，"比原子弹爆炸的重要性还大"。萨尔钦的做法就是使用真空室来重复西伯利亚冰冻的经验，当真空室内的压力下降到 4 毫巴的时候，冰冷的水就结成了冰，里面的盐就被析出来了。这一项目最终整合成以追求利润为目标的企业 IDE，发展成为资本主义和国家主义的一个工具。"当看到我们的国家需要水的时候，萨尔钦就申请了专利。"他说，"那个时候，以色列的大部分地方都是沙漠，但是《圣经》里说，我们的国家满地葱茏。在《圣经》中，你会读到，大卫王（David）的儿子押沙龙（Absalom）骑着马奔跑，他的头发被树枝挂住，这就是他被杀的原因。"阿夫拉哈姆用手指着窗户外面的花草繁茂的花园，说："我们下决心将我们的国家建设得像以前一样。来自东欧和其他地方的人，也希望将这片土地进行改变，从而提醒他们以前生活的地方是个什么样子。"

外国投资者来的时候，萨尔钦很紧张，于是就用衣物盖上了机器设备的标签，心里打定主意，谁也不能偷走他的技术秘密，或者说是他的生意。但是，真空海水淡化工艺很快就被效果更好的反渗透海水淡化技术所取代，而且，IDE 花了 40 年的时间才真正找到了"萨尔钦工艺"的使用方法。那个尤里卡时刻，也就是这一工艺真正实现的时刻，那个属于萨尔钦的时刻，最终是在南非到来的。当时，南非使用 IDE 的真空制冰机帮助世界上最深的金矿降温。这个金矿在地下 2 英里处，下面的工人面临着 130 华氏度的高温。

莫什解释道，这要回到 2005 年。他和阿夫拉哈姆在南非的工地上测试矿山最新的机器。阿夫拉哈姆看到南非炽热的太阳下竟然产生了一堆雪，眼睛立马就亮了起来。他命令道："莫什，给我拿些滑雪板来。"于是，莫什回到约翰内斯堡（Johannesburg），找到了一些滑雪

板。"午饭的时候,阿夫拉哈姆好好滑了一番。"莫什说,"我告诉他,
'阿夫拉哈姆,你这把年纪,还能滑这么好,我真是佩服',他那个时候
已经72岁了。但是,'我们将雪带到阿尔卑斯山之前,得先找个专家
看看'。于是,我就通过互联网找到了一名专家。"

莫什找的这位专家是来自芬兰的奥林匹克教练。据莫什说,这位
专家乘飞机到了南非,考察后宣布那堆雪是"适于滑雪的细雪,不过,
还达不到像在阿斯彭(Aspen)地区粉雪的程度,但是可以称为专家口
中所说的春雪"。接着,IDE又邀请十几位滑雪地区的高管飞往南非。
莫什说:"我们建了两座雪山,与这些高管呆了两天时间,我们一起吃,
一起喝,吃完喝完以后,我就拿到了两个订单。"极负盛名的采尔马特
(Zermatt)是位于马特峰山脚下的一个村庄,从IDE公司购买了第一
台造雪机,皮兹塔尔购买了第二台。马特峰是瑞士和意大利的边境
线,但是现在因为积雪融化,不断变动。

2009—2010年,皮兹塔尔在滑雪季节首次使用新的造雪机,成为
北半球第一个开放营业的滑雪地区,对外开放时间是9月12日。
2010年温哥华冬季奥运会曾出现缺雪问题,不得不用直升飞机从外面
将雪运到比赛主场地赛普里斯山(Cypress Mountain)裸露的山坡。
此后,作为2014年冬奥会的主办国,俄罗斯请IDE在皮兹塔尔进行示
范。俄罗斯奥委会的官员很受震动,于是开始在地下和防水油布下面
储存雪,计划在冬奥会开始的时候能够储存3 000吨的雪。

阿夫拉哈姆说:"我们计划把雪卖给爱斯基摩人。"

莫什说:"现在我想把沙子卖给贝都因人。"

拉菲大笑着说:"他们没有钱啊。"

由于地球上冰雪不断减少,因此对于IDE和其他海水淡化企业来
说,它们有着更加兴旺的前景。冰雪融化之后,就会出现干旱。在阿
尔卑斯山脉,就和在喜马拉雅山脉或落基山脉或伦佐里斯山脉
(Rwenzoris)或安第斯山脉一样,冰川消失就意味着水储备的消失。
雪原就是蓄水池。冬天,随着降水的增多,雪原就会扩大,把降水储存

在高山上。夏天，正是最需要水的时候，雪原就会慢慢地将水释放出来。在安第斯山脉位于赤道地区的部分，冰川的萎缩威胁着当地7 700万人的淡水供应，同样受到威胁的还有水力发电，水电在玻利维亚、厄瓜多尔和秘鲁都占到电力总量的一半。在亚洲，生活在恒河、印度河、布拉马普特拉河、长江和黄河这五大河流域的人口有 20 亿，他们都依赖喜马拉雅山的雪水。喜马拉雅山上冰川融化后的雪水浇灌着中国、印度和巴基斯坦数百万英亩的大米和小麦，现在每年损失 40 亿到 120 亿吨的冰。在西班牙，气候变得很干燥，而且干燥得很快。因此，有些人警告西班牙会出现"非洲荒漠化"，也就是说，撒哈拉沙漠会越过直布罗陀海峡。比利牛斯山上的冰川已经丧失了将近 90%。埃布罗河（Ebro）与辛卡河（Cinca）是延绵穿过比利牛斯山的河流，对于农业发展具有重要的意义。一个世纪以前，比利牛斯山上的冰川覆盖面积为 8 150 英亩，而现在只覆盖 960 英亩。即便是在美国，数百万人也依赖冰川和冬天的降雪，比如加利福尼亚州南部的河流靠冰山上的雪水才使得大地绿意盎然。再比如科罗拉多，尤其如此。如果落基山脉和内华达山脉的冰雪继续快速融化，那么到 21 世纪 20 年代，南加州地区就会面临损失 40%供水的危险。

从某种程度上说，以色列人比其他人更了解陷入干旱是什么滋味。他们知道该做什么。正如阿夫拉哈姆所解释的，他们从欧洲到了这片土地以后，马上就面临着完全不同的生存环境。与他们所熟知的以前的生活环境相比，这个地方更热，更干燥，更不适于居住。犹太复国主义者一直抱有启蒙运动的理想，崇尚理性智识，信仰资本主义。他们笃信，即便是犹太人在欧洲受到非人的待遇，但是，如果足够理性，孜孜以求，任何问题都能找到合理的解决方案。因此，第一批以色列人没有向大自然低头。对于水短缺问题，在启蒙主义思想的引领下，当时的以色列人和现在的人一样，积极去寻找银色子弹，也就是寻找一把杀手锏，找到工程化的解决方案，从供给侧给予解决。

1954 年，本-古里安将家搬到了内盖夫沙漠（Negeve Desert），他这样写道："对于那些能够让沙漠繁荣的人来说，会有上百人、上千人，甚至是上百万人生存的空间。"接下来,这位总理同意资助萨尔钦在内盖夫沙漠建立试验场,还开始资助人工增雨作业,包括在1960年实施了降雨行动(Operation Rainfall),将碘化银喷洒器固定在喷气战斗机的机翼上。本-古里安还建立了国家输水系统(National Water Carrier),包括80英里长的管道、运河、通道和水库等,从而将水从位于相对湿润的北方地区的加利利海(Sea of Galilee),调运到位于贫瘠荒凉、人烟稀少的南方地区的内盖夫。以色列应对水短缺的措施,有的没有成功,有的地方产生了副作用。国家输水系统建成后,因为与叙利亚就约旦河(Jordan River)的上游水源争夺而引发了双方的战争,但是支持了大规模的、聚焦出口的农业经济的发展。出口一克粮食就相当于出口一升水,以色列最终每年出口的粮食相当于出口100万亿升的水。但是,在那个时候,很少人怀疑这样做是否合情合理。

我们现在都变成以色列人了。2009年,一位秘鲁科学家建议将安第斯山脉漆上白颜色,以反射太阳毒热的光线,竟因此获得了世界银行的奖励。在印度拉达克(Ladakh)地区,有位退休的工程师在喜马拉雅山背阴的地方用5万美金人工建造了一个冰川,方法是用石块砌一些水塘,收集径流,在冬天上冻以后将冰加到现存的冰山上。在西班牙,巴塞罗那成为欧洲大陆实施紧急进口水措施的第一个城市,2008年用改装的油轮运送进来500万加仑的水。在中国,中央政府准备以世界上前所未有的规模进行调水,投资620亿美元,实施南水北调工程,采取东中西三条线,输水总线路长达1812英里,将每年从青藏高原调水4.5万亿加仑,输送到干旱的、工业化的北方城市里。为了建设南水北调工程所需的河道与管道,中国将安置移民30多万人。青藏高原有将近4万条冰川,正在融化。中国成立了人工影响天气办公室,拥有基层工作人员3.2万人,他们管理着全国30个基地,每年花费6 000万美元。在南水北调工程完工之前,中国通过人工影响天气办公室用火箭以及37厘米口径的防空高射炮,向云层发射装有碘化银催化剂的火箭头和炮弹,希望以此增雨。在中国、印度、秘鲁、西班牙以及几乎所有因为气候持续变热、冰雪不断融化而导致干旱的国家,大规模的海水淡化设施也在不断增加。2003—2008 年,全世界建设了 2 698 家海水淡化厂,还有数百家正在建设当中。

我去以色列采访考察的时候,IDE 在全球负责建设的海水淡化厂将近有 400 家,其中包括当时规模最大的、效率最高的、声誉最响的海水淡化厂,建在以色列的阿什凯隆(Ashkelon),产能是 8 600 万加仑每日,紧靠着内盖夫边上的加沙地带(Gaza Strip)。IDE 建设这家海水淡化厂的合作伙伴是威立雅。威立雅是世界上最大的水务公司,是德意志银行的首选投资股票之一。除了阿什凯隆海水淡化厂,IDE 还赢得了在中国建设最大海水淡化厂的合同,总投资 1.19 亿美元;还有在不断缺水的澳大利亚建设产能 4 300 万加仑每日的海水淡化厂,总投资 1.45 亿美元;在特拉维夫北边的哈德拉(Hadera)建设一家巨型海水淡化厂,产能达到 1.09 亿加仑每日,总投资 4.95 亿美元。作为企业联盟的一部分,IDE 还参与了在加利福尼亚州的卡尔斯巴德市(Carlsbad)和亨廷顿海滩市(Huntington Beach)建设两家备受争议的产能各为 5 000 万加仑每日的海水淡化厂。牵头负责工程建设的是波塞冬资源公司(Poseidon Resources)。该公司的一位工程师告诉我,他们将生产含有精确矿物质含量和顶级佐餐水圣培露(Pellegrino)味道的水。"人们将从水龙头里喝到圣培露,"他说,"他们还会用圣培露洗浴。"

阿什凯隆海水淡化厂能够满足以色列将近 6% 的全国用水需求,这是以色列计划到 2020 年从海水中获得四分之一用水目标的第一步。通过政府补贴,以色列每立方水的价格只有 60 美分,这与美国自来水的价格不相上下,要比欧洲一些地方的水价便宜得多。海水淡化厂的水一旦被政府购买、实现国有化并被注入国家输水系统,就与其他淡水没有什么两样。但是,就像壳牌公司的情景规划团队在探讨水—能源—粮食互馈机制中所强调指出的,这里面有一个问题。海水淡化厂,即便是阿什凯隆的海水淡化厂,都需要大量的电力。发电厂,不管是核电、火电,还是燃气发电或者水力发电,都需要大量的水进行冷却。如果发电烧的是煤炭,或者退一步说,烧的是天然气,这些电厂还要排放大量的碳。排放的碳将进一步促进气候变暖，气候变暖将进一步促进干旱，于是，海水淡化就会像一条蛇一样，开始自己吃自己的尾巴。

如果一杯水有 8 盎司，那么阿什凯隆海水淡化厂的一杯水就需要10 200 焦耳的能量。这家工厂发电使用的是天然气，这比其他能源更加清洁，但即便如此，生产一杯水也要排放 0.001 1 磅的二氧化碳。如果一名以色列人正常情况下饮用的水都来自阿什凯隆海水淡化厂，那么每年就要导致 0.6 公吨的碳排放，这相当于我们每个人在地球上排放量的一半，而且还是考虑到将来有一天气候不再变暖时候的人均排放量。（目前，以色列人均碳排放 10 公吨，美国人均碳排放 20 公吨，都已经远远超过了那个范围。）在加利福尼亚州，碳排放量更为严重。卡尔斯巴德海水淡化厂是美国规模最大的海水淡化厂，大部分能源可能来自煤炭，那么就会排放更多的碳，每年达到 97 000 公吨，比十几个岛国的碳排放都多。但是，没有人说海水淡化可以拯救世界，也没有人说造雪机可以拯救世界上所有的冰川。他们只能拯救富裕的国家、有钱的人士，而任由厄运降临到其他国家和其他人头上。

艾利沙·阿拉德（Elisha Arad）是 IDE 的工程师，我和拉菲与他一起出发去阿什凯隆海水淡化厂的时候，他对我们说："如果听到口哨声，马上钻到车下面去。"巴勒斯坦人刚刚开始向以色列首次发射格勒式（Grads）火箭，这种火箭炮口径为 170 毫米，射程达 8.6 英里，可以从加沙地带打到阿什凯隆。前一天，以色列的一所学校被击中，需要两辆拖拉机将火箭从弹坑中拖走。

拉菲解释道："我们给他们水，他们给我们火箭弹。"这话是对的，但不完整。几个月以前，以色列国防军（Israel Defense Forces）实施铸铅行动（Operation Cast Lead），对加沙地带的哈马斯（Hamas）进行军事打击，摧毁了 11 口水井、20 英里长的供水网络以及 6 000 多个房顶水箱。然后，以色列关闭了边境，这就意味着水泵、管子和水泥等都不能运到加沙地带，从而不能修复军事打击所造成的破坏。这次军事打击一年以后，上万名巴勒斯坦人依然没有供水，加沙地带的主要地下水层甚至都要变咸了。无奈之下，巴勒斯坦人就从以色列的供水管道里往外放水，但是以色列人对此严加打击，认为这是盗窃。在以色列，人均水消费是每天 280 升；而在加沙地带，人均水消费只有 91 升，低于世界卫生组织认为所必需的 100 升到 150 升的标准。艾利沙说，哈马斯没有击中阿什凯隆海水淡化厂，是因为它并不想把它当作目标。这个海水淡化厂生产的水是每个人都需要的。拉菲则认为，原因是哈马斯成员的武器没有准星，打得太臭了。

我们的 SUV 在空荡的高速路上轰隆驶过，进入内盖夫。途中经过一个仙人掌种植园和一个建在沙漠中的奇怪的居民点。那个居民点里的建筑是预制板房，有十年了，在那儿生活居住的犹太人是由于一次政治争斗而从加沙安置过去的，接待我的以色列主人对此已没有多少记忆。艾利沙 60 岁了，秃顶，有问题问他的时候，他的额头上就会出现一道深深的皱纹。他给我讲述死海的故事。死海本该得到约旦河水的补充，但是国家输水系统将约旦河水都引到其他地方去了。他说："它（死海）死了，真的死了。水位每年下降一米。如果没有水源补充，再过 20 年，我们的死海里就没有水了。"他说，没有人愿意去节水。"农业用水价格低十倍。如果农民用水付一毛钱，我就得付一块。这么一来，农民当然不在乎了。"

在一个拐角处，就在抵达海水淡化厂之前，我们看到一个防空气球盘旋在与加沙交界的上空，那是警告火箭袭击的岗哨系统。艾利沙解释道："那个东西给城里的人发出警告，让人有逃走的时间。对，时间，比如说，找到一个藏身之所。"这个防空气球在空中沉静无声，都能看到，又显得很是新潮，在以色列墙那边的人看来，一定感到压抑郁闷。但是，在墙这边的人看来，一定是给人以安慰。我想，以色列这个国家解决干旱的措施，也具有类似的效果。为了得到源源不断的淡水，以色列弄了那么多的海水淡化，也就会排出那么多的碳，这些碳对全世界来说无疑是一大破坏，但是获得的钱财对于以色列来说无疑是一大利益。在一个国家内部看来是合情合理的事情，从这个国家的外面看，并不总是合情合理的，特别是当这个国家周围全是敌国环伺着的时候。

与海水淡化厂同在一个地方的，还有一座以色列最大的、装机容量1 100兆瓦的火电厂。以色列选择这个地方建设火电厂和海水淡化厂，不是从获得廉价电力的角度出发的，而是想最大限度地减少对环境的影响。火电厂排放热水，海水淡化厂排放超盐度的卤水。当这两种废水混合到一起时，每一种都会得到稀释。莫什告诉我："现在遭殃的是鱼……不过，噢，遭的殃少多了。"海水淡化厂占地17英亩，设备散乱地摆列着，空荡得有点怪异，只有40名工作人员，轮流看管着机器，每班8个小时，即便是在自动化的未来时代，这里的自动化程度也几乎是绝无仅有的。

在积云低垂的天空下，我们都戴着黄色的安全帽。地中海是深绿色的，但是这里的建筑物都漆上了海蓝色。艾利沙领着我们从一个建筑走到另一个建筑，从沉淀池到预处理泵，到碳过滤器，再到合成过滤器。这家海水淡化厂使用的是反渗透膜法技术，是与萨尔钦首次在20世纪50年代研发的技术相匹敌的一个工艺，是由南加州的一位犹太裔化学工程师在60年代开发的，后来在70年代被本-古里安大学（Ben-Gurion University）进一步完善提升。这家工厂的主体厂房中排列着四排反渗透膜，有4 000个，并排安装在8英寸长的压力管中。不论走到哪里，我都能听到水流声。厂房外面，每隔几百码就有一个混凝土防空洞。"如果你在距离加沙地带不超过4.5公里的地方，那么你有15秒的逃生时间。"艾利沙说，"如果你在距离加沙地带4.5--10公里的地方，那么你有30秒的逃生时间。"我们所处的距离在4.5公里以内。我们在一个控制室中停下来，在那里，有一个水龙头从一个蓝色集水器中伸出来。艾利沙拿来一个杯子，接了杯水。水喝起来很纯正，完全像是天然的，我们每个人都喝了一杯后，我又喝了一杯。

回到特拉维夫后，我采访会见了很多其他水处理企业家，每个人都极力兜售他自己的技术解决方案。借用一个词语，以色列是个"初创国家"（start-up nation），但是体现着另一种发展趋势。以出口为导向的水处理技术好像是最容易从以色列、新加坡、西班牙和澳大利亚等缺水国家研发出来的，这些国家在气候变化问题上已经无路可退。在以色列，传统的人工增雨技术依然大量使用，但是有一个研究团队还建议用黑色的吸热材料，将内盖夫 2 000 英亩的区域遮盖起来，从而形成一个人造热岛，导致下风口处的降雨。在地势高的市中心，我与白水公司（White Water）的高管坐着闲聊，这家企业的创始人曾经帮助达美乐比萨进入以色列的市场。白水公司与以色列总理本雅明·内塔尼亚胡（Benjamin Netanyahu）有着密切的关系，其行事方式也是典型的以色列风格，它帮助国家的水供应免于遭受污染和恐怖主义分子的袭击。

我最后拜会的人是伊坦·巴（Etan Bar）博士，他瘦长而结实，痴心于环境研究，是本-古里安大学的环境工程教授。他研制了战胜干旱的新方法，刚刚获得了专利。这种方法看起来很富创新性，也是基于营利的，因此，我心里想他是否会成为下一位亚历山大·萨尔钦。在那一年下雨量最大的一天，我们在特拉维夫喜来登酒店见面，当时在场的还有他的两个市场开发人员，名叫伊扎克·杰绍诺维兹（Yitzhak Gershonowitz）和列维·维也纳（Levi Wiener）。还没坐下，列维·维也纳就说："您知道，需要是发明之母。"

巴博士坐下来，兴奋地详细介绍他的创新成果。"把空气中的潮湿捕捉住，并把它变成液体的水，"他说，"这个过程早在圣经时代就为人所知了。"冬天开始的时候，犹太人就会诵念求雨祷文（Tefilat Geshem）。但是在干旱季节开始的时候，也就是逾越节（Passover）开始的时候，犹太人就会诵念求露祷文（Tefilat Tal），因为在他们看来，露水是上帝赐予的礼物。巴博士说："在以色列南部地区，你可以看到古老的土地都是用露水浇灌的，露水是空气里面潮湿水分的凝结。"

"对于二氧化碳对地球的影响，你可以相信，也可以不相信，"他接着说，"但是底线是，地球正变得越来越热，这就意味着两件事情。海水的蒸发越来越多，因为海水的温度越来越高；地球上的潮湿水分不再能凝结，因为空气的温度越来越高。"位于热带地区的国家，曾经

"一年365天几乎天天都下雨"，但是现在雨季里不再有那么多雨了。他说："你现在是在云雾中行走，因为空气中有湿度，但是没有雨水。每个人都知道这些事实。"

巴博士设计了一个盒子，他说这个盒子模仿了一尊古代的神，能解决这个问题，因为它吸进去的是空气，吐出来的是水。巴博士简要地描述了其工作的步骤。首先，将空气穿透一种干燥剂，这种干燥剂会吸收空气中的水汽，但不会吸收污染物。其次，对干燥剂进行加热，干燥剂就会将里面的水释放到一个含有少量空气的容器里。最后，将热量进行回收，再次用于这一过程，而水汽就会变凉、冷凝。"就这些，"他说，"很简单，真的很简单。就是一个过滤器，将水从空气中过滤出来。就这些。"他宣称，他所需要的只是投资者。

"列维说需要是发明之母，"他接着说，"可是，我……"

"你不这样认为吗？"杰绍诺维兹问。

"不，我不这样认为。"巴博士说。"我认为市场需求是发明之母。"

"如果有什么东西可以到市场上出售，"他说，"那就是水。大自然正在为我们安排，大自然是我们最好的公关。为什么？因为没有水呀。看看塞浦路斯（Cyprus）。希腊也是一样的情况。在科特迪瓦（Ivory Coast），一点水都没有了。而且我这说的还不是沙漠地区，我说的都是以前有着很多水的地方。"杰绍诺维兹和维也纳非常钦佩地不断点头。"到2020年，"巴博士继续说道，"世界上大约三分之一的人口将没有安全的淡水。全球人均每天水消费在50升和100升之间。因此，现在用那个数字乘以25亿人！这就是你所需要的。如果你问我，市场潜力是什么，那么我告诉你，那就是市场潜力！"

第二部分

干　旱

我以我的生命以及对生命的爱发誓,我永远不会为了另一个人的缘故而生活,也不会让另一个人为了我的缘故而生活。

——约翰·高尔特(John Galt)

五

太大不能烧：公共的大火，私营的消防队员

　　我们闯的第一个红灯是在商业街（Main Street）和大露营路（Jamboree Road）交叉处，靠近凯悦大酒店。我们之所以闯红灯，主要是因为我们可以闯。山姆队长打开他的警报器，因为 18 个交通车道都堵塞了。我们慢慢驶入交叉路口，然后加速，接着转弯，而后再加速。我们的车子是红色的福特征服者（Ford Expedition），车顶上闪烁着红色的警灯，车身上印着"消防"的字样，疾驶到 405 公路上，车胎发出尖厉的摩擦声。一辆接一辆的车靠边让我们通过，但是我们并入到 I-5 号州际公路时，有个开着思域车（Civic）的傻瓜就是不给我让路。"你瞧瞧这个家伙。"山姆队长嘟哝着，然后就切到中间的车道，迅速超过了那辆思域车。

　　快到迪斯尼乐园的时候，交通拥堵的状况就缓解了，但是圣塔安娜风（Santa Ana wind）又刮了起来。这是一种炎热的、在沙漠地带生成的东风，能够吸干所经大地上的任何一滴水分。它狂烈地穿过峡谷，携带着灌木树枝、衣物、塑料袋和尘土，滚滚而来。风暴穿过高速公路，向着海洋的方向刮去。我们的救火车现在行驶在中间的车道上，时速是每小时 75 英里，左右摇晃着。山姆队长是一家私营消防队的队长，这时踩了下油门。这个消防队是以营利为目的的。山姆队长

给我一个蛋白棒，戴上双耳式耳机，拿起黑莓手机，开始打电话。

他先是给他的手下打电话，说："现在，31号消防车需要准备好，出去巡逻。42号消防车需要设备齐整，随时准备出动，不可延迟。驾车出去，四下巡逻，找个好的位置，立刻行动，把这一切安排好。马上办。"

他然后给KTTV福克斯11频道新闻栏目打了个电话，还给一家广播电台打了个电话，还接受了另外一家广播电台的采访，他说道："现在甚至都没有防火季节了，全年都得防火了。"接着，他又给另外一家广播电台打电话，说："你好，我是消防队长山姆·迪基欧瓦纳（Sam DiGiouvanna），以前给你们做过关于消防的报告，你们今天上午需要什么关于消防的消息吗？我是迪基欧瓦纳，D—I，G—I，O，V，A，N—N，A。很简单，好拼。是迪，基，欧，瓦纳……"我们距离着火的小图洪加峡谷（Little Tujunga Canyon）还有数英里之遥，现在才刚刚通过洛杉矶市区，需要继续往北走。打电话之前，山姆打开他的警报器。打完电话后，他就关上了。

打电话的时候，他自报家门，说是维杜古消防学院（Verdugo Fire Academy）的培训主管，那是他的兼职工作。他没有提与他签订合同的保险公司，一点都没有提到美国国际集团（AIG），他负责该公司的野火防护部门。保险业是最害怕气候变化的产业，因为飓风和大火破坏越来越多，因此保险业处于困境之中。不过看似矛盾的是，保险业也是因为气候变化而最为赚钱的产业。保险业的市场正在扩大，特别是在受干旱困扰的美国西部地区。正像AIG的金融创新促进全球经济陷入萧条一样，保险公司纷纷资助气候变化的研究。我和山姆队长驶往火灾现场的时候，AIG刚刚得到联邦政府的救助，获得资金850多亿美元。

我们离开I–5州际公路，进入2号公路，在远处看到一片白色的烟雾。那是在帕萨迪纳（Pasadena）东边的一个什么地方，山姆队长打开新闻广播。广播电台主持人说，大火正在向210号高速公路蔓延。华尔街的消息有点让人振奋，股指上升了400个点。山姆队长将频道转到他喜欢的轻松爵士 94.7 频道，于是我们的福特征服者消防车里就响起了乐器版的布迪兄弟乐队（The Doobie Brothers）的歌曲《分分秒秒》（*Minute by Minute*）。

我们的消防车进入 210 号高速公路后，就看到警察拉起来的第一道警戒线，是用橘黄色的锥形交通路标排起来的斜线，旁边只有一辆警察巡逻车。所有的车辆都被拦截，离开高速公路，因而造成了交通拥堵。不过，我们还是从左边的车道加速超过，而且再次打开警报器。山姆队长有着黑色的头发，阔大的胸膛，在 49 年的人生中已经干了 29 年的消防工作。虽然穿着非正式的蓝色制服，但是坐在红色的消防车里，他看起来官气十足。他自信地向警察招手示意，警察也向他挥手。我看着外面的交通乱作一团，直到我们驶过警戒线，路上只有我们一辆车。突然之间，我看到的一切都呈现着战争的面貌，有着烟火的味道。山姆队长脸上没有任何表情，但是放下了手里的黑莓手机。

最黑的烟雾是化学物质，不是灌木燃烧发出的，也不是木材燃烧发出的，而是人造材料燃烧后散发的，有毒。化学浓烟来自一辆房车、一个垃圾填埋场和一辆停在山脊上的厢式小货车。直升飞机在头上盘旋，发出咔嗒卡塔的噪音，往下喷洒着白色的水雾，似乎没有任何作用。狂风将水汽和烟雾都吹到其他地方。高速公路上，从周边城市调来的五辆消防车和救护车以每小时 80 英里的速度疾驶而来。来自洛杉矶县消防中队的一辆拖车从我们旁边经过，上面拉着一辆红色的推土机。由于烟雾的遮蔽，交通信号时隐时现。山峦都变黑了，由于山上的植被已经烧光，岩石裸露出来，还发生了小规模的塌方，碎石泥土散落在路边。

AIG 的团队正在西尔马市（Sylmar）的一个市政公园里等着，那里是抗火救灾的集结地。这场大火蔓延 5 000 英亩，吞噬着小图洪加峡谷。AIG 的消防车编号是 21 和 23，都是红色的福特汽车 F－550，配置着橘红色的灭火皮带，车的外壳是镀铬板。这只是山姆队长指挥的 12 辆消防车中的两辆。AIG 的消防队员都在二三十岁的样子，长得俊朗，但看起来无所事事。这个周边地区尽管已经受到大火的威胁，但是由于不是什么富人区，所以这些小伙子还不能投入到灭火工作中。AIG 的私人客户部只对那些至少值 100 万美元的房产进行投保和保护。他们还在等待火势的进一步恶化。

山姆队长已经告诉了我，小图洪加峡谷的山火很平常。现在已是 10 月了，这正是发生野火的季节。前天下午，他在凯悦酒店就给我解释了气候变化对消防的影响。凯悦酒店是他喜欢的宾馆，我乘的航班到了橙县（Orange County）后，他就把我接到了这里。我们时间紧张，就把车停在应急道上，然后去宾馆前台。他给我登记了一个套房，是按政府的优惠价登记的。"能否把订房的积分记到我的会员金卡上？"他问我。"我们，噢，两人都住在这儿。"他边说边在登记住宿柜台的下面悄悄地踢了我一下。然后，我们就坐在大堂里，吃着宾馆的免费零食芥末豌豆。"我就喜欢这些东西。"他说。

湿润的地方将变得更湿润，干燥的地方将变得更干燥，着火的地方将变得更容易着火。对于加州当时的干旱是否与气候变化有着特别的联系，科学家还没有发表确凿的意见。但是，加州与很多西部州一样，正在变得像计算机模型所预测的那样，成为尘暴干旱区（Dust Bowl），而且会经常发生火灾。

这次火灾爆发前，加利福尼亚州经历了近 88 年来最热的春季，经历了有记录以来的历史上第九个最热的夏季，经历了近 114 年里降雨最少的秋季，经历了四个月的政府宣称的干旱，经历了非官方认可的两年、也可能是三年的干旱。时任州长阿诺德·施瓦辛格（Arnold Schwarzenegger）出席中央山谷（Central Valley）农场主的集会，并在会上与当地民众一起高唱："我们需要水！我们需要水！我们需要水！"仅仅是因为消防栓里没有水，百姓的房舍很快就会在大火的吞噬下毁于一旦。

山姆队长斜靠在椅子上，说："我 1977 年刚干消防员的时候，火灾有着特定的季节。"火灾一般是发生在夏末，特别是秋季，那是圣塔安娜风吹来、山峦被太阳炙烤得很干的时候。但是，现在情况再也不一样了。山姆说，2008 年 4 月，西尔拉-马德雷（Sierra Madre）出现不同寻常的高温天气，湿度很低，从而促发了一场蔓延 600 英亩的山火。2007 年，南加州地区同时发生了破纪录的 21 起野火，迫使当地启动了破纪录的人员疏散，有 34.6 万个家庭不得不离开自己的家园。加州历史上排名第二的大火是扎卡火灾（Zaca Fire），烧毁了 240 207 英亩的土地，仅扑救大火就花费了 1.18 亿美元，创造了另一项纪录。2009年 5 月，圣芭芭拉（Santa Barbara）发生耶稣斯塔（Jesusita）大火，火势蔓延 8 700 英亩，烧毁了 80 座房舍，至少迫使 1.5 万名居民疏散。在南加州，小图洪加峡谷发生的两次火灾是过去 20 年来最严重的，分别烧毁了 130 万和 100 万英亩的土地。山姆队长说："因为全球变暖，我们这儿的火灾越来越频繁，不同的地方都有发生。"

就全球而言，新千年的前十年是火灾频发的十年，阿拉斯加、西班牙、西伯利亚、科西嘉岛、玻利维亚、印度尼西亚和不列颠哥伦比亚省发生了火灾。新墨西哥州、俄勒冈州、科罗拉多州、得克萨斯州和亚利桑那州发生了火灾。南达科他州的黑山和北卡州的沼泽地发生了火灾。在希腊，发生了半个世纪以来最大的火灾，出现了千年以来最严重的干旱。在澳大利亚，发生了有记录以来最严重的火灾和最严重的干旱。在俄罗斯，发生的大火造成极大的破坏，俄罗斯总统，梅德韦杰夫（Medvedev）总统，不是普京总统，大声疾呼，说气候变化是真的。佐治亚州、佛罗里达州和犹他州都发生历史上最大的火灾。就全美国来说，新千年以来，火灾每年烧毁的土地面积平均为 700 万英亩，是 20世纪 90 年代的两倍。1986—2006 年，重大山林野火的数目增长了400％，过火面积增长了 600％。

气候变化对野火的影响不只是造成水的匮乏或在最热的天气里增加了热量。早春季节的冰雪融化，就意味着生长季节的变长，最终会产生更多可燃烧的秸秆、树枝、茅草等燃料。平均气温升高就意味着夏季变得更长，秸秆、树枝、茅草等物质就有更长的日晒时间。冬天温度升高意味着山松甲虫、云杉甲壳虫、树皮甲虫等寄生虫的幼虫会大面积繁殖生长，不断扩大它们的领地，从而杀死大片的树林，造成更多枯死的、干裂的燃烧材料。如果持续干旱，树木是不能分泌化学物质来抵御害虫的。在美国西部，20 世纪 70 年代以来，春季和夏季的温度才升高 0.87 摄氏度，但是现在的防火季节已经延长了 78 天。

洛杉矶的急速发展也是造成火灾的原因之一，这座城市已经拓展到圣莫尼卡（Santa monica）和圣加布里埃尔山（San Gabriel）的山丘，那里风力强劲，容易着火。根据加州护林与防火局（Cal Fire）的统计，加州 1 200 万幢房屋中，有 40% 位于高度危险或极度危险的地方。仅在南加州，森林服务处就确定了 18.9 万幢这样的房子，都是在 2003 年到 2007 年期间建造的。在 20 世纪 60 年代，山林野火每年烧毁 100 幢房舍，到了 90 年代，就每年烧毁 300 幢房舍。而到了新世纪，在这十年中，就每年烧毁 1 500 幢房舍。"正常情况下，我们认为燃烧材料是树木、灌木和杂草，"山姆队长说，"但是现在不只是这些了。房舍本身就是燃烧材料。"

现在，已经有数千个私人承包商代表政府部门来消灭森林野火。在加州护林与防火局从事飞机防火的 280 名飞行员和地面人员中，有 130 名实际上是受雇于德阳国际（DynCorp International）的。森林服务处的防火预算是 150 亿美元，占其整个预算的三分之一左右，超过一半的经费最后支付给了私营部门，这些公司一般都是俄勒冈的企业。不知什么原因，俄勒冈已经发展成为以营利为目标的消防产业的中心。现代化的、私营的消防队伍中可能就有来自俄勒冈格雷百克森林集团（Grayback Forestry）和 GFP 公司（GFP Enterprise）的职员，其空中支持可能来自俄勒冈的精密航空公司（Precision Aviation），其餐饮可能就来自华盛顿州的 OK 凯斯凯德公司（OK'S Cascade Company）。现在的消防行动会提供移动洗浴设施、移动卫生间、移动办公室，还提供空调、网络以及带有地板的帐篷。在联邦政府的支出中，消防支出部分是十年前的两倍多。

由于气候变暖，人们可以在北极地区开发新的处女地和处女资源。如果说这是获得利润的一种方式，那么私营消防就是获得利润的另一种方式。这儿的机遇当然也是一种增长，是的，但是这种增长是基于稀缺的，是基于其他人的危机的，这种经济发展是零和游戏。因为，只要有优胜者，就必然有失败者。

山姆队长的企业是防火喷洒系统公司(Firebreak Spray Systems)，位于俄勒冈的胡德河(Hood River)市，其关键的创新之举是与保险企业建立了合作关系，而不是与政府合作。(当然，在 AIG 的项目方面，这两家公司不久便临时融合了。)这家公司是企业家吉姆·阿莫德(Jim Aamodt)和斯坦·布洛克(Stan Brock)创立的。吉姆·阿莫德发明了可以在超市使用的、能够持续保持蔬果新鲜的喷雾器。斯坦·布洛克是新奥尔良圣徒(New Orleans Saints)足球队的前队员。这家公司拥有一套专利，可以将液体的阻燃剂 Phos-Check 喷涂到房子上，这种阻燃剂和森林服务处使用的孟山都公司开发的化学阻燃剂具有同样的效果。山姆队长告诉我，他的公司发明的阻燃剂，喷出来是无色无害的，可以保护房子，保护时间在八个月以上，远比具有相似效果的凝胶和泡沫的保护时间长。

2005 年，防火喷洒系统公司开始与 AIG 的保险业务开展合作，将AIG 私人客户部的消防车数量从两辆增加到 12 辆，将服务范围从邮编为 90049、90077、90210 等的加州 14 个富裕区域扩展到将近 200 个区域，其中包括科罗拉多州的韦尔(Vail)、阿斯彭(Aspen)和布雷肯里奇(Breckenridge)。山姆队长先是在蒙罗维亚(Monrovia)干了五年的消防队长，然后在 2006 年加入了现在的公司。他一直希望在企业高管培训方面开始自己的第二份事业，直到他在《财富》(Fortune)杂志上读到了关于 AIG 组建新的野火部门的消息。他对我说："这是个很有前景的事业，我希望从一开始就参与进来。"

防火喷洒系统公司的业务在增长，山姆队长和他的朋友乔治(George)刚刚开始与农民保险公司(Farmers Insurance)合作，实施一项涉及两辆消防车的示范项目，但是突然间，就来了竞争。安达保险公司(Chubb)与蒙大拿州的野火防卫系统公司(Wildfire Defense System)合作，对西部 13 个州的客户提供消防服务，向房舍喷洒与山姆公司存在竞争的热胶阻燃剂。消防员基金(Fireman's Fund)与圣地亚哥市的防火墙公司（Fireprotec）合作，在客户的房舍周围清理出消防通道，向其最富有的客户提供人员疏散服务。同样位于圣地亚哥市的企业美国专业防火公司（Fire-Pro USA）拥有火冰胶的专利技术，可以对房舍进行喷洒，起到防护作用。怀尔多马市的太平洋消防保卫公司（Pacific Fire Guard）号称是"消防中的海军海豹突击队"（the Navy Seals of firefighters），向客户的房屋喷洒凝胶（GelTech）阻燃剂。卡梅尔谷（Carmel Valley）的金谷防火公司（Golden Valley Fire Suppression）向克雷格列表网（Craigslist）的用户提供泡沫喷洒服务，同时还提供"山羊啃食土地植被"的服务。这家公司还通过在线调查来招揽客户。比如，它的第六个问题是："在发生野火威胁事件的时候，如果有一家私营消防企业专门来保护你的房子，其保护价格是 3.5 万美元（可以贷款），第一年后每年仅付 1 600 美元，那么你愿意让它给你提供这项服务吗？"

山姆吹嘘道，防火喷洒系统公司的消防车配备着顶级的通讯系统，包括红色区域绘图定位软件（RedZone mapping software），可以预测大火的走势，只需点一下鼠标就可找到着火的客户的房屋。与捉襟见肘的公共消防队不同，防火喷洒系统公司有钱购买更好的消防设备。他对我讲："不客气地说，我们可能比很多市一级消防队的设施还要好。"

政府缺位的地方，私营企业就会来补位，这听起来像是自由主义者的梦乡，但是事实上，私营消防队就已经做到了。亚当·萨默斯（Adam B. Summers）供职于理智基金会（Reason Foundation），这家基金会是一个崇尚自由市场的智库，曾得到壳牌公司、BP、埃克森美孚以及否认气候变化的科赫兄弟（Koch brothers）的支持。加州发生大火灾的时候，亚当·萨默斯在《洛杉矶时报》（Los Angeles Times）上主持了一个专栏"利用私有资源，加强火灾防护"。亚当·萨默斯在文章中写道，加州是个高税收、严监管的州，这种令人压抑的商业环境正在将就业岗位赶走。如果继续通过增加税收来防护更多的火灾，那只能将就业和经济情况弄得更糟。他声称："州和地方政府可以充分利用军方资源和私有资源，从而更好地提供消防服务。在护理服务、保安服务、甚至是消防服务等领域提供高质量服务方面，私有企业有着悠久的历史和很高的信誉，而且服务价格低。"萨默斯还特别举例称赞了防火喷洒系统公司和 AIG。他在文章中说："与众多其他领域的外包服务一样，私营消防机构常常可以用更加低廉的价格提供同等或更好的服务。"

"我们的经济很困难，"山姆队长在凯悦酒店的时候就对我说，"地方政府开始与私有部门进行合作，这很重要。政府部门光靠自己，是不能包打天下的。"我们的免费零食芥末豌豆已经吃完了。他叫来一名服务员，说："嗨，我都不好意思说，抱歉打扰了，不过，你能给我们拿杯水吗？"

我和山姆队长离开消防集结地点，往山上着火的地方驶去，检查一下农民保险示范项目的实施情况。农民保险示范项目的管理团队是新组建的，这是他们面对真正火灾的第二天，山姆队长依然寻求在这里占有市场份额。他刚刚要求 43 号消防车从圣地亚哥赶到这儿来，使得城市里没有了待命的消防车，令农民保险总部的人很是担忧。我们把车停在路边，盯着高速公路立交桥上的幕墙，山姆队长说："我正在火灾现场。"他这样说是为了解除农民保险总部人员的疑虑。

我们的消防车一直行驶到小图洪加峡谷的警戒线，当地的居民聚集在人行道上，用枕套装着相册，用硬纸箱子装着平面电视机，手里拿着手机。我们让警灯闪着，开车走过警戒线，向执勤的警察点头示意。警戒线那边，每家的外面都放着垃圾桶，这一定是清除垃圾的日子。风很大，把垃圾箱都吹到了，里面的垃圾撒在街道上。有几个戴着防毒面罩的人不大遵守疏散命令。有个小孩在道路中间骑着自行车转圈。有个老人穿着件法兰绒衬衣，正在用浇花园的水管喷洒着他家前面的小道。

农民保险的 25 号消防车孤零零地停在一个边道上。乔治坐在驾驶员的座位上，他性格和善，头发灰白，胡子也灰白，早在蒙罗维亚消防队的时候，就和山姆队长并肩战斗一二十年了。他将车启动，两辆消防车向山上疾驶，来到一个家境一般的单层房舍，这个房屋目前还没有受到大火的威胁。与 AIG 不同，农民保险不那么特别看重家庭的富有程度。乔治的同伴从车里跳下来，带着黄色的头盔，穿着黄色的保护服装，打开成卷的橘红色水带，并用力地拉过一些砖砌的台阶。他握紧水带的喷嘴，将阻燃剂 Phos-Check 喷洒到这家本已枯萎的草坪上。山姆队长鼓励我拍些照片，我就拍了些。

接着我们就等待，于是我就看到了防火喷洒系统公司工作人员所遇到的伦理问题，这就是他们是从灾难中获利，发灾难财，他们只保护有钱人。但是他们还遇到了更为严重的问题，这就是他们费了很多周折才能找到需要保护的对象。他们需要喷洒阻燃剂的家庭的名单，也就是提供消防服务的"优先名单"，是来自远在俄勒冈的调配指令的。俄勒冈的调配指令需要明确大火往哪个方向蔓延以及途中有哪些农民保险的客户。但是，当时的大火几乎不蔓延了，因为洛杉矶消防队基本上将火势控制住了。农民保险的这个示范项目才刚开始，俄勒冈的调配人员业务还很不熟练，以至于用了很长时间都找不到农民保险客户的地址。我们在刚刚喷洒阻燃剂的房舍外面等待，然后开车进入宽阔的贾维纳大道（Gavina Avenue），穿过帕柯依玛湾（Pacoima Wash），然后一路上坡，经过的都是最新的、最大的房子，有棕榈树，有灰泥屋顶，有广阔的视野，但是距离大火也很近。40 分钟过去了。一架起重直升机飞过来，这是架水陆两栖消防飞机，将灭火阻燃剂喷洒到山上。还有几十名公共消防队员奋不顾身，径直朝着大火冲了过去。没有人搭理我们，也没有人管我们。最后，乔治终于收到另一个保险客户的家庭地址。

我和山姆队长跟随着乔治驾驶的 25 号消防车经过一片被浓烟遮蔽的写着"房屋出售"的牌子，又走了一个街区，辨认着门牌号，然后再去另一个街区。我们慢慢前行，然后刹车停下，看着前面消防车的尾灯一亮一灭地闪烁着。山姆队长有点不耐烦，在对讲机里问，"乔治，那是我们的房子吗？就是拐角处的那幢房子，是我们的吗？好，找我们的客户。那个是吗？我们找我们客户的房子，然后喷洒"。

到火灾现场两个小时候以后，我看到乔治向农民保险的第二个客户的房子上喷洒灭火阻燃剂，这是个两层的、有着灰泥屋顶的房子，位于一个名为格林山（Mountain Glen）的住宅小区里。15分钟后，我们再次停下来，等待新的保险客户家庭地址。

无线电波响了起来。"队长，噢，我们是43号消防车。"43号消防车和消防队员已经离开圣地亚哥，往北部疾驶而去。"我们已经到了调配指令发给我们的地址，但是这里确实没有需要我们喷洒灭火剂的地方。您需要我们到哪儿，请指示。"

山姆队长的脸铁青着。"好，你汇报错对象了。调配命令会告诉你该去哪儿。我没有优先防护名单，托德（Todd），你有调配员的电话吗？"

"明白，我有，队长。他们让我和你联系，不过我还是要和他们联系。"

我们在一块平地停下车，眼望着那个海湾，望着洛杉矶消防队的消防队员奋不顾身地灭火。有的队员拿着水带，有的队员拿着铁锹，他们的脸和衣服都沾满了烟尘。远处，一个六人小分队排成一列纵队正在穿过被大火烧焦的山谷。洛杉矶《每日新闻》（Daily News）的一名女记者开始采访山姆队长。山姆队长坐在消防车里，我则下了车，到乔治那边去，这时正好碰上洛杉矶消防队的一名队员凑到乔治消防车的窗口。

"哎，你们是不是只扑救某些地方的火？"那位消防员说，"你们只去某些房舍，那么，如果……"

"如果那些房子处于危险之中，我们会赶过去，喷洒灭火剂，肯定会。"乔治说，"我们会尽力提前赶到，但是像今天这样，风向飘忽不定，您知道……"

"是啊。"那位消防员说。他都懂。

"就像过去一样，"乔治的搭档说，"所有的消防都是保险公司做的。"

他这样说，即便是确有其事，也没有翔实的记录了。那是在 17 世纪的伦敦，所有的消防都是私有保险公司负责的。那位消防员听明白了。他走以后，乔治拉上车窗户，说："你懂了吗？他现在感觉好多了。"

我回到山姆队长的消防车上，我们开车驶过拐角，离开了大火的烟雾。轻柔流畅的爵士乐再次响起，接着，他把声音调低，又打了个电话。"喂，你好。我是洛杉矶的一名消防队长。我入住在凯悦酒店来着，你能否给我送点你们的芥末豌豆？……哪一种？是绿色的吗？……凯悦……好的……噢，要多少？……送来一盒吧。一大盒？……好的。给我送三磅吧。"

对于保险公司来说，全球变暖带来了严峻的威胁，但也带来了其他的东西，比如给保险公司做了大量免费的广告。只有在没有进行资产投保或没有赋予价格的时候，越来越增大的风险才是个问题。否则，这就是个商业机会。施罗德全球气候变化基金的西蒙·韦伯（Simon Webber）告诉我，慕尼黑再保险公司是世界上最大的再保险公司，在 50 个国家有着 3.7 万名雇员，年利润达 50 亿美元，这家公司是他首选的股票投资对象。还有一位这个行业的经理，他叫特里·科尔斯（Terry Coles），供职于 F&C 全球气候机会基金。他解释说，暴发飓风的季节有助于保险公司提高保费。"人们常常认为飓风会对保险公司带来很大的负面影响，"他说，"保险公司的股票会大跌，人们纷纷抛售。但是，除非这是真的发生了非常严重的飓风，否则保险公司会提高保费，事实上还可以获得更大的利润。"

1992 年，五级飓风安德鲁（Andrew）袭击佛罗里达州和路易斯安那州以后，保险公司支付了 230 多亿美元的赔偿，那一年每收取 1 美元的保费就支付了 1.27 美元的赔偿。之后，保险公司去咨询伊凯卡特公司（Eqecat）和风险管理解决方案公司（Risk Management Solution，RMS）等灾难建模企业。这些公司为保险业提供定量分析，使用 100 年的天气数据，预测未来的灾难损失，然后保险公司可以据此提高保费。

2005 年,美国暴发了卡特里娜(Katrina)飓风,这是新千年的第一个五级飓风。风暴过去以后,保险公司赔偿了 400 多亿美元,但是由于市场扩大和预测模型的改善,保险公司收取的每 1 美元中仅支付了 71.5 美分的赔偿。那一年,整个保险业仍然取得利润 490 亿美元。之后,保险业每年都盈利,只不过有的年份多一点,有的年份少一点。2006 年,RMS 公司对飓风风险分析模型进行改进,组织四位科学家飞到度假胜地百慕大,进行所谓的"专家咨询"。然后,好事达保险公司(Allstate)就根据这个非同行评议的结果来支持提高保费,将佛罗里达州的保费增加了 43%,这受到了佛罗里达州监管部门的抵制。州立农业保险公司(State Farm)将保费提高了 47%,也同样遭到了抵制。同时,这两个涨保费的保险公司都损失了数万个保户。好事达保险公司在桑迪(Sandy)飓风袭来之前也是这样,仅在纽约受暴风威胁的五个区,就有三万个保户退保。加州的保险公司在提高保费方面做得要成功一些,小图洪加峡谷大火之后,加州政府的保险监管部门批准了州立农业保险公司和农民保险公司提高保费的申请,两家公司分别上涨 6.9% 和 4.1%,涨价总额达 1.15 亿美元。好事达保险公司保费提高 6.9% 的申请在 2009 年 1 月得到批准。

曾经沉闷的保险业好像已经具备了成熟发展的条件,即便是硅谷也参与了进来。2006 年,一位加州大学伯克利分校的毕业生创建了一个企业,后来发展成为气候公司(Climate Corporation),主要是利用大数据进行气候建模和超本地化的天气预测,向中西部的农场主售卖农作物保险产品,最后发展到向全世界售卖天气保险产品。截至 2011 年,这家公司已经积累了 50TB 的原始数据,从 Google 风险投资、艾伦公司(Allen & Company)、Skype 的创始人尼克拉斯·詹斯特罗姆(Niklas Zennström)和加纳斯·弗利斯(Janus Friis)、绿色技术投资之王维诺德·科斯拉(Vinod Khosla)等募集资金 6 000 多万美元。维诺德·科斯拉说,这家公司将"帮助全球的农民应对气候变化带来的越来越极端的天气"。该公司的 CEO 宣称,美国 GDP 中的 3.8 万亿美元以及 70% 的企业每年都受到天气的影响,他早在 Google 工作的时候就萌发了创建气候公司的想法。在 Google 上班的路上,他要经过一个海滩租用自行车的地方。阳光明媚的时候,这个海滩自行车租用处就开张,而且生意火爆,但是下雨的时候,就得关张,生意当然是惨淡。气候公司为客户未知的未来买了单,找到了新的营利方式,同时气候公司自己未知的未来也被传统的再保险公司买了单。除了政府投资,传统的再保险产业是资助气候变化科学研究最大的来源。"如果我们有损失,那么再保险公司会 100% 赔偿我们的损失。"这家公司的 CEO 在斯坦福大学对人讲,"我的意思是,风险投资者不愿意在天气上下赌注,为天气买单,但是他们愿意在能够帮助他人投资天气的团队身上下赌注,愿意为他们买单。"

对于创新者来说,到处都可以获得发展。AIG 虽然遇到了防火喷洒系统公司的强力竞争,但是富有的保户主要集聚于风险大的沿海地区,因此其私人客户部就推出了飓风保护项目,他们的抢险人员带着 GPS 设备和卫星电话会及时地出现在暴风袭击后的现场,修理破裂的门窗,修补房顶上的漏洞,用防水油布遮盖天窗,抢运珍贵的艺术品。在企业保险方面,慕尼黑再保险公司推出京都多风险保险项目(Kyoto Multi Risk Policy),主要是保护投资者不出现碳点违约;推出天气衍生产品,主要是帮助太阳能项目免遭阴雨大气的损失;推出风能项目,主要是帮助投资者减少无风天气的影响。小图洪加峡谷火灾暴发一天后,慕尼黑再保险公司在普林斯顿主办了"气候责任研讨会"。(会议认为,为了限定气候责任,制定保费条款时还是审慎为好。)在波兹南(Poznan)和哥本哈根召开的气候大会上,再保险公司为发展中国家推出了适应气候变化的计划,这就是,政府每年投入 100 亿美元,建立一个保险资金池,但是在经营管理方面,当然由慕尼黑再保险公司负责。同时,英国韦莱集团(Willis Group)和总部位于百慕大的复兴再保险商(Renaissance Re)这两家再保险企业也投入资金,开展对飓风的研究,其中后者还开展应对飓风措施的研究,通过使用气溶胶或碳粒播种云层,从而减弱风暴。2008 年 7 月,就在基瓦里纳(Kivalina)的因纽特人起诉能源公司以后,美国利宝互助保险集团(Liberty Mutual)推出了世界上第一个针对公司高管的保险项目，如果公司高管受到"二氧化碳排放方面的法律指控"，就进行赔偿。

就在午饭前，又发生了一次火灾。山姆队长从贾维纳大道上就看到了，一股黑色的烟雾从我们西边的一个地方升起。这是新的危机，也是新的机会。也许，这是他调动他的人员来这儿的真正目的。但是，我们与政府公共信息系统没有联通，等我们的调配人员告诉我们新的火灾在哪里时，已经错过了关键的几分钟。新的火灾发生在燕麦山（Oat Mountain），就被命名为燕麦山火灾，山下面有波特牧场式住宅区（Porter Ranch neighborhood），有十几英里远。我们的调配人员后来通过事故网络系统了解到这次火灾，只是有关它的信息也很少，不知道火灾的规模和走势，但是获得这个公共警告系统的服务，却需要每月支付 8.95 美元。谢天谢地，好在还有公共消防队员，他们闪着警报，向山下疾驶而去，看来是知道去哪儿。"你们看到那儿的火灾了吗？这些消防员正在改道，他们要去哪儿？"山姆队长问 43 号消防车上的人，"你们就朝那个方向去。"他命令 AIG 的两辆消防车跟随着。他说，波特牧场式住宅区"是高档社区，那里有很多 AIG 的客户"。

我们去火灾现场之前，先停下来买点墨西哥玉米卷。卖墨西哥玉米卷的兰其托店是个很小的萨尔瓦多餐馆，就在一个很窄的街上，外面就是小图洪加火灾警戒线，紧靠着一个来爱德（Rite Aid）药店。我们走进去的时候，每个人都给我们鼓掌。山姆队长问："我们干得好吗？"他和乔治每人要了两个墨西哥夹鱼玉米卷，我们面对着电视，坐了下来。有信号的时候，KCAL9 电视台就直播火灾的烟雾和火势情况，那是从空中拍摄的山林燃烧的镜头。据最新消息报道，波特牧场式住宅区的人员被强制性疏散。数百名消防队员聚集在靠近塞斯诺恩大道（Sesnon Boulevard）的地方。我们都高兴极了，这是目前最好的消息。

洛杉矶市市长安东尼奥·维拉莱格萨（Antonio Villaraigosa）马上要在新闻发布会上发表讲话。山姆队长说："我敢打赌，他会再一次穿那件黄色的消防夹克。"果不其然。市长站在麦克风前，穿着一件黄色的消防夹克，就和山姆队长穿的一模一样。他开始讲话了："我想说，洛杉矶所有的消防官兵们，所有的消防官兵们……"

"……还有防火喷洒系统公司"，山姆队长低声地说。

"……做了很了不起的工作。"

我们在那儿呆了四十五分钟，了解了大量信息。我们离开的时候，那个兰其托店的老板喊住了我们。他问道："你们还需要点水或什么别的吗？"乔治告诉他，我们都吃好了，喝好了。

我们还没走到停车场，就看到一个妇女跑了过来，喊着救人。于是，我们马上向来爱德药店跑去。原来，一位正排队付账的女孩昏倒了。她躺在地上，周围围着很多人。乔治跪下来，用西班牙语和她说话。乔治说，这个女孩是哮喘发作。他正要挪动她，这时来了三位洛杉矶消防员。有人打了911，所以这些消防队员就赶来了。于是，三位穿着黄色消防服的男人看着另外三位穿着黄色消防服的男人，有一点尴尬。乔治说："你们来处理吧。"接着，我们就离开那儿，到火灾现场去了。

如果将消防粗略地比作应对气候变化，那么公共消防更加接近减缓，为了所有人的利益减少温室气体排放，而私营消防更多地像是适应，每个城市、每个国家都尽力地保护自己的那块地盘，不受气候变化的影响。此前，我们曾提到过伦敦消防的案例，这一点需要谨记。

让英国拥有第一批防火队员以及让世界拥有第一个火灾保险的人，是一位清教牧师的儿子，他出生时的名字叫"如果基督不是为你而死那么你就是被诅咒的巴蓬"（If-Jesus-Christ-Had-Not-Died-For-Thee-Thou-Hadst-Been-Damned Barbon）。后来，他更名为尼古拉斯·巴蓬（Nicholas Barbon）。1666 年，他快 30 岁了，伦敦发生了大火（Great Fire of London）。那次大火是从布丁巷（Pudding Lane）的一个面包店里开始着起来的，有人在炉子上烤火腿，结果烤焦了。由于面包店的房子是用木头盖的，相邻的房子也都是木头的，而伦敦那个时候没有消防员，所以火势很容易蔓延。伦敦的市民往四面八方跑啊，用马拉着他们值钱的东西。当时的一位亲历者写道："猛烈的大火发出噼里啪啦的声音，甚至还有像打雷的响声。女人和孩子发出尖叫声，人们慌乱地跑啊。塔楼倒了，房子塌了，教堂毁了。这就像一场恐怖可怕的风暴。"这场大火烧毁了两座监狱，87 座教堂，13 000 多幢房屋。这些被烧毁的房子可以住 7 万人，而当时的伦敦居民才 8 万人。

在当今经济学家的心目中，尼古拉斯·巴蓬是世界上最早的自由市场哲学家之一。巴蓬的著述就来源于那场大火。由于大火过后空出来很多土地，而且很便宜，所以巴蓬的想法之一就是当一名开发商。根据历史学家贺利思（Leo Hollis）的观点，巴蓬希望成为"他那个时代的头号投机建筑商"。他在 1685 年写了个小册子《向建筑商道歉》(*An Apology for the Builder*)，抗议英国新出台的建筑税，保护他的事业。这本小册子大肆鼓吹，如果人们聚集在城市里，就会出现什么样的局面。他说："人从本性上来说是有野心的，是愿意住在一起的，而且相互攀比，这从他们竞相争夺华美的衣物、威风的车马和精美的家居中就可看出来。但是，如果一个人自己生活，那么他的花费就最少，只不过是食物而已。"巴蓬反对政府干预，把建筑看作是"商业最主要的推动者"。经济衰退前的南加州，巴蓬一定是喜欢的。

1690 年，也就是比亚当·斯密（Adam Smith）描述看不见的手的时代早将近一个世纪，巴蓬就写出了他最知名的著作《贸易论》(*A Discourse of Trade*)。他认为，"每个国家的主要原生资源就是它的财富，这个资源是永恒的，是永远用不完的，包括地上的动物、空中的飞禽、海里的鱼。万物生长，自然更替，每年都有新的春天和秋季，就会生长出新的植物和蔬果。地球的矿产资源是取之不尽，用之不竭的，如果自然资源是无穷无尽的，那么用自然资源制造的物品，也一定是无穷无尽的"。巴蓬相信，资源的供给是没有什么限制的，不会对社会发展产生真正的影响，人可以无限制地利用自然资源，不需要遵从自然的规则。"那些人犯了个错误，"他写道，他们"推崇节俭、节约、《禁止挥霍浪费法》，并把它们当作实现国家富强的措施。"真正摧毁国家经济的是过度监管，真正壮大国家经济的是需求，只有消费、消费、消费，才能增长、增长、增长。一个人需要的越多，他获得的就越多。

三百多年后，在 2005 年，莫利斯·"汉克"·格林伯格（Maurice "Hank"Greenberg）在担任 37 年 AIG 的 CEO 后黯然离职，他的助手们子虚乌有地创建了一个智库，并让他挂名。这只不过是一个更大地谋求东山再起活动的一部分，还要雇用知名学者，包括麻省理工大学斯隆商学院的院长、沃顿商学院和芝加哥大学的教授，希望这些专家为格林伯格美言，撰写论文，称赞格林伯格在自由市场方面的天才智慧，同时还举办会议，邀请格林伯格作为大会发言嘉宾。这个智库的名字是巴蓬研究院（Barbon Institute）。

现在，巴蓬所倡导的自由主义已经与否认气候变化的理论紧密地联系在一起。如果说解决问题需要更多的政府参与，有些人就更倾向于否认问题的存在。但是，由于这一立场不大能站得住脚，有些人就开始进行战术上的改变。他们不再否认科学，而是否认强制性的碳减排是解决问题的方案。巴蓬是笃信自由市场的经济学家，对于继承他的衣钵的后人来说，应对气候变化所坚持的明智观点，就是首先采取市场解决方案，比如防火喷洒系统公司，也就是说，虽然巴蓬在应对伦敦大火方面还有着其他措施，但他的后来者首选的是市场的办法。

除了创立建筑公司，巴蓬还创立了一家消防公司，名字叫防火办公室（Fire Office）。有位当代学者对这家消防公司是这样描述的："其雇员是佩戴徽章、穿着制服的服务人员，都是些船夫和其他身强力壮的人。"这些人随时准备着，"应对突然发生的火灾，他们在扑火方面非常勤恳，身手敏捷，即便是需要自己投身到很大的危险之中，也没有丝毫的迟疑"。防火办公室这家公司提供的保险有七年期、十一年期、二十一年期，还有三十一年期的。如果房子是砖砌的，那么保险费是每 1 镑房屋租金支付保费 2 先令 6 便士，如果房子是木头的，保险费则要翻倍。如果出现火情，其公司的身强力壮的船夫就会去灭火。与巴蓬公司签约的客户，有 4 000 多家。

但是，巴蓬的公司很快就有了竞争，涉足消防的就有友好社会

(Friendly Society)、通用保险公司(General Insurance Company)和手拉手公司(Hand-in-Hand Company)。每家的消防队都有自己的制服,镶着红边的蓝色外套,或带有银扣的蓝色衬衫,或黄色的裤子以及带有银色搭钩的鞋子。每家公司都有自己的消防标志,将自己的金属牌牌钉在房子上,人一看,就清楚地知道哪家公司扑哪家的火。如果伦敦城有地方发生了火灾,这些不同公司的消防队就会为争夺水源和抢占有利地形而打得不可开交。为此,政府不得不采取处罚措施,如果殴打对方的消防队员,罚五先令;如果向他身上泼水,罚两先令六便士。救火的场面极其混乱,事实上,效率也很低。到了19世纪初期,消防救火的混乱已经极其严重,以至公共消防替代了私营消防。对于公共消防来说,唯一的对手是火灾,唯一的问题是灭火。

如果近距离观察,可以看到山姆队长和他手下的工作效率也比公共消防队员低。野火消防部门提供的解决方案实施起来很复杂,就像压垮了AIG的眼花缭乱的金融工具,就像应对碳排放影响的诸多措施,就像有那么多创可贴而不能在第一时间对伤口进行救治一样。在这些复杂的表象之下,野火消防部门存在的根本问题已经成为抽象的概念。公共消防队员的职责就是救火,他们发现哪里着了火,就冲向哪里,然后尽力把火扑灭。但是,山姆队长和他的手下在完成救火任务方面要复杂得多。在实际救火工作中,他们在不降低利润的前提下使用最好的通讯设备。山姆队长和他的手下需要从位于另外一个州的指令调派员那里获得着火客户的住址,而指令调派员还要从位于另一个州的AIG总部以及农民保险公司的代表那里获得这些信息。山姆队长他们还得计算火势要往哪里蔓延,考虑火势蔓延的途中有哪些客户。他们还得赶到那里,即便有时还得越过警戒线。到达客户地址的时候,如果房屋已经处于危险之中,他们还得从消防车里跳下来,打开消防水带,喷洒他们的阻燃剂Phos-Check,然后再卷起消防水带,再跳上消防车,迅速赶到下一个受威胁的地址。不过,我了解到,他们客户的房屋极少有已经处于危险的状况。如果火势蔓延的方向变了,那么他们需要救火的客户地址也就相应地改变。出现这种情况的时候,他们又得重新开始那一套获得客户地址的程序。自由主义的梦想在逻辑上成了一个梦魇。

　　我自己就可以确定，山姆队长进行消防保护的家就位于查茨沃思（Chatsworth）的安多拉大道上（Andora Avenue），不过他说是潘多拉大道，后来还是指令调派员更正了过来。这套房子是彻头彻尾的牧场式住宅，有着单层的铺散开来的房舍，后院有着马厩，前门挂着一面巨大的国旗，有 20 英尺长，周围有着很多的与马有关的庄园。为了到达那儿，我们逆着疏散的人群行驶，孩子们跟着马和骡子，走在托潘加峡谷大道（Topanga Canyon Boulevard）的中间。一位戴着牛仔帽的男人牵着一个半人高的马驹。SUV 挂着拖车，拖车上拉着马，堵在交通路口。我们从查茨沃思街（Chatsworth Street）下道，遇到了更多的马，也正在往拖车上赶，还有一辆跑车被装到另一辆拖车上。我们还看到一个男人正在把袋子放在他的蓝色捷豹车（Jaguar）的后备厢里，还看到一张寻狗启事。这儿根本看不到公共消防队员。天空开始变得昏黄。大火很快就会烧过来。

　　房主正站在她家的入口处，往她的皮卡车里装东西，发动机也没熄火。她的三个女儿从屋子里跑过来。每个人都戴着医用口罩。

　　"我们是 AIG 的，是您的保险公司的。"山姆队长对女主人说。

　　"噢，太好了！"她说，"太感谢你们了！"

　　山姆队长指挥 23 号消防车进入停车道："往后倒！往后倒！小心！嗨，你们几个，别挡道。"消防车倒车停好后，消防员马上打开水带，一股热风吹得国旗前后飘扬。我们迅速冲向马厩，他们开始将阻燃剂喷洒在白色客房后面的灌木上，这是整个房舍的第一道防护线。消防员然后喷洒客房的墙、沿着客房的木头凉亭、畜栏、褐色的马具房、蓝色的阿第伦达克椅、住房后面的露台。他们还喷洒了对着后院的房顶、墙和窗户，那个后院是砖墙围着的，紧挨着一个漂着枯叶的池塘。他们还喷洒了池塘边的木质家具、观景台的顶盖、棕榈树的树干以及可以放四辆车的车库的屋顶。

　　山姆队长一直和他手下一起跑前跑后忙碌着，用肩膀挂着水带走过拐角，大声地指挥着，手还不停地比划着。如果手下人做错了，山姆队长就做给他们看，打开喷嘴，对着墙猛冲一气，直到阻燃剂液体从墙上滴滴答答地流淌下来。过了 20 分钟，这一通忙活才结束了。我们在草坪上集合，口里喘着粗气。

　　来了个邻居。他似乎把山姆队长当成公共消防员了，我们所有的人也都假装不知道。"你们可以从第二家，就是特雷斯·帕尔玛斯（Tres Palmas）家那里，直接到着火的地方。"她说，"他们一直都有两个门。"

　　"好的，好的。"山姆队长说。空气中弥漫着烟雾。

　　"我家这里也有路，"她说，"你们可以把车停过来。"她指着街道，又看看大火，充满着期待。

　　"好的。"山姆队长说，根本就没有看她。"还有人马上就来。"

水往钞票流：水源枯竭时，将往何处流

　　世界上第一个聚焦于水的对冲基金（hedge fund）的办公室，位于距离小图洪加峡谷不远的太平洋海岸上，就在大圣地亚哥市的郊区，俯视着一个停车场，附近有两个购物中心和四家星巴克咖啡馆。这是一个由不同地段组合而成的区域，开发商称之为金三角（Golden Triangle）。这个地方得名于相互交叉的高速公路，正好呈等腰三角形的形状。这里的居民饮用的水来自圣地亚哥公共事业局下属的阿瓦拉多水处理厂（Alvarado Water Treatment Plant），阿瓦拉多水处理厂的水来自圣地亚哥县水利局（San Diego County Water Authority），圣地亚哥县水利局的水来自洛杉矶市水利厅（Los Angeles Metropolitan Water District）。洛杉矶市水利厅管理的水资源，很多来自长度达242英里的科罗拉多河引水渠（Colorado River Aqueduct），特别是加州干旱的时候。科罗拉多河引水渠的水来自横跨亚利桑那州边界的哈瓦苏湖（Lake Havasu），而哈瓦苏湖的水则来自1 400英里长的科罗拉多河（Colorado River）。科罗拉多河的水量日渐减少，其水源主要来自数千条溪流、雪原、湖泊和泉水，流域面积将近25万平方英里，流经美国七个西部州。圣地亚哥市有270万人，如果不从外面调水，那就会像加利福尼亚州南部很多地区一样，难以支撑这么多人的生活，再次成为一片海岸沙漠。我是在 2010 年夏天最热的时候再度到圣地亚哥去的，距离山姆队长扑灭那次火灾已经过了很长时间。那天上午，办公室的一个秘书从冰箱里拿出一小瓶塑料瓶水，递给我，好像是缅因州生产的波兰矿泉水吧。

我这次来拜会的人叫约翰·迪克森（John Dickerson），他是全球管理峰会（Summit Global Management）的创始人和 CEO，曾担任过 CIA 分析家，从美国的科罗拉多河和澳大利亚的墨累–达令这两条重要的、水流大量减少的河里购买了数十亿加仑的水。对于这两条河，我将花费数周的时间进行追踪考察。这两条河近年来都遭遇了严重的干旱，科学家认为是气候变化造成的。同时，诸如迪克森等金融经理却遇到了相反的情况，资金潮水般向他们涌来。1999 年，全球管理峰会发起建立了第一个水基金，但是，他告诉我，"很长时间，我就像在旷野中一个人呐喊，没有人来买我们的基金。后来，就有了阿尔·戈尔和他拍摄的片子，还有整个全球变暖的方方面面以及干旱等。于是，水成为人们趋之若鹜的好东西"。

对于气候投资者而言，水是显而易见的，碳排放是看不见的，所谓温度这个东西，也有点抽象。但是，融化的冰、干涸的水库、汹涌而来的海浪以及倾泻而下的大暴雨，都是触目可见的，因为它们都是气候变化的表象。水将气候变化变得真实可感。《难以忽视的真相》出版以后，北极冰的融化在 2007 年达到新的纪录，此间全球至少建立了 15 个关于水资源的共同基金（mutual fund），在两年的时间里，可以管理的资金数额飙升了十倍，达到 130 亿美元。瑞士信贷集团（Credit Suisse）、瑞银集团（UBS）和高盛集团（Goldman Sachs）都雇用了高水平的水资源分析专家，其中高盛集团的专家把水称为"下个世纪的石油"，认为以色列、澳大利亚和美国西部将发生"严重的、长达数年的干旱"。高盛 2008 年发表了一个报告，报告说："我们甘愿冒杞人忧天的风险，看到了未来的经济远景，这一看法的重要性不输于马尔萨斯经济学。"

花旗集团（Citigroup）的首席经济学家维勒姆·布伊特（Willem

Buiter)在这方面的看法甚至走得更远。"我期望看到，在不远的将来，会有大量的资金投入到水领域。"他写道，"这些投资领域包括用海水淡化、净化等方式生产清洁的淡水，以及水的储存、运输。我还期望看到水的管道网络超过今天的石油和天然气的管道。我看到了运输水的船队（单壳船）和水的储存设施。与此相比，我们现在用来运输和储存石油、天然气、液化气的油船和设备将显得相形见绌。关于淡水，将会有不同的级别和种类，正如我们现在区分轻质低硫原油和重质高硫原油一样。在我看来，水是一种资产类别，将最终成为最重要的基于物理商品的资产类别，远远超过石油、铜、农产品和贵金属。"这番话恰如来自以色列的伊坦·巴的电梯游说（Elevator pitch），完全是伊坦·巴逻辑的翻版，即如果有什么东西可以在市场上卖，那就是水，因为没有水。只有这个时候，水的背后才真正有钱可赚。

迪克森快 70 岁了，他坐在一把皮椅上，紧靠着窗户和一台破旧的笔记本电脑。我坐在他桌子的对面。他办公室的墙上挂着几幅照片，上面是阿拉斯加州冰川和犹他州的沙漠，都是迪克森本人拍摄的。他的书架上放着三本《难以忽视的真相》和两本《卡迪拉克沙漠》（Cadillac Desert），后者是 1986 年出版的一本关于美国西部水资源和政治权力的著作，产生了重大影响。这本书的作者是马克·莱斯纳（Marc Reisner），是环境保护主义的标杆式人物，在 2000 年去世，此前一直担任全球管理峰会董事会的成员。"水总是有一些富有禅意的特点，"迪克森告诉我，"水是所有商品中人们最需要的。您知道，没有任何东西能代替它，花多少钱都买不来。我们不能制造水。你想过这个问题吗？真的想过吗？水是由氢元素和氧元素构成的。你怎么也制造不出水来。这种物质是这个星球上早就固定好的，永远也不会有任何变动。"

尽管水是恒定的，但是人往往已经没有可饮用的恒定的水了。"我们的生态圈内依然有着同样数量的水，"他继续说道，"但是全球变暖带来的根本影响是，淡水的比例变小了，而咸水的比例变大了，淡水的不均衡分布变得越来越严重。"中国发生了前所未有的洪涝，澳大利亚出现了亘古未见的旱灾。他说："我们似乎要经历这些极端天气。"
由于人口的增长和碳排放的加速，水资源供/需不平衡的矛盾愈演愈
烈。现在投机的条件已经成熟，只是大多数投资者还没有找到容易投
资的途径。迪克森解释道："举例说吧，如果你是个散户投资者，生活
在皮奥里亚(Peoria)，你可以买小麦期货，也可以买五花肉、燕麦、橘子
汁的期货。"但是，"奇怪的是，你不能购买水的期货"。

全球管理峰会的第一个水基金，具有可管理的资金6亿美元，曾
经在"水商业"这个复杂的领域甄选投资股票，跨越投资障碍，在建立
十年后增长了200%。"水商业"这个概念是迪克森提出的，有着4000
亿美元的市场，涉及家庭、制造和农业等行业用水的储存、处理和输
送。迪克森最近的竞争对手，包括百达(Pictet)、特拉品(Terrapin)和
瑞信银行的基金等，开展的工作大同而小异。这些基金都是购买法国
威立雅集团、苏伊士集团(Suez)这样的集建设和运营为一体的跨国公
司的股票，其中威立雅集团秉承的理念是"环境是工业界所面临的挑
战"，而苏伊士集团虽然和威立雅集团同为法国的企业，但也是威立雅
集团在水处理和海水淡化方面的主要对手。这些基金购买挖掘沟渠
的挖掘机、大量的管道，还收购制造商，生产过滤器、水泵、仪表、膜、阀
门以及电子控制设备等。这些基金还购买城市里的私营水电设施，只
是那些城市有大有小，而且也许是因为人们普遍担忧供水的金融化，
所以私营供水只能服务12%的美国民众。在全球，私营供水的比例仅
有10%。而且，如果私营供水企业要提高价格，还需要得到政府监管
部门的批准。

水商业领域的投资范围还很小，根据全球管理峰会的数据，只有
400个上市公司，而最近新的投资商的投资却是井喷式的，投资价格飞
涨。迪克森说："我是价值投资者。"他购买股票不是追逐市场的跌宕
起伏，而是严格根据企业的价值。所以在股市过热的2007年和2008
年，他自己的股票是卖的多，买的少，其结果是积累了大量资金，这就
是全球管理峰会基金在多数公司不能幸免的金融危机中能够安全度
过的一个原因。

面对全球不断严重的干旱，面对竞争投资对手的突然压力，迪克森的第二个应对措施既更加引人注目，又更加意味深长，使得其他基金再次唯其马首是瞻。他认为，水商业仅仅是与水相关，这还不够。他需要真正的水，他称之为"湿漉漉的水"，是原水，也就是水本身。2008 年 6 月，他组建了第二个对冲基金"峰会水发展集团"（Summit Water Development Group），主要在澳大利亚和美国西部集聚水权。目前，这个新基金已经吸引了数亿美元的资金。"我已经看到，水权在不断地上涨、上涨，"他告诉我，一只手举到空中，"正在涨啊，你能听得到，滴答、滴答、滴答、滴答。"他说："真正的未来，将是拥有直接的水资产，不是通过供水公司，不是通过水泵公司，而是通过拥有直接的、物理的水资源。"

马克·莱斯纳在《卡迪拉克沙漠》中写道："水往高处流，流向有钱的地方。"这句格言体现了当下的时代特质，但是在世界越变暖、像科罗拉多河那样的江河越干涸的形势下，如果用它来描述水的变化，却是不准确的。水很重，一加仑大约是 8.3 磅，如果没有重力或美国陆军工程兵团（Army Corps of Engineers）的大力帮助，对于私营企业来说，大量地运输水的成本还是很高的，很难从中获得利润。如果花旗银行的维勒姆·布伊特关于国际水市场未来的观点是正确的，那么至少是部分未来场景到来得还很迟缓。

峰会水发展集团在水资源紧张的江河流域购买水权，而不是从海外进口水资源，这是一种零和战略，体现着抢占水资源的相对狡黠性。这种相对狡黠性在最近大规模运水项目的失败中也得到了证明。1998 年，在地中海靠近土耳其南部河流马纳夫加特河（Manavgat River）的入海口，建设了一座水处理和出口厂，投资 1.5 亿美元；同时，在距离马纳夫加特河入海口以南 400 英里的以色列的阿什凯隆，铺设了引水的管道，阿什凯隆这个城市是 IDE 海水淡化厂的所在地，规模很大，我曾参观过。这两个国家 2004 年签署了"以水换武器"的协议，具体内容是以色列给土耳其高技术武器，而土耳其每年给以色列 130 亿加仑的马纳夫加特河水。但是，这个协议很快就不能执行了，原因是成本太高，而且存在政治上的分歧。在阿拉斯加的锡特卡市(Sitka)，一个又一个公司签署合同，以 1 加仑 1 美分的价格购买当地蓝湖(Blue Lake)的水，总额达每年 29 亿加仑。2007 年，锡特卡市铺设了输水管道，以便将水装到船上，每艘船可装水 6 000 万加仑。位于得克萨斯的 S2C 全球系统公司(Global System)刚刚与锡特卡市签署了协议，宣称正在印度南部建立第一个"世界水中心"。但是，锡特卡市所签署的合同不断地要求延期。特别是在印度，缺水的地方也往往缺钱，S2C 公司似乎很难找到水的买家。因此，从锡特卡港口，一滴水也没有运出过。

至少在格陵兰独立之前，冰岛是世界上人均水资源最丰富的国家。在这个国家，先后有三家具有冒险精神的企业洽谈合作，提出以相当于 S2C 在阿拉斯加买水的十分之一的价格，购买斯奈费尔(Snaefellsjökull)火山口流出的水，儒勒·凡尔纳(Jules Verne)在他的科幻小说《地心游记》(*Journey to the Centre of the Earth*)中曾对这个火山口有过描述。其中一个企业是一个运作不规范的对冲基金，是由一名加拿大人管理的，他叫奥托·斯波克(Otto Spork)，曾当过牙科医生。另一个则是更加光明正大的企业，是由一家名叫月帆(Moonraker)的英国对冲基金建立的。这些企业就没有出口过几瓶水，更别说有利润了。2011 年，我参观了斯波克在火山口侧翼建了一半的水厂，看见了金属板、泥地面，面积有 10 万平方英尺，两个管道以每秒 90 升的速度将冰川融化的水徒劳无益地排入到大海中。一位曾经计算水运输成本的冰岛人解释说："不管是世界上什么地方，海水淡化都要更便宜些。"

水产业最大的梦想家是那些将水"打包并带走"的人，这些人希望把淡水装到巨大的聚酯纤维袋子中，然后拖着渡过海洋。最为知名的是特里·斯布拉格(Terry Spragg)，他对此非常痴迷，发明了斯布拉格水袋(Spragg bag)(www. waterbag.com)。20 世纪 70 年代初期，兰德公司开始研究如何将冰山拖到常年缺水的南加州地区，当时还在落基山中滑雪的斯布拉格与研究人员取得了联系。不久，他就出任沙特阿拉伯（Saudi Arabia）王子默哈默德·阿尔-费萨尔（Mohamed Al-Faisal）的代表。阿尔-费萨尔王子是冰山运输国际有限公司（Iceberg Transport International Ltd.）的创始人，1977年还资助举办了首届利用冰山生产淡水、调节气候和其他应用国际会议以及研讨会（会议论文和发言见论文集，简称为《裂冰》）。第二年，斯布拉格获得加州立法机构关于冰山拖行的批复同意。但是，他逐渐地对自己丧失了信心，因为冰山融化得太快了。他告诉我："我说，'我们就到河口装一袋水回来吧。'于是，我就试着解决一个问题，这就是，地球上有足够的水，但就是没有待在恰当的地方。"

斯布拉格于1990年制作了第一个水袋，在西雅图附近的普吉特海湾（Puget Sound）进行测试。奥林匹克半岛是"美国水源最好的地方"，他先是在那儿的雨林边上将水袋装满，然后开始拖行，接着就看到水袋被撕开了，70万加仑的水倒入海湾中。他并未气馁，请MIT的教授帮助他设计新的水袋，并就水袋拉链申请了专利，拉链的锁齿很大，可以将两个巨大的水袋连接起来。CH2M希尔公司（CH2M Hill）是科罗拉多州的一家工程企业，在拉斯维加斯附近承揽过隧道项目，在澳大利亚承建过海水淡化厂，在应对干旱的工程上一直都是赚钱的。因此，斯布拉格请这家公司设计水袋的装水和卸水系统。他开始设想的水袋形状是气囊那样的，大小如核潜艇，通过拉链一个连着另一个，共有50个水袋，每到世界各地的停靠站就卸下一袋。1996年，他成功地将水袋从普吉特海湾拖拉到西雅图，但是只有一艘拖船进入他的卸货平台。他没有安全保障措施。

斯布拉格对马纳夫加特河的项目产生了兴趣，在以色列雇用了代理人员，后来墨累-达令河干涸时，他在澳大利亚也是如法炮制的。他写了部英雄小说《水、战争与和平》（*Water, War and Peace*），故事内容是如何利用水袋拯救中东。小说主人公勉强可说是自传体人物，名叫杰拉尔德·戴维斯（Gerald Davis）伯爵。但是，马纳夫加特河的河水大多数还是流向海洋，他的小说也从来没有出版。在后来的20年里，斯布拉格一直致力于募集资金，实现另一个理想。至于众人都能想到的用油轮来运水的梦想，他和其他专家根本不屑一顾。埃克森·瓦尔迪兹（Exxon Valdez）油轮事件以后，旧式的单壳油轮需求量很低，购买一艘单壳油轮可能很便宜，但是改装起来却很费钱，不仅需要清洗船舱，还需要更换管道、泵、阀门和洗涤器等。"我都看了，"斯布拉格说，"大致说来，把油轮买过来拆掉当废品用，都比买来改装它划算。"

另一位用袋子装水的人是里可·戴维奇（Ric Davidge），他是美国里根政府时期内政部部长詹姆斯·瓦特（James Watt）的助手，后来担任阿拉斯加州首任水务局局长。2000 年，他建议从流经门多西诺（Mendocino）地区的阿尔滨（Albion）与瓜拉拉（Gualala）这两条河流中用袋子取水，然后拖运到南部 600 英里外的依赖从外调水的圣地亚哥市，这惹怒了北加州的居民。由于当地居民的强烈反对，这一计划不得不放弃，戴维奇的公司也不得不更名。那个时候，他还担任一家名为世界水 SA 协会（World Water SA）的会长，成员有一家大型日本船运公司、一个沙特企业集团和一家名为北欧水供应公司（Nordic Water Supply）的斯堪的纳维亚水袋企业。北欧水供应公司生产的水袋是历史上为数不多的具有商业利用价值的产品之一，一个水袋可以将 500 万加仑的水从马纳夫加特河运到干旱的塞浦路斯。由于地中海的水含盐成分高，所以装有淡水的水袋可以在地中海的上层漂浮，但是北欧水供应公司水袋的价格比事先告知戴维奇和其他合作伙伴的价格高。戴维奇黯然离开门多西诺不久后，北欧水供应公司也就破产了。"戴维奇发展袋子装水产业的第一个教训是，"他给我解释道，"每个人对于运输成本都不说实话。不要给我讲什么有水源。我知道世界各地的水源在哪里。给我讲讲如何运输。"

十年以后，戴维奇几乎放弃了水袋事业。不过他说，现在欧洲和亚洲有望设计新的运输船只，他的新企业水公司（Aqueous）最近一直在和锡特卡市洽谈。但是，斯布拉格并没有放弃水袋开发。他告诉我："在斯布拉格的完美世界中，也许我的想法有点疯狂，但是我想把水袋储存在奥林匹克半岛上的一个大坑里，然后将水袋拖到海洋里，让它们自己走，同时用 GPS 进行跟踪。洋流会一直把它们带到南加州。"

从圣地亚哥往东 100 英里，我亲眼目睹了这座城市为了获得更多水供应所做的工作，看到了油轮和水袋使用以前的城市引水状况。第一个感到奇怪的景象是在加州尘土飞扬的帝王镇附近看见的，那里的沙漠中竟然生长着莴苣。我驱车沿着 8 号州际公路行驶，沙漠里的蔬菜由白菜替代了莴苣，继而是苜蓿替代了白菜。这次接待我的人是一名工程师，叫托德·谢尔兹（Todd Shields）。他说："现在你知道水都到哪儿去了吧。"我们继续东行，两边的土地很快再次变为沙漠。在高速公路以南和美墨新的边境栅栏以北，就是全美洲大运河（All-American Canal），这是世界上最大的灌溉运河，是加州第一次、也是最大规模的对科罗拉多河水的利用，同时也是最近发生的、历史上最大的水交易地点，这就是约翰·迪克森一直追求的以市场方式分配水资源的措施。

加拿大裔美国人乔治·查菲（George Chaffey）是企业家，也是灌溉设计的天才，他曾在加州安大略市创建了"模范殖民地"，后来被聘用到澳大利亚，在墨累河岸复制他的殖民地建设经验。1899 年，他开始在南加州监督建造城镇帝王谷，那是他最后的事业。查菲的宣传人员对未来的殖民者说，这里的帝王谷就相当于埃及的三角洲，这里的科罗拉多河就相当于尼罗河，而新来的移民者就相当于约瑟夫和上帝的选民，他们是朝圣者，而不仅仅是拓荒者。1901 年 5 月 14 日，在一个名叫拐把弯（Pilot Knob）的火山露层地带的附近，木制的查菲闸门开始通过一系列的沟渠和运河将科罗拉多河的水引到帝王谷。水权是优先考虑的事情，而地理则不是，因此这次引水可能是加州历史上最重要的时刻，因为它启动了加州对科罗拉多河水使用的权利，而这条河的河水完全是从其他州流过来的，同时还启动了依靠灌渠系统在不毛之地建设城市的先声。根据美国西部七个州和墨西哥 1922 年达成的科罗拉多河水资源分配协议(Colorado River Compact)，加州每年分得440万英亩呎水的份额，大约是4万亿加仑，是所有成员中用水量最多的，比所有其他州和墨西哥的三分之一还多。如果流向墨西哥的河水超过协议规定的150万英亩呎，那么加州也可以使用其中的大部分。当地有一条早期的运河，在20世纪30年代进行了改道疏浚，并更名为全美洲大运河，其河道完全处于美墨边界以北的地区。正是得力于这条大运河，默默无闻的帝王灌溉区(Imperial Irrigation District，IID)现在控制着科罗拉多河20%的水量。帝王谷每年下雨量2.92英寸，是圣地亚哥降雨量的三分之一。周围的沙漠曾经被称为死亡谷，而现在已经成为美国最主要的农业区之一了。美国冬季水果和蔬菜的三分之二就是在这儿种植的。

2003年，由于科罗拉多河进入枯水季节，IID受到联邦政府可能介入的压力，将全美洲大运河的水卖给圣地亚哥县水务局27.7万英亩呎，相当于900亿加仑，或5000艘巴拿马型(Panamax)散装船的装运量，或者是2万个斯布拉格水袋的容量，创造了历史纪录。全美洲大运河的水大部分将分配给圣地亚哥市。2012年以前，圣地亚哥市的选民一直抗议，拒绝利用处理过的水来增加他们的水供应。如果可以参照历史，圣地亚哥市的水其实是大部分用于浇灌400个公园和高尔夫场地的绿地。市民们自己会将一半的水倾倒在院子里。在经济上更为贫困、政治上更为弱势的帝王谷，农民就会抛荒数万英亩的粮田，拿着售卖水权得到的一大摞子票子，有些很高兴，但很多则显得很勉强，不情愿。对我来说，全美洲大运河象征着马克·莱斯纳格言中所说的关于水和钱财的基本真理，这就必然带来对气候变暖世界的结论，好事都是上面的，但坏事全是下面的。

托德·谢尔兹管理着这次水交易中最受争议的部分。在过去一个世纪的大部分时间里，全美洲大运河的两岸都是土堤，由于堤岸孔隙渗漏，大运河每年流失的水至少有220亿加仑，足够12.2万个美国家庭使用。IID现在将用水泥给运河的两岸加固，圣地亚哥市将为此支付2.9亿美元的建筑费用。但问题是，在过去的大半个世纪里，流失的河水渗透到阿尔戈多内斯沙丘（Algodones Dunes）的下面，这些水根本不遵守国际边境线，进而渗入到墨西哥的墨西卡利山谷（Mexicali Valley）。那儿的农民利用这渗漏过来的河水，将墨西卡利山谷变成了他们国家最大的苜蓿、芦笋、青葱和棉花产地之一。如果没有河水的渗漏，很快就会有数百人失业，数万人不会再有适合饮用的水，生态脆弱的湿地将会干涸。环境组织、加利福尼亚州加利西哥（Calexico）市以及墨西卡利经济发展协会共同提起诉讼，反对大运河升级改造。但是，他们的诉讼被 2006 年的最后一次国会会议的最后几个小时中通过的一个长达 279 页税法的最后几行中的一个条款给打败了。这一法令根本无视环评的要求，命令"不得有任何迟延，要组织实施全美洲大运河修建工程"。这个法令是与科罗拉多河有关的三位参议员的杰作，分别是加州参议员黛安·范士丹（Dianne Feinstein）、内华达州参议员哈利·雷德（Harry Reid）和亚利桑那州参议员琼·凯尔（Jon Kyl）。"在人口增长和因为全球变暖而降低水供应的情况下，"范士丹说，"我相信节约每一滴水非常关键。"

我看着美墨边界的篱笆有起有伏，有高有低，谢尔兹给我讲着他手下 400 个人干活的进展情况，完成了 2 300 万立方码砂石和土方清理，总长 23 英里的堤岸改造将近完成了 18 英里，整个工程还有 13 个月就可完工。我们经过一个专门的路障，这个路障是用橘红色的锥形交通路标、白色的 SUV 搭建的，堵住了对面来的车辆。白色的 SUV 车身上还刷着绿色的条带，写着"边防巡逻"的字样，还有一些官员在查看着非法入境人员。自从全美洲大运河 1942 年建成以后，根据文件记录，将近 600 名非法移民溺水身亡，几乎每个月都有一人，这里的工人经常从水电站上面的水库中捞出尸体来。"河水通过发电设备前，要进行垃圾阻隔，"谢尔兹解释道，"你也不愿意让碎片残骸什么的进入到涡轮机里面吧。这就是他们通常发现尸体的原因。"

就在高速公路穿过大运河不远的地方，距离拐把弯很近，我和谢尔兹把车停了下来。工人们在这个地段挖了一个完全新的沟渠。还有一个峡谷，里面没有水，呈直线，有 150 英尺宽，将近 150 英尺深，工人和机器都蜂拥在里面忙碌着。工地上还有其他的一些"大家伙"，那是工作平台，倾斜着，在远处的堤岸上从顶端延伸到底部，沿着金属轨道慢慢地往东挪动。另外一个大家伙，有着四个巨大的蓝色卷盘，缠着塑料嵌缝材料，还有一个竖着的流槽，将无穷无尽的湿水泥引流下来。八个工人组成一个小组，他们戴着安全帽，穿着牛仔衣，弯着腰，在太阳底下紧张地工作着，拿着类似拖把的工具，正在把水泥抹平。在这样酷热的环境下，水泥在 30 分钟内就会变干，接着，另一个大家伙工具就会碾过去，喷洒上密封胶。新建的河堤就会从灰褐色变成亮白色。谢尔兹告诉我，再过一个月，他们就打开两头的拦河坝，新的运河河道就会充满河水。他在法兰绒衬衣的外面又套上了件黄色的安全背心，站在一块空地的边上，看着他手下的人干活。他们彼此间说的话是西班牙语。

"这项工程对我来说具有特别的意义。"谢尔兹说。他的爷爷克莱德（Clyde）在 20 世纪 30 年代是全美洲大运河地质勘探测量的负责人，他解释道，后来他爷爷参与实施加利福尼亚州水利工程项目。谢尔兹一直向往自己成为一名土木工程师，但是与他爷爷不同的是，他不是政府雇员，而是从帕森公司（Parsons）借调到 IID 的。帕森公司是洛杉矶的一家工程企业，最先提出了构建北美水电联盟（North American Water and Power Alliance，NAWAPA）这一宏大工程的设想，让加拿大的爱水人士颇感震动。这件事我在不列颠哥伦比亚大学听米切尔·拜尔斯授课的时候就听说过了。刚开始工作的时候，谢尔兹曾见过这项工程的模型，而且对这个特大工程进行了认真的研究。"那只不过是像这样的巨大项目，有着这些沟渠、运河等，"他说，"我非常感兴趣。"他认为工程是可行的。他告诉我："我认为行，在技术上是可行的。你知道，如果兴建这个工程，就会解决水需求的问题。不过，可能也会损害很多环境。这项工程应该是从社会价值来评估的。"

谢尔兹对我说，他相信气候正在发生变化，这是肯定的，但是他不认为气候变化是人造成的，他也不相信气候变化是一个危机。"尽管都在担忧全球变暖，"他说，"但是还有大家没注意到的，那就是全球变暖也有积极的影响。”

第二天，我穿越了美墨边界。墨西卡利山谷的农田，平坦，整齐，被农民修整得很漂亮，外面就是依然绿色葱茏的阿尔戈多内斯沙丘。一家名为艾尔托罗（El Toro）的美国公司用小车往返运送着工人，硕大的自动喷水系统浇灌着农田。在墨西卡利市，街道在边境墙那儿就戛然而止了，离边境墙三个街区的地方，在一家花店和卫生所附近，我走近一个蓝色的小房子，起诉兴修大运河堤岸的三名原告之一就住在这儿。他叫雷纳·阿库纳（René Acuña），是墨西卡利经济发展协会的会长，穿着件栗色的衬衫，坐在皮椅上。他的声音一开始很平静，对我解释道，墨西卡利不是什么保税加工城镇。这儿有着 100 万人口，大运河修建后截留的水可供全部居民生活一年。这儿的经济三分之一是农业。他说：“我们的繁荣一直是依靠水的。”他给我看了一张照片，上面是从边境线下面的土地冒出的清澈的、过滤后的水，还不太咸，不怎么咸。“但是，那些农田就要毁了，”他说，“然后看看这些人到哪儿去吧。”

约翰·迪克森一直希望我弄清楚像他的基金那样的水权对冲基金是如何生存的，所以不厌其烦地给我解释像水那样的东西是如何出售的。道理很简单，在有些地方，对水的拥有权就像对土地的拥有权一样。不过，另一方面，如要细说，这事就极度复杂了。

“在美国，”他开始给我讲，“我们在水权方面有两个体系。”美国东部实施的水权体系与前大英帝国的大部分地区一样，遵循的是河岸法，这是英国传统的普通法的一部分。他说：“如果你有 10 公顷土地，那么你就会从泰晤士河（Thames）中使用 x 升水。如果你有 100 公顷土地，那么你从泰晤士河中可以获得的水量就是 x 的 10 倍。”在印第安纳、俄亥俄、密歇根、缅因等州，水不能从土地上剥离出来，不能作为一种独立的商品来买卖。

美国西部就不一样了。《宅地法》（Homestead Act）鼓励西部拓荒者拥有联邦土地，前提是在那片土地上生活一个时期，而且对土地进行改善。"那个时代，马车队离开密苏里，朝俄勒冈方向行走，"迪克森说，"途中，赶车的人会看到一个山谷，便停下，说，'这儿看起来很好'。于是，就逐水而居了。"在干旱年份，普通法不能阻止生活在河流上游的农民使用完所有的水，这是因为那些居住者都不是土地的所有者，不过如此一来，生活在下游的人就没有水了。"所以，居住在山谷下游的人就会去炸掉拦河堤坝，"他说，"政府不得不派来联邦巡回法官。"为了解决水纠纷，他们就组成了水法庭，可是，一旦出现冲突，就不是一个方面，而是两个方面，其中一个是关于土地的，另一个就是关于水的。美国西部地区在水权方面遵循的基本法则是先来先得。迪克森说："如果你先来，那么你就拥有水权。"这就是为什么全美洲大运河对于加州如此重要的原因。只要还遵循这个法则，只要是"好好地利用水"，而不是囤积居奇，那么最古老的水权就是最有价值的，而且这个权利还可以自由地进行买卖。

迪克逊告诉我："今天卖给圣地亚哥或丹佛的任何一滴水，都是按照当时的法则，首先从农民或牧民那里买回来的。"他突然站起来，走到房间里面，拿过来一张图表，展开在桌子上。这是关于科罗拉多南普拉特河（South Platte River）的水文直线图，描述了其支流和水权的归属。"从这个图，你就会了解一点关于水权归属的复杂性。"图表上的线条显得杂乱无序，有几十条不同颜色的线条，有红的、蓝的和绿的，这些线条从不同的角度汇聚在一起。"那些地方是水库，"他边指着边说，"那些地方是沟渠。你看看这儿，看来你得用放大镜了。看看这个水权，1910 年获得，3.2 万英亩呎，每秒多少多少立方英尺等。所有的水权上面都有日期。复杂得难以想象。"但是他说，一旦你了解了规则，你就比那些买水厂的人提前了一大步。"很多人对我说，'约翰，水是受政府监管的，你怎么在这儿说水是可以进行市场买卖的商品呢？'我就说，'噢，不，才不呢，水不受政府监管。水厂才是受政府监管的。'"

迪克森计划最终还是要让他的"湿水"基金峰会水发展集团上市，这就意味着皮奥里亚的投资散户终于有了投资水的机会，同时也会给基金早期的投资者以丰厚的回报，那些投资者购买了最初的 500 万美元。同时，他还实施他称之为"聚集游戏"的策略。在美国西部，在科罗拉多河的上游和下游，他的峰会水发展集团基金从拓荒者 150 年前挖掘的水库、沟渠中购买股份，这儿投 50 万美元，那儿投 100 万美元，目的是聚集起足够的水权，从而打包卖给科罗拉多河流域内繁荣发展的郊区城镇。一旦再卖出去，这些沟渠的水就会进入城市的供水管道。

新千年以后，随着科罗拉多河最干旱时刻的到来，从农村到城市的调水量翻了一番，其实这样的水权贸易早在 1987 年就开始了。在落基山脉，雪下来后就变成水。有的时候，一点雨都不下。这是未来的预演，科学家说：气候模型预测，将发生哈德里环流圈（Hadley Cell）的北移。这个环流圈是个涉及全球的大气系统，环绕着来自热带的热空气和来自亚热带的冷空气，会形成信风、高速气流，尤为关键的是，还会促进沙漠化。对于美国西南地区来说，在 19 个主要气候模型中，有 18 个预测，到 2050 年，将发生长久的干旱，平均地表湿度下降 15 个百分点，这样的湿度下降幅度曾在 20 世纪 30 年代导致了沙尘暴。现在就像那个时候一样，发生了农民逃离的现象。人们追逐着有水的地方，从农村迁移到城市，或者也许会出现相反的情况，从城市进入农村，哪里有水就去哪里。现在，吃粮食的人多了，种粮食的人少了。

迪克森告诉我，房地产市场 2007 年顶峰以前，开发商一直在进行着购买水权的狂欢。"在有些地方，水价从 1 英亩呎 3 000 美元涨到 30 000 美元"，他说。接着就发生了崩盘，他的机会也就到了。（他说："有三四次，我们从破产法院购买了水权。"）现在，随着水力压裂法采油的兴起以及对其他非常规石油的寻找，水的需求再度增加，石油行业正在越来越多地购买水权。2008 年底，在上科罗拉多河流域，最大的买家之一是皇家荷兰壳牌公司，首次申请购买扬帕河（Yampa River）的水权，购水量是 375 立方英尺每秒，也就是说，占该河春季流量最大时期的 8%。（由于遭到当地的反对，壳牌公司后来撤回了这一申请。）根据一项研究，能源公司控制着科罗拉多河上游地区四分之一以上的水流量，控制着该流域一半以上的储存水量。再往南，在得克萨斯州，压力裂解技术的使用，带来了该州历史上最严重的干旱年份。在争夺水的市场上，农场主和城市都甘拜下风，输给了使用压力裂解技术的采油企业。用压力裂解技术打一口油井，需要 600 万加仑的水。2011 年，石油公司在得克萨斯这个孤星之州打了 2 232 口新水井，数量是石油和天然气井的两倍。对于峰会水发展集团来说，所有这一切都是很好的消息。

在澳大利亚，墨累-达令流域发生灾难性的干旱，成为科罗拉多河在另一个大陆的难兄难弟，这对于峰会水发展集团来说也是好消息。但是，这并不是峰会基金在那儿买水的唯一原因。迪克森解释说，另外一个原因是，澳大利亚在 20 世纪 80 年代初期借用了美国西部水权交易的体系，而且使得这一体系更加自由化，创立了世界上最自由、最繁忙的水市场。作为科罗拉多河在干旱中的难兄难弟，墨累-达令流域也是其在水权自由交易市场中的无二之友。在墨累-达令流域，峰会基金购买了水权，据外界估算，至少有 10 万兆升，也就是 26 亿加仑。迪克森说，就像买股票一样，他的基金投资也寻求多样化，购买了澳大利亚不同地区的，流向酿酒葡萄、柑橘、棉花、杏树等不同作物的水。他不希望当一名短期的投机者，而是希望成为一个长期的投资者，或者是长期的食利者。他说，一旦峰会基金购买了澳大利亚农民的水，就会进行经营，把这些水再租给那些农民和他们的邻居，每年已经稳稳地获得了 5％到 6％的投资回报。"没有风险，"迪克森说，"如果有人不付钱，我们还有水呢，就像你关闭水龙头一样。"

很多经济学家声称，在越来越稀缺的时代，减少浪费水的最好办法就是培育活跃的水市场。持这一观点的学者，有在澳大利亚有阿德莱德大学（University of Adelaide）的教授麦克·杨（Mike Young），在美国有胡佛研究院（Hoover Institute）的研究员特里·安德森（Terry Anderson），安德森是蒙大拿州秉承"自由市场环境主义"的资产与环境研究中心（Property and Environment Research Center）的创始人。他们认为，水交易是促进节约水和有效利用水的动力，市场将使得一种稀缺资源流向价值更高的经济活动中。迪克森对我说："政府可以开始做的一件事是，让水物有所值，准许市场定价买卖，然后再建立一个机制，让种大米的农民能够将水卖给酿酒的老板。"正是得益于这种机制，水贸易帮助澳大利亚这个世界上最大的大米和小麦出口国之一的国家成功应对了干旱，这是毋庸置疑的。从宏观的层面看，澳大利亚的经济非常漂亮地度过旱灾，没受一点影响。同样毋庸置疑的，还有农产品产量的巨大变化。截至 2008 年，也就是快到十年干旱末尾的时候，澳大利亚农业领域出现历史性的减产，产值仅为 350 亿美元，大米产量下降到正常水平的 1%，小麦产量下降到正常水平的 59%。那一年，发生了援助机构所称的"全球粮食危机"，导致了埃及、塞内加尔、孟加拉国以及其他几十个国家的民众抗议。但是，阿德莱德的酿酒工业，却依然兴旺发展。

我走出门口，感受圣地亚哥的阳光，迪克森大方地往我的胳膊里塞了一摞书和研究报告，嘴里还抱歉地说，他不能给我那本《不可遏制的态势》(Unquenchable)，因为他就一本了。那摞书最上面的是《卖水：商业和市场如何解决全球水危机》(Water for Sale：How Business and the Market Can Resolve the World's Water Crisis)，出版于 2005 年，作者是崇尚白由主义的卡托研究所(Cato Institute)，是一家智库，也得到过科赫兄弟的资助。迪克森说："有些人不喜欢，但是这就是要发生的。"

为了真正了解要发生什么，我不得不再次远行，到另一个大陆去看看，这里的未来似乎已经在那儿发生。在澳大利亚，全球峰会所实施的湿水项目就在阿德莱德的城外，这个城市发展迅速，现有 120 万人，位于墨累河口的附近。阿德莱德市的自来水有点咸，还因为发生过离奇古怪的谋杀案而备受关注。澳大利亚的十年旱灾是工业化以来最严重的干旱，被当地人称为大旱，在干旱最厉害的时候，我开车从悉尼去那儿。我在沿着水量日益减少的墨累河西行穿越澳洲大陆前，先调头南下，驶向大雪山(Snowy Mountain)。我到雪山的时候，天下雨了，然后又不下了，大地变得比以前更加橘红和空荡。在墨累河的堤岸上，可以看到赤桉树的影子映在河底平坦的开裂的泥地上。在高速公路两旁，每隔一家农舍好像就能看到售房的广告牌。河水很少，具有地方特色的内河船无法通过船闸。在伊丘卡(Echuca)，有位船长对我说："整个农村快要完了。每个人都要去城市，那儿什么都不会有了，就像电影《疯狂的麦克斯》里的一些景象。"

我了解到，在日益兴起的水市场上，卖家都是小户农家。小规模的农场主将水卖给公司大农场或柑橘种植商或是政府，于是，水就流向了城市和葡萄园。最大的买主是联邦政府，花费的资金达 31 亿美元，用来实现其所谓的"环境流量"(environmental flow)。2010 年年末，墨累河发生特大洪水，淹没了 250 户人家，在那以前，墨累河一直干旱，河水从没有流到过大海里，以后也将是如此。政府部门发出警告，除非水资源过度紧张的墨累-达令流域减少水需求，河水断流将成为新常态。到 2030 年，气候变化可能会使当地降水下降 3 个百分点，地表水径流下降 9 个百分点，水蒸发上升 15 个百分点。站在政府背后的有全球峰会基金和其他一大批的基金，包括澳大利亚本国的堤道水基金(Causeway Water Fund)和蓝天水伙伴基金(Blue Sky Water Parters)、新加坡的奥莱姆国际(Olam International)、英国的艾克芬基金(Ecofin Fund)。还有一家叫坦斗有限公司(Tandou Limited)的企业，是由三家公司共同拥有的，分别是一家新西兰从事企业兼并的公司、美国对冲基金水资产管理公司(Water Asset Management)和艾克芬。

在阿德莱德，一位年轻的公关经理领着我走过一排经纪人，他们坐在天鹅绒的椅子上，紧盯着戴尔平面显示屏，用 Google 地图扫描着卫星图像。原来这就是找水公司(Waterfind)的总部，是澳大利亚最大的水交易所。这个交易所开发了自己的软件平台，为墨累-达令流域的水交易提供服务，还雄心勃勃地要成为真正的股票交易市场，成为水交易的纳斯达克。这名公关经理解释说，由于水量蒸发和当地管制政策的不同，墨累-达令流域不同的地方有着不同的水交易价格，因此马兰比季河谷(Murrumbidgee Valley)的水与墨累桥的水就不是同样的价钱，另外，有的地方对水交易还有总量控制。尽管情况越来越改善，但是有些州依然对当地的水资源实行保护主义。交易所进行的是虚拟交易，是通过电话和网络完成的，购买者和出售者可能相距数百英里之遥。交易一方关闭自己的水泵，另一方就打开自己的水泵。2008年，水市场交易额达到13亿美元，当时已快到干旱最严重的时候。从那以后，水交易额每年增长20%。澳大利亚的水交易是以兆升计量的，相当于26.4万加仑。每兆升水的价格起伏很大。"在上季度的水市场，"他说，"低价位在200美元，而高价位则在1 200美元左右。"不过，总起来看，在干旱季节，价格是攀升的。

我又找了个日子，开车去阿德莱德乡下，同去的人曾经干过麻醉毒品密探，现在的任务是查找水盗窃犯罪现象。我们沿着墨累河行驶，密切注视着情况，他告诉我他使用的工具，有夜视仪、空中观测器等，以便监测辽阔的田野。我们停在一个小船坞，看到所有的游艇都搁浅在淤泥中。他也告诉我盗水罪犯所使用的工具，有临时堤坝、私制水泵、偷偷连接到邻居水龙头上的水管子，以及冰冻的鲤鱼。鲤鱼是用来卡木头水车的，因为水车用来计量每个农户所分配的水量。如果把冰冻鲤鱼塞到水车里，水车就不转动了。巧合的是，还真有阻止水车转动的木头，因此这个鲤鱼就被称为"止轮木"。万一有检查人员过来，那尾鲤鱼，当然已经解冻，而且与野生鲤鱼难以区分，就代为受过了。这里对盗水行为的惩罚很严重，因此才培育了世界上最为自由发达的水市场，与我在其他地方看到的情况很相似。水可以偷窃，就像水可以买卖一样，这种行为都是源于物品先来先得的观点，而这一观点越来越被人接受。

堪培拉是澳大利亚的首都，群山环抱。我在澳大利亚议会造访了参议员比尔·赫夫曼(Bill Hefferman)，他告诉我："我对气候变化的成因不怎么感兴趣。我感兴趣的是，面对气候变化，我们该怎么做。"这反映了新世纪的观点，是南北两个半球自由市场主义者日益表达的想法，不过，只有赫夫曼开始质疑强烈的资产权利观念和自由化的市场是否能真的拯救当下的世界。赫夫曼是澳大利亚前总理约翰·霍华德(John Howard)的左膀右臂，是一名小麦种植者，也是澳大利亚持保守思想的自由党的未来主义者。

自由党上届执政时，赫夫曼领导了澳大利亚北部土地和水研究小组(North Australia Land and Water Taskforce)，调查研究如果将墨累-达令流域的农业生产和人口移到人口稀少、水和土地资源丰富的北方，是否还能保持澳大利亚的农业强国地位。他对约克角半岛(Cape York Peninsula)抱有极大的希望，因为那个地方有堪萨斯州那么大，位于热带荒野地带，人口稀少，只有几千名当地岛民和土著居民，其中一些人还积极推动，希望这片祖先留下来的土地列入联合国教科文组织世界遗产名录之中。

"气候科学家说，再过 40 到 50 年，世界人口的一半将缺水。"他告诉我，"他们说，在我们的近邻亚洲，在今后 40 到 50 年，生产性土地将减少 30%。到那个时候，粮食生产的任务将会翻番，有 16 亿人可能要重新安置。现在来看，如果科学家所讲的有 10% 是正确的，那么我们就会有严重的问题。其中一个问题是，面对变化的星球，我们如何来管理世界秩序？我的意思是，澳大利亚联邦警察局局长去年说，澳大利亚主权面临的最大威胁是气候变化。"北部领土与人口拥挤的亚洲距离太近了，甚至会有某种危险。

赫夫曼知道，外国对冲基金正在席卷而来，对于其进军澳大利亚的水交易市场，他所持的观点和保护主义者一样。他说："如果让水成为一种投机性商品，我不认为我们能支付得起。"但是，令我惊讶的是，他最为忧虑的并不是水投机。随着干旱旱情的缓解，阿拉伯人、中国人和其他外国投资者正在觊觎着澳大利亚与其他地方的别的东西，这就是农田土地。像世界上所有爱国主义者一样，赫夫曼对此深感震惊。他有一次给记者讲："我们事实上正在重新考虑主权的定义。"

农田抢夺：华尔街去南苏丹圈地

我们乘一架老旧 DC-9 飞机去朱巴(Juba)的那天，太阳已经出来，远处有几缕流云，我们视线所及，是各种各样的绿色，有尼罗河的黛绿、芒果树的暗绿和未耕作草原的亮绿。土地一马平川，泥泞湿滑，空旷辽阔，无限地通向远方。"看看他妈的这地儿，"费尔·黑尔伯格(Phil Heilberg)说，"种什么都成。"

飞机着陆后，我们立即去拜会将军。黑尔伯格的商业伙伴是将军的大儿子，叫加布里尔(Gabriel)，他开着辆有年份的陆地巡洋舰皮卡来接我们。黑尔伯格坐在乘客位上，我则坐在他们两人之间。我们沿着南苏丹(South Sudan)一条仅仅硬化的道路颠簸前行，途中路过骑着摩托车的赤道省的男孩子以及照看临时小卖部的肯尼亚人。我们还经过市中心的大片永久性建筑以及联合国开发计划署的加固办公室，然后拐入附近的一个院落。这处院落被机枪炮台和被称为土库儿(Tukul)的草房包围着，这些草房是警卫士兵及其妻子的家。黑尔伯格注意到，猴子没有了。这儿的士兵以前是养着一只猴子的。我们进去的时候，他大声地喊着："你们的猴子哪里去了？"

保利诺·马蒂普(Paulino Matip)是苏丹人民解放军(Sudan People's Liberation Army，SPLA)的副总司令，正在一个脏乱不堪的院子里等我们，院子被芒果树的树荫遮蔽着。他穿着件田径服，慵懒地坐在一把塑料椅子上，前面有一张塑料桌子，上面铺着桌巾，两侧坐着他们努尔族（Nuer Tribe）的 12 名长者。他的脸上面无表情，说道："啊，费尔。"然后，他慢慢地站起来，拥抱费尔。加布里尔给我翻译将军说的话："唯一心肠好的白人。"

在关于政治活动家称之为全球农田抢夺的众多新闻报道和智库报告中，黑尔伯格和马蒂普是经常出现的人物。他们两人，一个是华尔街精英，一个是军阀；一个是前 AIG 交易商，一个是南苏丹最令人敬畏的军人，是后来所发生事件中的两个代表性角色。随着人口的增长，温度的升高，河流的干涸，粮食价格突飞猛涨，因此农田的价值也随之暴涨。在过去的十年里，特别是 2008 年"粮食危机"以后，就在金融危机以前，富裕国家和有钱企业在贫困国家已经获得了大约 2 亿英亩的土地，相当于英国、法国、德国和意大利所有农田的总和，将近非洲可耕种土地的 40%，与得克萨斯州的土地面积相等。这是自殖民时代以来发生的从未有过的土地转换，而且是悄悄发生的，是在不流血的情况下发生的，是在关着门的背后发生的。我到这儿来，是因为苏丹是那些富裕国家抢夺土地的主要目的国家之一，其他目的国家还有埃塞俄比亚、乌克兰、巴西和马达加斯加。还有一个原因是，黑尔伯格认为自己所做的是正确的，不担心会引起社会的关注。

黑尔伯格自己购买的那片土地，是马蒂普在 2008 年底的一次交易中批准的，面积是 100 万英亩，将近有特拉华州那么大。这片农田可以引尼罗河的一个支流进行灌溉，地势平坦，土地肥沃，没有干旱之虞，大部分都没有埋设地雷。这份交易如果是有效的，就已经使他成为非洲最大的私人土地拥有者之一了。现在他的箱子里还塞着一张地图，显示着他希望在哪里扩大他的土地，使他的农田翻倍。他目标中的土地在他已经拥有的 100 万英亩土地的东边和北边，有六个街区的距离，靠近埃塞俄比亚的边界，其轮廓在地图上用橙色记号笔标记着。

黑尔伯格此次朱巴之行的目的是签署合同。他想让马蒂普向南苏丹农业部长和萨尔瓦·基尔(Salva Kiir)总统施加压力,同意在他的农田交易合同上签字。基尔总统属于政治上处于优势地位的丁卡族(Dinka)。人们已经开始对此次土地交易私下嘀咕,说是违法的,违反了这个新国家的新土地法。但是,黑尔伯格告诉我说,所谓的合同签字主要是形式上的,他所交易的这片土地位于马蒂普将军的老家联合州(Unity State)。黑尔伯格之所以拥有了这片土地,是因为将军和其他的努尔族首领说了他可以拥有它。但是,官方的签字批准可以让未来的投资者更为放心。而且,黑尔伯格说,基尔总统已经答应了签字。马蒂普将军只是在2005年和平协议后才停止了与其同胞的战争,从而结束了苏丹持续22年的内战。这场内战是非洲历史上时间最长的,为南部的独立开辟了道路,南部苏丹在2011年全民公决后将实现独立。将军对于总统是有影响力的,因为他拥有努尔族武装力量2万到3万人,而这支部队是否要并入SPLA,还基本停留在纸面上。

黑尔伯格转向将军的儿子。加布里尔穿着阿玛尼夹克,带着三部诺基亚手机,看起来有20多岁的样子,但根据他的"我的空间",他实际上34岁了。或者是他后来告诉我的,他可能42岁了。

"加布里尔,你这儿还有奶牛吗?"黑尔伯格问。谈论牛是进入努尔族男人内心的方式。

"不,这儿没有了。"加布里尔说。

"你把它们都迁到马约姆(Mayom)了吗？你在马约姆有多少头牛?"黑尔伯格问。

"有很多。"加布里尔说。

围着将军的努尔族长者站了起来,带着椅子离开了。一名士兵给我们拿来瓶装水和罐装可乐。将军依旧懒散地坐在他的位子上,长长的胳膊从椅子后背上耷拉下来,茫然地望着天空。他68岁,是南苏丹的一名长者,是长期战争的幸存者,现在饱受糖尿病和高血压之苦。黑尔伯格认为,他是其结识的最有头脑的人之一。"他是个资本主义者，"黑尔伯格告诉我，"所有其他人都是共产主义者。他理解，如果我投入资金，我就应该得到利润的回报。"黑尔伯格声称，在腐败盛行的朱巴，马蒂普不索取贿赂，在领导人中是非常罕见的。

"南苏丹应该让将军来管理钱袋子。"黑尔伯格说，斜靠着身子。"人们一直在和我套近乎。他们都是唯利是图的人。有一个私营防卫公司，他们希望来训练部队。即便是以色列人，他们也想来售卖武器，训练队伍。他们想知道我是否能代表他们与将军谈一谈。也许他们看到了什么利益，因为分裂就要来了。独立很快就要来了。我们都知道这一点。"将军发出了呼噜声。

"现在我们的势头很好，"黑尔伯格继续说着，加布里尔也不停地翻译着。"我们得让萨尔瓦言而有信。如果我能和你父亲一起去见萨尔瓦，我希望总统能够兑现承诺，在土地交易文件上签字。我希望那份文件能够签字。我希望得到确认。我们一旦拿到萨尔瓦和农业部长关于土地交易的确认文件，那就再没有什么人说三道四，因为这已经得到南苏丹政府的确认了。我希望萨尔瓦签字，然后我们就能让所有的人闭嘴。那个时候，就不仅仅是因为你的父亲，而是因为这个国家最有权势的两个人都同意了这桩交易。我们会让每个人都闭嘴的。"

"好吧，我们和以色列人谈谈。"黑尔伯格讲完后，将军说。有钱可赚的承诺吸引了他的注意力。有一个片刻的停顿，大家显得有点尴尬。

加布里尔连忙补充说："那么我们就和萨尔瓦约个时间，去他家与他会面。"

我们出发去南苏丹以前，黑尔伯格就这样告诉我："世界就像宇宙一样，一直在膨胀。我聚焦的是压制点。"我们俩是在一天早上会面的，那是在纽约公园大道的丽晶酒店，离黑尔伯格的住处不远，他和妻子、两个儿子以及一只叫甜饼面团的可卡布犬生活在一起。酒店的活力早餐有9美元的卡布奇诺咖啡，28美元的面包圈，吸引了民主党的精英人物，包括艾尔·夏普顿（Al Sharpton）和南希·佩洛西（Nancy Pelosi）。这儿是约翰·爱德华兹（John Edwards）第一次邂逅莱丽·亨特（Rielle Hunter）的地方。这儿也是黑尔伯格 32 年前举行成人受戒礼的地方，他是咖啡商的儿子，是出生于上东区（Upper East Side）的富家子弟，是公开宣称的自由意志论者。每个人都知道他的名字。

黑尔伯格解释道，他的商业模式是寻找那些快要分崩离析的国家，比如去辨识在非洲血腥残杀冲突中的未来胜利者，并在冲突结束后与其站在一起。南苏丹是他最大的项目，但是他还忙着在伦敦与达尔富尔反政府武装结交，在尼日利亚与贩卖石油的军方打得火热，在索马里和埃塞俄比亚与种族分裂主义者称兄道弟，希望伺机利用石油、铀等商品在那些地方闹独立前捞上一把，其实不管是什么商品，只要是逮着，而且能挣钱就行。这种商业策略在他事业早期就已经具备了，那个时候他还只是 AIG 的交易员。"我看到了苏联的解体，"他说，"待我仔细观察后，我认识到在国家崩溃的时候可以挣很多钱，于是暗自发誓下一次一定要参与到其中来。"

黑尔伯格的方法总是不走寻常路。20 世纪 90 年代，他会与汉克·格林伯格乘着 AIG 的专用飞机飞到莫斯科，在那儿住上一个月，然后再一个人飞到乌兹别克斯坦（Uzbekistan）首都塔什干（Tashkent），也住上一个月，而且住的是非常破旧的小旅馆，淋浴的时候还穿着袜子。就是这样，他在塔什干与独裁者伊斯兰·卡里莫夫（Islam Karimov）的助手大谈黄金生意，不过卡里莫夫本人还是非常好的。黑尔伯格告诉我，为了避开警卫，他曾尾随德国中央银行总裁汉斯·提特梅耶（Hans Tietmeyer）进入到一个公共卫生间。"我问他是否要降低利率或什么的，"黑尔伯格说，"只是想看看他是否会紧张或者尿我一下子或者有什么反应吧。"黑尔伯格赚足了钱，便离开 AIG，开办了自己的公司佳奇资本（Jarch Capital），在四大洲雇用精英人才。三年后，也就是 2002 年，他的一个朋友给他讲了苏丹的情况，那是非洲最大的国家，石油资源丰富，矿产资源丰富，土地资源丰富，正处于一分为二的解体之路上。黑尔伯格 2003 年在南苏丹签署的第一个合同与食品和气候变化没有任何关系，那是与丁卡族领导人签订的一桩石油买卖，只是对方索要贿赂，而他又不愿意给，所以干脆完全放弃了那个合同。佳奇董事会的成员现在多是丁卡族的对手努尔族人。

黑尔伯格的农田买卖要复杂得多，那是一种对混乱局面的双层押宝，既赌苏丹国内的动荡，又赌国家粮食危机。2008 年，他签订土地购买协议的时候，正值全球土地热初露端倪，而且刚刚突然发生了世界范围内的粮价飞涨。那年春天，大豆价格翻番，玉米和小麦价格涨了三倍，大米价格涨了四倍，世界粮食储备紧缩为两个月的供应。越南、柬埔寨、印度和巴西政府禁止粮食出口，全世界各个国家到处都有饥饿的灾民，他们冲到大街上。墨累-达令流域的粮食产量以及大米和小麦出口，因为干旱而减少了九成。在中国主要粮产区北方，有 5 000 英亩土地和 600 万人遭受了最严重的旱灾，在好市多（COSTCO）和山姆会员商店（Sam's Club），每个顾客买大米都有限制，只能买几袋。"全世界需要粮食，"黑尔伯格告诉我，"托马斯·马尔萨斯（Thomas Malthus）讲到了有限土地、无限增长的问题，截至今日，他的理论一直都证明是错的，因为我们可以利用技术生产更多的粮食。但是，如果技术发展得没有那么快呢？我认为人们会恐慌，特别是那些没有土地耕种粮食的人。"

恐慌已经发生了。我们买好飞机票准备飞往朱巴的时候，中国正在全球洽谈土地交易，其中在菲律宾有 300 万英亩，在哈萨克斯坦有两百多万英亩，在喀麦隆有 2.5 万英亩，在俄罗斯有 20 万英亩，在巴西有数万英亩。韩国也面临着水短缺，在蒙古获得了 67 万英亩的土地，在苏丹有将近 200 万英亩，在马达加斯加有 300 万英亩，只是这笔买卖由于引发了一次政变而爽约了。印度的人口大幅增长，季风开始转换，面临这种状况，印度在埃塞俄比亚获得了 85 万英亩土地，在马达加斯加有一百多万英亩，在巴拉圭和乌拉圭有 2 万多英亩。同样，卡塔尔在肯尼亚寻求购买土地 10 万英亩，科威特在柬埔寨获得土地 30 万英亩，沙特阿拉伯在印度尼西亚有 120 万英亩，在坦桑尼亚有

120万英亩，在埃塞俄比亚有120万英亩，在苏丹第一批已经获得了2.5万英亩，总数要达到25万英亩小米和玉米的土地。阿联酋在巴基斯坦租用了80万英亩，在乌克兰租用了25万英亩，在罗马尼亚租用了12.5万英亩，在苏丹租用了100万英亩。从2009年开始，阿联酋将自己国家的羊运到胡志明机场，让越南的农民饲养，并在那儿宰杀后再运回到阿布扎比。

"一周前你不在这儿，真是遗憾。"黑尔伯格说。早上7点半，丽晶酒店的餐厅里就坐满了身着西装革履的男士和身穿裤套装的女士。"我那天在这儿与约·威尔逊在一起。"约瑟夫·威尔逊(Joseph Wilson)曾担任过美国驻外大使，那个时候是佳奇董事会的副总裁，"在座的还有西恩·潘(Sean Penn)。"他将在电影《公平游戏》(Fair Game)中饰演威尔森，那部电影是关于瓦莱丽·普莱姆(Valerie Plame)间谍门事件的。"我认为西恩是个伟大的演员，"黑尔伯格说，"我喜欢富有激情的人。唯一的问题是这个激情会增长。他有点反叛，那是他狂野的一面。我发现自己也有那个特质。如果这样的两个人相互放纵，那么除非发生什么危险的事情，否则是停不下来的。"服务员走过来，黑尔伯格要了杯脱脂拿铁，一个蛋清早餐饼，还要了些火鸡培根。

"在华尔街工作，通常走的是条直线。"他说，"这能让人挣不少钱，很多钱！但是那种平淡枯燥让我感到厌倦，比如说这个钱贷出的利率是6个百分点，那么如果你借的钱利率是3个百分点，你知道，那么你就……那种活，什么人都能干。但是，如果干企业，那就永远不是一条直线。如果你是企业家，你就得创造点什么东西。"他说，他最喜欢的作者是安·兰德(Ayn Rand)。这个人就像黑尔伯格一样，笃信追逐利润本身是个道德行为，是一种自我的启蒙，也就是说，把你自己置于所有人之上，不挡任何人的道路，也不让任何人挡你的道路，不施行慈善，也不接受慈善。黑尔伯格告诉我："她的个人主义是极端的，但是任何最纯净的东西，都是非常强大的。霍华德·洛克(Howard Roark)是纯粹的，所以他才是《源头》(The Fountainhead)的主人公。他从来不在意别人对他是怎样的看法，也不在乎社会规范，更不在乎什么正派团体和正派人士。我们每个人内心都需要点霍华德·洛克的特质。"

黑尔伯格引以为豪的是他染指了有关苏丹的生意,因为他觉得这很纯粹。大银行,特别是高盛集团,很快就会被起诉,因为它扰乱商品市场,通过投机破坏美国中西部的粮食交易,虽然通过虚拟交易获得高额利润,但是不生产任何物品。商品价格现在变得更加容易波动。"如果粮食股价低,那么粮食产量哪怕降低一点,也会造成粮价的飞涨。"尼古拉斯·米诺特(Nicholas Minot)解释说,他是国际粮食政策研究所(International Food Policy Research Institute)的研究员。"对粮食的需求是刚性的,人们只要吃饭,就得付钱。"对于他以及南苏丹的将军,全世界愿意怎么说就怎么说吧,但是黑尔伯格自己清楚,他不是在与价格波动下赌注,也不是在与泡沫空想下赌注,而是与真实存在的东西进行博弈,那就是真正存在的粮食短缺。"我们已经有一个商品问题了,"他说,"如果哪一天或哪一周,石油飙升到每桶150美元,我一点都不奇怪。就像这样,扑、扑、扑地上涨。我们已经听到了虚拟世界中金融工具低沉的丧钟声。我们就要看到商品价格的增长。15美元都买不了一蒲式耳玉米。"

粮食危机可以归咎于很多因素,比如气候变化、石油价格飞涨造成的成本增加、中国对肉类需求的提高、全球人口增长到90亿等,但是黑尔伯格根本不去花时间想这些东西。截至目前,他相信有气候变化,相信气候变化带来的影响,而不去追究其原因。沙漠化、干旱以及对水资源和土地资源的争夺,只会使他在农田方面的投资显得更加聪明。

早餐吃到一半的时候,黑尔伯格招呼服务员过来,说:"有没有办法让这儿凉快些?我都要热死了。这里很热,对吧?是吧?这儿很热。"他见我往他背后看。那是阿尔·戈尔,穿着件黑色的运动外衣,正坐在附近的一张桌子旁边。"噢,阿尔·戈尔,"黑尔伯格不屑地说,"他老是来这儿。"

在朱巴,黑尔伯格选择落脚的宾馆都是那种一排排装备齐全的运输集装箱，被称为撒哈拉度假村。整个城市到处都有这种可以移动的集装箱，它们有着组件办公室，组件住房，因为搬运方便，所以非常流行。这些集装箱大多数是外国企业在苏丹内战结束后运过来的。如果朱巴再燃战火，它们可能会被运出去。离开硬化路，朱巴的街道就很脏，颜色昏黄，车辙很深，拥挤不堪。多数情况下，街道上挤满了各种 SUV，有国际援助人员的陆地巡洋舰和帕杰罗，还有腐败官员的悍马。如果这些 SUV 不外出，那么就停在集装箱里，集装箱外面有警卫看着，有铁丝网拦着。夜幕降临，坐在外面很凉爽，但是，可以分明感受到四下里弥漫着宫廷阴谋的氛围。

"看那儿的两个人，他们是奸细。"加布里尔有天晚上在宾馆里小声说。"哪两个？"黑尔伯格大声问道。"我们去看看，打个招呼。"那两个人是阿拉伯人，穿着松垮的便裤和带有纽扣的衬衫，一个人有胡子，另一个人没有。他们不时地隔着院子向我们这边看一眼。黑尔伯格说："看来我不好躲啊。"的确，他个子高，肚子圆，说话又喋喋不休，确实很难不引人注意。"躲起来太傻了。我还是过去会会他们吧。"加布里尔很担心，倒不是因为害怕，而是因为不合规矩，就阻止道："别，菲利普……"黑尔伯格站起来，慢慢从那两个奸细的桌子旁边踱步过去，他只是想舒展舒展腿脚，经过那两个奸细的时候还礼貌地点了点头。

根据苏丹南北双方达成的和平协议，2011 年要举行南方独立公投，日子马上就要到了。但是这周让苏丹举国不能安生的是一个欧洲仲裁法庭即将作出的仲裁决定，内容是裁定由在喀土穆（Khartoum）的阿拉伯人领导的、多数是穆斯林组成的北方政府，还是由在朱巴的非洲人领导的、多数是基督徒组成的政府，来管辖备受争议的边界敏感点阿卜耶伊地区（Abyei region）。我们去那里的前一年，阿卜耶伊发生种族冲突，将全部城镇烧为平地，导致了内战以来最残酷的恶斗，现在南北双方再度动员起来，等待着这一判决。

那两个间谍可能是来自喀土穆的特工。苏丹总统奥玛·巴希尔（Omar al-Bashir）被控告为战争罪犯，他担心失去南方的油田。那些油田，有些就在阿卜耶伊地区，有些靠近南科尔多凡省（South

Kordofan)以及马蒂普的家乡联合省。这些南方的油田占苏丹石油产量的95%,占国家财政收入的65%。也有可能这两个间谍是埃及派驻在朱巴的特工,因为埃及认为2011年的公投是对其国家安全的威胁,因为一个独立的南苏丹就意味着在水资源已经过度紧张的尼罗河里又要插上一根独立的水管子,又要有更多的大坝,更多的上游农业。埃及人口的三分之一从事农业,根据殖民时代的尼罗河用水协议,埃及可以使用75%的河水,即便如此,也已经超过了尼罗河自我补充的速度。在阿拉伯之春事件发生以前,埃及政府对应对气候变化的能力进行了评估,报告认为,即使埃及人口不再增加,即便不再新建大坝,在21世纪结束之前,尼罗河的河水也将干涸。

从很多方面来说,对农田的争夺就是对水的争夺。分裂之前的苏丹是非洲最大的国家,是第二大年度粮食受援国,仅次于埃塞俄比亚,但也是水资源最丰富的国家。不过,达尔富尔和阿卜耶伊的情况不是这样,没有丰富的水资源,正如情景规划专家彼得·舒瓦兹所指出的,降水模式的变更导致阿拉伯牧民和非洲农民之间的战争。但是尼罗河流域本身就有着很多的河流,湖泊沼泽也是星罗棋布。喀土穆是尼罗河的两个支流交汇的地方,苏丹政府已经把将近200万英亩的土地让渡给了沙特阿拉伯、埃及、约旦、科威特以及阿联酋,希望使这片北部地区成为阿拉伯世界的米袋子。南苏丹位于尼罗河支流之一的白尼罗河上。在另一个支流蓝尼罗河上,埃塞俄比亚宣布了建造复兴大坝(Grand Ethiopian Renaissance Dam)的计划,装机容量达6 000兆瓦,是世界上最大的大坝之一。埃塞俄比亚宣称,这座大坝只用来发电,不用来灌溉农田。不过,专家对此表示怀疑,因为就像苏丹一样,埃塞俄比亚也是全球农田抢夺热潮中的主要目标国家之一。

南苏丹剩下的农业已经很少了,主要是小规模的,家庭养几头牛,小片土地种些高粱和玉米等。黑尔伯格设想着那片农田能够以美国模式进行农业改造,有着完善的灌溉设施,使用化肥和400马力的联合收割机。他告诉我,还有其他的南部苏丹人来找他,洽谈土地买卖。

巴里(Bari)族的族长想卖给他一些土地。上尼罗河省的一名努尔族县长想卖给他更多的土地。我们有个粗略的计划,要乘吉普车看看巴里族长的那块土地,乘直升机看看努尔族县长的土地。如果阿卜耶伊的紧张局势允许,我们希望乘飞机飞越联合省的那100万英亩土地。

黑尔伯格计划着让佳奇公司自己与合资伙伴来开垦这片土地,而不是转手倒卖,所生产的粮食在运到国际市场前,先在这儿出售。当地对粮食是有市场需求的,苏丹处于长期的饥饿之中,相邻的肯尼亚,干旱不断加重,只要有粮食,援助组织就会愿意出高价购买。不过,黑尔伯格痛恨那些援助组织的人。他说,那些人生活奢靡,败坏了经济,行贿受贿,资助丁卡族人,但是他还是乐于把粮食卖给他们的。这就是生意。也许,合资伙伴会选择以色列人。"他们在非洲有经验,"他说,"他们展现了分析问题和解决问题的能力。"将以色列人拉进来,耕种阿拉伯人的土地,他对这个主意很是得意,这是他鄙视巴希尔的方式。"你知道经文护符匣吗?"他问,"就是那个祈祷时携带着的小匣子和皮带。那提醒着我们是上帝将我们带出埃及的,就是那个意思吧。我来苏丹的时候,总是带着。"

费尔向我保证,马蒂普将军给他的土地大多数都是闲置的,没有被当地的牧民和农民利用。费尔自己没有测量过,但是他好像是相信这一切。后来,挪威人民援助组织(Norwegian People's Aid)对南苏丹十个省正在实施的28个国外和国内土地项目进行了研究,认为黑尔伯格的那100万英亩土地,是人口最为稠密的地区之一,每平方公里有人口24.3人。他的那片土地占了一个县的80%,有人口12万,这么多的人口,安置绝不是件容易的事。苏丹学者提及一个令人担忧的先例,在20世纪90年代内战正炽的时候,根据人权观察(Human Rights Watch)组织和其他目击者,马蒂普的私人军队曾经残酷地将平民从他们的家里赶走,烧毁他们的村庄,奸淫村里的妇女,杀死村里的男人,从而为石油开采开辟道路。

"这儿没有好人,"黑尔伯格说,"这儿是狂野西部。我给人说,要他们拿着枪，他们还烦。活见鬼，不带着枪行吗？你是个牛仔吗？你有可能失去所有的马匹和奶牛，你的女人可能被强奸，你所有的一切都可能被一抢而空。有人怀揣着自己的理想，希望在别的地方实现。在我看来，那就是殖民。不过，我不那样干。情况就是这样。我不想美化它，也不想抹黑它。我只是这个体系的一部分。"

黑尔伯格提醒我说，书写历史的那些人都是丁卡族人和他们的西方盟友，所以会诋毁马蒂普将军。"这就是非洲，"他说，"整个非洲就像个大的黑手党。将军就是黑手党的头。这就是事情运作的方式。"无法无天，还有自由的积极一面。他说："我的观点是，希望政府尽可能地小。"他继续说："我不希望人们说，'谢谢您的投资，现在您滚吧'。我想要一个弱势的国家。与强势国家打交道，是有成本的，这就是资源国家主义。人们往往忘了这一点。"

一天夜里，黑尔伯格让加布里尔带我们去尼罗河岸上的一家露天酒吧，会见佳奇董事会的一名重要董事彼特·盖迪特（Peter Gadet）。去的时候，我们的车在颠簸不平、尘土飞扬的路上行驶，路两边有几十辆被炸毁的坦克，在我们车灯的照射下，可以看到坦克的骨架残骸，炮塔都弯下来了，履带已经不翼而飞。现在，南苏丹有了新的坦克，包括索马里海盗 2009 年劫持乌克兰商船法伊纳号（MV *Faina*）时无意中掠获的那批坦克。不论是有没有公投，这些武器都有助于南苏丹获得独立。

盖迪特足智多谋，令人敬畏，与同为努尔族的马蒂普一起加入了南方的军队，两人经常结为同盟。那个时候，盖迪特负责南苏丹的空中防御。他一个人坐在靠近水边的桌子旁，身后站着两名警卫。

"你来朱巴城多长时间了?"费尔问他。"你内罗毕（Nairobi）的家怎样？你有防空炮吗？你有防空武器，对吧？对那些有机翼、飞得更高的东西，你怎么办？你现在有这个吗？好的，很好。"盖迪特是虔诚的基督徒，费尔曾告诉我。和平协议签署前，他在朱巴城外的丛林中呆了九年，一直在密谋夺取朱巴。

"坦克呢?"黑尔伯格问，"新坦克在哪儿?"

盖迪特指着河的对岸，他曾在内战期间隐匿活动在那儿。

"就是这儿吗？"黑尔伯格喊道。他往黑暗中望去。

"你的那些枪伤怎样了？"他继续说。战争期间，盖迪特受伤 28 次。"你不需要防弹背心，你知道谁是你的人。"他指着天空。"子弹总是错过关键的部位，这很好。快了，南方就要独立了。"

"我认为，任何战争都不会打个没完没了。"黑尔伯格说。

"仗打不长。"盖迪特说。

"仗打不长。我同意。"

"是啊，战争对他们也有好处。"

在纽约和伦敦，我还采访了其他投资者，他们像黑尔伯格一样，开始从虚拟交易世界中转移出来。有位银行家给我介绍了乌克兰用土地换伏特加的生意，并同意我到他的公寓去，以匿名的身份接受我的采访。他的住处在翠贝卡（Tribeca），是街角处的一个宽敞明亮的顶楼。"问题是在这里，"他告诉我，"所有这些集体农庄一旦分产到户就会垮台，因为他们没有资本，买不起拖拉机。"这就是为什么用土地来换一点伏特加和几个月粮食的原因。他的投行在华尔街排前三位，通过一个绰号叫"耶稣"的长发中年男人，不仅希望在乌克兰获得几千英亩的粮田，而且还试图获得鸵鸟养殖场、巧克力工厂，以及一家乌克兰色情电视台。银行家们乘着大型双螺旋桨苏联直升飞机，降落在休耕的农田或农庄里，帮助引进一种转基因的抗旱高粱，是以色列的基布兹最先培育出来的。"虽然可以大幅度提高产量，等等，"这位银行家说，"但是，这实际上是对农民的残酷掠夺。"这笔乌克兰生意最终鸡飞蛋打，因为"耶稣"不断地大砍价，但是气候变化总可以带来无穷无尽的增长机会。当欧洲实行向火电厂和供电企业分配碳排放指标并实行温室气体排放交易制度的时候，就是这位银行家帮助企业"超量地获得"排放指标，然后再帮它们卖掉，赚了上亿美元。"我实际上是做碳排放生意的，"他说，"都他妈的是这些东西。那也是个大骗局。"

最具智慧的农田买主都把全球变暖看作是双重利好。从短期来

一名加拿大士兵站在西北航道的边上，随着北极地区的冰雪融化，这条航道正在成为轮船航行的通道

阿拉斯加不断缩小的楚科奇海，壳牌公司2012年在那里开采石油，产量达120亿桶

挪威的斯诺赫维特白雪油气田，是世界上最北边的天然气开采工程，是石油公司未来北
极开采的示范样板

随着格陵兰岛冰川的消退，一些矿藏显露出来，诸如黑天使这样的矿藏可以为格陵兰从丹麦独立出来提供资金

格陵兰的峡湾显示冰川融化，然后再结冰，这延长了通航的季节，扩大了冰川面积

以色列海水淡化工程师阿夫拉哈姆·欧菲尔，他是饮用水开发的探索者，其发明的世界上最大的造雪机在积雪融化的阿尔卑斯山依然在使用

为私人保险提供服务的私营消防队正在洛杉矶对客户的房舍进行消防保护

在加州历史上的一次大旱期间，全美洲大运河进行改造，从而减少河水通过美墨边界渗漏到墨西哥；未渗漏的河水进入了圣地亚哥

志愿者列队庆祝第一个季节的植树成功。他们建造非洲4 700英里长的绿色城墙，以阻挡撒哈拉沙漠的扩大

随着粮价的上涨，美国投资人费尔·黑尔伯格（右）与一名南苏丹将军的儿子加布里尔·马蒂普洽谈土地生意，获得了数百万英亩的农田

由于越来越多的人因龙卷风和海平面上升而逃离故乡，孟加拉国首都达卡市的人口每年增长100万，世界上最长的边界篱笆正等待着那些继续偷渡去印度的人

荷兰巨大的防洪大堤抵御着暴风雨的侵袭

壳牌公司的北极采油钻井船库鲁克号在阿拉斯加科迪亚克群岛（Kodiak Island）附近的海滩被撞坏，正停泊在一个安全港湾，等待修理

看，全球变暖是一种推动因素，会加速干旱，全面破坏中国、澳大利亚、美国中西部的粮食生产，进而导致粮食价格的上涨。从长远看，全球变暖又是一种拉动因素，随着气候的变暖，会拉动乌克兰、俄罗斯、罗马尼亚、哈萨克斯坦和加拿大等高纬度国家的土地提高生产力，而不是降低生产力。"北半球的粮食生产地带正在北移，即便你不是专家，也能看出这一端倪。"卡尔·阿特金（Carl Atkin）说，他是英国房地产大鳄比德威尔斯（Bidwells）农业经济研究的负责人，我在伦敦对他进行了采访。

黑尔伯格南苏丹土地交易爽约的消息传出后，很多饶有兴趣的公司给他打电话，其中一家就是比德威尔斯。这家公司在伦敦的办公室位于汉诺威广场附近一个逼仄胡同中的狭小建筑里。在一个明亮的四层会议室里，阿特金给我看了张描述土壤质量的地图，那是美国农业部（USDA）制作的，是对土壤内在质量评估的地图（Inherent Land Quality Assessment），最肥沃的土地是用深绿色表示的。这个会议室上面开着天窗，下面是硬木地板。"你看北美有个深色斑块，"他说，"南美也有。英国的深色斑块小点。但是，我最感兴趣的是这片黑色的土地，从俄罗斯一直到乌克兰，这是世界上最肥沃的土壤之一。"环境因素，比如寒冷的冬天和短暂的生长季节，以及政治因素，使得这儿的土地价格非常低廉。罗马尼亚黑土地一公顷的价格只有英国的五分之一。阿特金说，把一幅气候变化地图放置在土地地图之上，也许再增加些人口数据，你就能挣大钱。他本人刚从乌克兰回来，比德威尔斯公司近五年里一直组织金融客户到罗马尼亚去，主要是做阿特金所说的打包置地的活儿，一小块一小块地买，积少成多，大量购买农田。"我们将共产党不再执政后分给每个农民的小块土地再聚拢起来，"他说，"我们请当地的镇长将村民聚集到一间会议室，镇长就会说，'好了，谁要卖地，谁不想卖？'"

随着气候变化将农业种植不断地推向高纬度，资本也随之而来。在最知名的农田投资者中，有两家公司是英国的兰德克姆（Landkom）和瑞典的黑土地农业（Black Earth Farming），它们在乌克兰和俄罗斯的农业项目中投资了上亿美元。黑石公司(BlackRock)是世界上最大的资产管理企业,在英国的农田里投资了2.5亿美元。法国的波佳姆金融公司(Pergam Finance)在乌拉圭和阿根廷曾经的大农场里斥资7 000万美元。总部在卡尔加里(Calgary)的阿格卡皮塔公司(Agcapita)在加拿大未来的玉米种植带上注入了1 800万美元。萨斯喀彻温省(Saskatchewan)的土地价格在2008年飙升了15%,是历史上最大的涨幅,此后,阿格卡皮塔公司又开始募集2 000万美元的资金。但是,很快将成为加拿大最大的农业企业的是一家地球农业公司(One Earth Farms),这家公司在加拿大几个草原省份的部落土地上大量投资粮食种植和畜牧养殖,其资金将近1亿美元,投资人既有前总理保罗·马丁(Paul Martin),也有农业企业的大鳄、德意志气候基金的投资对象之一威特发公司。它与40多个土著民族(First Nations)部落建立了伙伴关系,这些部落控制着阿尔伯塔、马尼托巴(Manitoba)、萨斯喀彻温等省份200多万英亩的土地。

在巴西,英国的艾格利费马公司(Agrifirma)已经投入2 000万美元购买或期权购买了17万英亩的土地,测量勘察了另外的600万英亩土地。这家公司的部分产权为雅各布·罗斯柴尔德爵士(Lord Jacob Rothschild)拥有,负责人是吉姆·斯莱特(Jim Slater)。斯莱特通过给《星期日电讯》(Sunday Telegraph)撰写投资专栏而声誉鹊起,那个栏目是他签约负责的,叫"资本家"。艾格利费马公司的种子资金来源于英国企业加拉哈德金(Galahad Gold)。这家公司以前是做风险投资的,利用格陵兰岛的冰雪融化,在那里投资铀和钼,其每年66%的利润都是通过这个生意获得的。斯莱特写道,相对来说,巴西农业将幸免于气候的灾难,因为这个国家有着"丰富的可供开发的水资源,大约占世界总量的15%,比其最强劲的对手要多90%"。

拥有大规模气候变化基金的银行,比如德意志银行和施罗德集团(Schroders),还另外建立了农田基金。2011年,消息披露,哈佛大学、范德堡大学等大学接受的捐赠资金投入到了高盛和J. P. 摩根的校友苏珊·佩娜(Susan Payne)以及大卫·穆林(David Murrin)经营管理的伦敦紧急资产管理公司（Emergent Asset Management）。"气候变化意味着非洲的一些地方将变得更干燥，而其他地方将变得更湿润，"穆林对路透社说，"我们将利用这一情况。"他在2011年出版的书《打破历史的密码》（*Breaking the Code of History*）中预测，全球变暖导致的商品危机将会引发衰落的西方和崛起的中国之间的军事冲突。非洲将是投资的关键因素。紧急资产管理公司的资金，包括其非洲农田基金和聚焦于某些水项目的新的气候变化基金，很明显是获得利润的最好方式。据粗略估计，紧急资产管理公司已经在莫桑比克（Mozambique）、南非和赞比亚（Zambia）等地的农业项目中投入了5亿多美元。

比较起来，黑尔伯格在投资土地方面就显得小巫见大巫了，他在南苏丹的农田没有乌克兰、阿根廷和南非的肥沃，在阿特金的全球土壤地图上只是蓝色的地块，与深绿色比起来，不过是颜色有点暗而已。但是，由于尼罗河阻隔了干旱，苏丹可能会成为气候更湿润的地区之一。虽然关于半干旱地区的南非的气候模型预测差异很大，但是有些专家认为苏丹的降雨量会增加。黑尔伯格认为，从总体上来说，全球变暖可能是好的。"这可能意味着我们能在北极地区生活了，"他一天上午告诉我，"斯堪的纳维亚国家看起来很适应全球变暖。也许我们能成为格陵兰的地主，那儿的土地有很多。"他的笔记本电脑里建立了关于格陵兰的文件夹，不过，里面的内容不是关于农田的。他知道格陵兰矿产资源丰富，他也听说了格陵兰的人们闹独立的事。

在朱巴，三天过去了，关于土地交易的事，好像还不会有任何进展。没有新的土地交易，没有什么乘飞机视察土地或乘吉普车查看土地，也没有见到萨尔瓦·基尔。黑尔伯格在撒哈拉度假宾馆里的空调房间里几个小时、几个小时地枯坐着，抽着雪茄，百无聊赖之际就玩自己黑莓手机上的得州扑克，等着南苏丹总统或农业部长接见他的消息。他还翻看旅途中一直随身带的书《从拜占庭起航：消失的帝国如何改变世界》（*Sailing from Byzantium: How a Lost Empire Shaped the*

World）。

一天早上，加布里尔快步来到宾馆，大声说："我们去看看爸爸吧。"他告诉我们，马蒂普家族在联合省老家的庄园刚刚被宿敌攻击，随着南部地区独立的推进，这个宿敌一直制造着事端，营造紧张氛围。家族的人抓住了一名卫兵，把他打了一顿。将军本来就已经对阿卜耶伊地区心力交瘁，现在是更加愤怒，谁也不见，血压很高。加布里尔指着肚子，说："他这儿疼。"

"事情进展不顺的时候，他总是压在心里，"黑尔伯格轻声地说，"每个人都指望着他来负责任。我想，这让他烦闷。"

"好吧，今天我们干什么？"他问加布里尔，"你找到什么人能联系上农业部长了？"

"部长没时间，"加布里尔说。就要到来的阿卜耶伊地区裁决吸引了每个人的注意力，他对没能落实好这件事表示道歉。

"好吧，明天再说吧。"黑尔伯格说，将话题转向了洽谈新的土地交易。"那么，我们能找到巴里族的人？上尼罗河怎么样？"

很快，就没有什么正事可谈的了。于是，我们坐在客厅里，开始闲聊生活。黑尔伯格告诉我们，他最喜欢的健怡樱桃可乐不能再喝了，因为担心里面的人造甜味剂会让他日后患上阿尔茨海默病。他还告诉我们，他的私人瑜伽教练身材真的很火爆，但也正是家里后院着火的缘由。他说："我正在起居室练习瑜伽，我妻子则大发雷霆。"

加布里尔给我们讲他媳妇的事，他为了娶她，花了 89 头奶牛，但是他的妻子却刚刚背弃了他。黑尔伯格递给他一杯茶。宾馆的喇叭里播放着刺耳的音乐，此时正是《天下一家》（*We Are the World*）那首歌。

黑尔伯格突然问："你给约瑟夫医生（Dr. Joseph）打电话了吗？"那个医生是联合省的一个重要人物，担任南苏丹的卫生部长，也是佳奇董事会的另一名成员。"给约瑟夫医生打电话，看看他在不在。"

约瑟夫医生不在。

《天下一家》这首歌又开始播了，原来是循环播放的。

黑尔伯格问："那是布鲁斯·斯普林斯汀（Bruce Springsteen）?"我们静下来，侧耳倾听。

"我觉着是迈克尔·杰克逊（Michael Jackson）。"加布里尔说。

"就是迈克尔·杰克。"黑尔伯格也颔首同意。我们再听下一首歌。

"这是辛迪·劳帕（Cyndi Lauper）。"我说。

"这是鲍勃·迪伦（Bob Dylan）。"又一首歌播放的时候，黑尔伯格说。

"那个家伙叫什么来着，眼瞎的那个?"加布里尔问。

"哦，雷·查尔斯（Ray Charles）……不，应该是史提夫·汪达（Stevie Wonder）。"黑尔伯格说。我们等着下一首歌。"这首歌是雷·查尔斯唱的。"

加布里尔最后终于和约瑟夫医生约定那天晚上 6 点见面。黑尔伯格穿上黑色西服，戴上黑色领带。加布里尔穿了件金色田径服。太阳还未落山，我们爬到陆地巡洋舰里，朝着朱巴最高的山的方向行驶，一路颠簸，路上坑坑洼洼，满是尘土垃圾。途中经过一个露天市场，还有一片棚屋，刚刚被政府夷为平地，到处是垃圾燃烧后的灰烬。

约瑟夫医生住在难得一见的房子里，不是那种运输集装箱，他家的外面是一堵厚厚的白墙，家里有个佣人。佣人让我们坐在豪华的皮沙发上，给我们每人拿了一罐可乐和一瓶水。头顶的天花板上吊着风扇，无精打采地慢悠悠转着。我们对过还坐着三位苏丹贵客，他们看着宽荧幕电视上播放的尼日利亚肥皂剧。"离开我的妻子。"剧里面的人物喊道。"哪一个妻子?"另一个人物问。

约瑟夫医生还没有回家。我们又坐回到沙发里。黑尔伯格开始不停地说，一是为了避免沉寂，二是为了显示我们的存在。自己满腔热情去拜会想象中的盟友，但他因为太忙而不能接待他，这就让他怀疑自己的农田交易可能会命运多舛，而不只是预想中的成功这一结果，这不符合他喜欢的安·兰德的叙事风格。

他向加布里尔询问他父亲的情况。将军拒绝离开自己的庄园,除非总统同意和他讨论最近的攻击事件。"这是焦虑,"黑尔伯格深表同情地说,"每个人都有,是在人的内心积累起来的。"加布里尔看起来很忧虑。

"你看过电影《老大靠边闪》(Analyze This)吗?"黑尔伯格问。

"靠什么边?"

"不,不,是部电影,是罗伯特·德·尼罗(Robert De Niro)演的一部电影。他是个黑帮老大,后来变得越来越愤怒。于是比利·克里斯托尔(Billy Crystal)对他说,'你知道我发怒的时候怎么办吗?我打枕头。'所以德·尼罗就拿出枪来,开始对着枕头射击。克里斯托尔会问,'感觉好点了?'德·尼罗就说,'是的,我感觉好点了。'你父亲需要感觉好点。我知道他的情况。他真的需要把心里的郁闷焦虑都发泄出来。"

我们等到晚上10点,约瑟夫医生还是没有回来。我们离开的时候,黑尔伯格看起来很沮丧。他问加布里尔:"你确信他还是和我们一伙的吗?"

但是,任何对黑尔伯格自信的打击都是暂时的,都会被他掩藏于无形。第二天早晨,黑尔伯格又回到他以前的自己。如果说他的盟友被丁卡族的人买通了,那么只是进一步证明马蒂普和盖迪特更加需要清除这些异己分子。

一周过去了,我们开车去马蒂普的庄园。我们回来了,我们开车去盖迪特的庄园。我们回来了,我们在宾馆抽水烟袋。我们打电话给餐馆订披萨。我们开车去尼罗河,我们又回来了。在南苏丹独立的关键时刻,对于身在朱巴的外来者来说,听努尔族人说丁卡族人的事以及听丁卡族人说努尔族人的事,等待与人会见,等待土地交易得以实现并从而将草原变成农田,等待阿卜耶伊地区的归属裁决以及主权和其他事情,就像置身在摆着很多镜子的大厅里。黑尔伯格脑子里不是全被南苏丹的事缠绕着,就是什么也没想,只想着他的资本家的理想以及与一些努尔族将军的奇怪友谊。

　　在最后的几天里，加布里尔一天早上消失了。他不到宾馆来，也不接电话。最后，就在晚饭前，他走了进来。"那些家伙在路上跟着我。"他说。他把车停在辅道上，跟着他的一个人斜切过来，挡住了他的退路。那个人拿着枪，来到路上，加布里尔猛跑上去，把他扑倒。第二个跟踪者从后面过来。加布里尔说："我打开车门撞他，他就倒在地上了。"

　　"你对他们说什么了？"我问。

　　"我们什么也没说。"加布里尔说。"我把他们的手机和枪捡起来了。"

　　"应该把他们的卵蛋踢出来。"黑尔伯格说。

　　到了这时候，黑尔伯格已经不再想什么总统、部长签字或什么见面的事了。第二天，当欧洲仲裁法庭宣布对阿卜耶伊地区的归属裁决结果的时候，南方感到还不太坏，没有马上再引发战争；但是也没有感到太好，因此并不是每个人都心满意足。为了应付万一，朱巴市的手机服务被停止了。黑尔伯格百无聊赖，只有看看 CNN 的新闻，等待着那些将军们清扫自己的家园，创建一个能够做生意的国家。他看着加布里尔，说："两年前，我结识你的父亲。那时，他说要烧毁朱巴城。我觉着时机到了，很快就要到了。不会时间很长的。"

　　我们在将军家的院子里又与他坐在了一起，警卫、族人长者和他的妻子们都躲在树荫下，几英尺远的地方有个电视，不停地闪烁着画面。马蒂普将军显得依然那样慵懒，但是他这次说话时是看着黑尔伯格的眼睛的。"他想给你说的是这些。"加布里尔翻译着他父亲说的话，"这儿发生的所有的事，都不好。你得走了。回美国去吧，他会跟你电话联系的。他对政府运作的方式不满意。他要弄清楚到底发生了什么，以及为什么会这样。用不了多长时间，我们就会起来的，将消息放在互联网上，你在美国就会看到的。"

　　"谢谢您。"黑尔伯格说，"我知道您会成功的。我同意，他们这样做事的方式不会长久。历史已经告诉我们，革命是怎么发生的。但是我希望你不久就把我叫回来，我手上会拿着那些土地交易的文件，我们都会笑到最后，都会感到开心。幸运的是，并不是只有我们自己。"他指了指天空，"还有更强大的力量"。

那天夜里，黑尔伯格直接回到自己的集装箱住处，服用了一粒奈奎尔感冒药（NyQuil），就睡了。第二天早上，我们搭乘飞机，返回内罗毕。

飞机窗外的景色和我们来的时候一样，满眼的绿色。黑尔伯格的那 100 万英亩土地就在我们相反的方向，但是和眼前的土壤是相似的，只不过地里的石块少一些。努尔族的人喜欢吹牛，说他们的土地多么肥沃。他们会说，栽下一棵芒果树，六个月后就会长到腰那么高。种下绿色的豆苗，几周的时间它的秧蔓就会爬到腰那么高。不论你种什么，都会长。黑尔伯格耕种下第一粒种子前，可能还有更多的战争。他还得等待，也能等待。对粮食的需求是刚性的。

他问我："军事力量和政治力量，你认为哪个在非洲更重要？"他在座位上坐着，汗都出来了，穿着一件淡蓝色的鳄鱼牌衬衫，上面有个鳄鱼的图案，刚才还一直听着 iPod 上播放的赶时髦（Depeche Mode）乐队的经典曲目《个人的耶稣》（*Personal Jesus*）。

我说："军事力量更重要。"他点点头，还告诉我："人们都说这将是北方与南方的对抗，照我说，这就是场大混战，将要混战一个星期左右，将是一场集体大疯狂。朱巴被战火夷为平地，喀土穆被战火夷为平地。然后我们再看看谁还在站立着。那些依旧站立的人会组建一个新的政府。一段时间的骚乱并不是个坏事，它会释放紧张的压力，任何人都不能逃避物理规律。"

就像格陵兰一样，南苏丹将很快进行全面公投，而且结果没有悬念，因为 99.57% 的人以压倒的优势赞成独立。在随后的几个月里，北方的军队占领了阿卜耶伊地区，烧毁了土库儿房子和医院，将数千名平民赶出家门，并在附近的努巴山区（Nuba Mountains）进行了残酷的轰炸。外人不大注意的是，在苏丹的联合省，彼特·盖迪特在公投过后发动了叛乱，和羽翼未丰的南苏丹政府进行决战，战场正是黑尔伯格日后可能种植粮食的农田。那里是一片混乱。

黑尔伯格在飞机上告诉我："我对你毫不隐瞒的原因是，让你看看我不是个坏人。我是有着宏大抱负的，同时还想挣点小钱。"他又把耳机戴上，说："你知道我给了他们什么？我给了他们希望。"

绿色的墙，黑色的墙：
非洲不让撒哈拉沙漠靠近，欧洲不让非洲靠近

达喀尔（Dakar）城外的干线公路是一条柏油路，连接着塞内加尔拥挤的首都和空旷的萨赫勒（Sahel）。夏天，这条马路显得尘土飞扬，交通不堪，堵塞道路的不仅有车辆，还有行人。年轻的男子逆着人流和车流，叫卖着花生、可充气飞机、方向盘套、东方的传统扇子、电话卡和包得紧紧的苹果。其他人站在公路的边道上，搭了个临时售卖亭，出售法文版的快艇骰子（Yahtzee）和大富翁（Monopoly）游戏、酋长和阿訇的招贴画、用塑料袋装的饮用水等。这条公路一直通向沙漠，但是塞内加尔的年轻人都在尽力地往相反的方向走。在这条路上，如果一天卖得好，他们还能挣够吃大米的钱。大米是他们的主食，现在的价格是六个月前的两倍。如果一年卖得好，或者两年，也或许五年，可能攒够足够的钱，给蛇头，把他们偷渡到欧洲。每一两分钟，就有一拨小贩靠近我们的吉普车，带着期望的眼神晃动着他们的商品。这次接待我的人是帕佩·萨尔（Pape Sarr）上校，他个子瘦削，除了对这些小贩，对一切都报以微笑，但是他面无表情，神色坚定地看着前面远方的薄雾。

我正在穿越非洲的腹部，这个国家是塞内加尔（Senegal），是非洲

人均粮食进口最多的国家，四分之三的主粮靠从外国进口，每人每年要进口 150 磅大米。它距离黑尔伯格在苏丹洽谈的土地有 3 000 英里，位于其西侧。即便如此，塞内加尔也是国外农田购买者的目标之一。印度不久就要宣布其与塞内加尔农业部达成的 37 万英亩农田的协议，沙特阿拉伯的企业富拉斯国际（Foras International）将宣布拥有 12 万英亩的稻田，这些土地位于肥沃的塞纳加尔河的河谷，它们仅是一个规划面积为 50 万英亩大农场的一部分。萨赫勒是非洲湿润热带和撒哈拉沙漠之间的干旱地带，沙漠不断地侵蚀。但是，吸引我和帕佩·萨尔到萨赫勒来的不是什么农田项目，而是其他东西，被人称为绿色长城（Great Green Wall），是非洲自己对气候变化所做出的反应。这个绿色长城，计划用树林砌成，长 4 700 英里，宽 10 英里，主要目的是抵挡撒哈拉大沙漠，不让它靠近。建成以后，这个长城将穿越 11 个国家，从大西洋到阿拉伯海，从非洲西部的塞内加尔到东部的吉布提（Djibouti）。帕佩是塞内加尔水务与森林局的官员，是这个绿色长城项目的负责人之一。我们这次开车来，就是要看看他手下的人是如何将第一批小树苗栽到地里去的。

绿色长城项目是尼日利亚在 2005 年提议的，尼日利亚的官员在建议中说，沙漠化每年吞噬 90 万英亩的土地，这一项目在 2007 年被非洲联盟（African Union，AU）正式批准。但是截至目前，除了塞内加尔有所行动外，这个项目还只是停留在文件上。在哥本哈根气候大会的新闻发布会上，塞内加尔总统说，他的国家就像"年迈的希腊哲学家"第欧根尼（Diogenes），通过自己站立起来和走路的方式，"向你提出建议，请你来证明运动的存在"。塞内加尔不会等待非洲联盟的研究结果或联合国的批准，也不会等待世界银行的资金，而是要自己行动起来，组织植树，证明建设绿色长城的可行性，同时也希望有关的经费能够到位。塞内加尔政府将建设绿色长城看作是关系国家生存的大事。塞内加尔农业部长说："我们不会让沙漠向我们蔓延，我们要挺起身来，与沙漠作战。"

为了认识沙漠的侵蚀情况，一个简单的方式是把它看作是一支缓慢移动的部队，抵挡其锋锐的是另一个很容易想象的前线，这就是树林，可以对沙漠前线形成最有力的阻击。但是，全世界正在慢慢退化的干旱地区大约有 100 亿英亩，不仅非洲西部有，西班牙、中国、澳大利亚、墨西哥、智利以及其他将近 60 个受气候变化威胁的国家都有，沙漠化已经成为一个越来越棘手的问题了。温蒂·坎贝尔-普迪（Wendy Campbell-Purdie）是英国人，是最早探索通过大规模植树来抵御撒哈拉沙漠扩张的人之一，在 1967 年出版的《抵御沙漠的女人》（*Woman Against the Desert*）书中，她写道："撒哈拉沙漠就像麻风病一样蔓延，先是这儿一小块，然后是那儿一小块，不经意间，整个地区突然之间就被感染了。"

多数科学家认为，采用绿色树林来抵御这么大的沙漠化威胁，基本上是不可行的。但是，作为一种象征符号，绿色长城还是很有感召力的。它象征着面临气候变暖世界上开始采取的保护性措施，象征着非洲特别孤独无助的状态，象征着富裕的、温室气体排放多的国家拿出那么多的钱来应对全球变暖对它们的影响以及拿出那么少的钱来帮助更为贫困的国家。在我看来，这个绿色长城代表着人类应对气候变化向第三个阶段的转变，这就是用工程化的方式来营造避难所，因为仅仅讨论所谓机遇显得特别空洞，我们已经开始构筑我们的防御体系了。对于发展中国家，特别是多数农业国家来说，这意味着防御大自然往不好的方面演进，因为农业国家与大自然的关系更为密切。对于富裕国家来说，这意味着同样的事情，同时还有更多的意义，这就是防御环境、气候移民和其他连带问题。

我们开着帕佩的车往东去，然后向北拐，土地变得越来越黄，路上行驶的车辆也越来越少。我们在路上开始看见一些广告牌，上面宣传着塞内加尔总统倡导的其他有影响的项目，比如 GOANA 计划，这个计划是在粮食危机期间发生的街头示威抗议以后宣布实施的，目的是到 2015 年将国内大米产量增长五倍。再比如 REVA 计划，也就是"回到农业"（Return to Agriculture）计划，是在 GOANA 计划之前实施的，曾引起很大争议。REVA 计划大部分是西班牙资助的，因为西班牙 2006 年发现，在加那利群岛(Canary Islands)，来自塞内加尔的三万多名船夫蜂拥而至。REVA 计划的目的是将那些失业的年轻人变成农业工人，而不是让他们成为非法移民。根据与塞内加尔政府达成的协议，西班牙用飞机将偷渡过去的塞内加尔人运回来，并对他们进行项目示范。西班牙愿意给这些世故练达的年轻人提供 100 公顷的土地和种子，希望他们自食其力，成为农民。但是，这些人认为自己的政府与西班牙串通一气，迫使他们回国，感到很愤怒，于是就组成了全国被遣返人员联合会(National Association of Repatriated People)。绿色长城项目正是在这个以及其他以创造就业为目标的计划的大背景下实施的，特别是这个项目还可能会得到国际上的支持。2009 年，欧盟和非洲联盟联合开展了一项研究，认为："如果现在不行动起来，那么会导致很多农民成为环境移民，极有可能会向北移民，带来系列问题。"不管怎么说，绿色长城项目都是整个计划的一部分，阻止非洲人进入欧洲。

图巴(Touba)是萨赫勒地区一个新兴城市，是由塞内加尔最著名的苏菲神秘主义者创立的。帕佩在图巴停下车，与另一位水务和森林局的官员交换意见。我借机在城市尘土飞扬的街道上闲逛，随处游览街道两旁的宣礼塔和伊斯兰学校，碰到一些小男孩向过往的车辆兜售录像带和 CD。有一个小男孩说："带我去美国吧。"另一个说："我想去欧洲。"

我和帕佩开车继续行驶，穿过军队驻防的城镇林盖尔(Linguère)，进入费尔洛(Ferlo)地区。这个地区是热带稀树大草原的延伸地带，平淡无奇，得名于一条久已干涸的河流。富拉尼(Fulani)游牧民族在这里安营扎寨，鹦鹉在稀疏的树丛和黄色的草丛里轻快地飞动。乡村公路已经变成了一条土路，土路已经变成了有着两条模糊车辙的小道，我们的吉普车就像马一样颠簸前行。黄昏时刻，我们看到红色的土地上有着一排排的沟渠，有的还点缀着暗淡的一簇簇的绿色。帕佩转过身来，对我骄傲地说："这儿就是绿色长城。"那里的树有 8 英寸高。

　　从地图上看,塞内加尔与西班牙大陆的距离和到巴西的距离差不多远。对于撒哈拉以南地区的非洲人来说,如果是要去欧洲,塞内加尔显然不是很好的出发点,即便是去摩洛哥西边的位于大西洋中的加那利群岛,也是这样。但是,现在的 GPS 技术已经使每一个人都成了航海家,而且从加那利群岛去往西班牙其他地方的航班没有边防检查。而看起来容易的路线已经多次被封闭了,比如,先穿过新筑的边界高墙进入摩洛哥,进入西班牙的飞地休达(Ceuta)和梅利利亚(Melilla),然后再通过重兵把守的直布罗陀海峡,最后穿越地中海抵达欧洲。我到达塞内加尔之前的几个月里,每天都有移民从姆布尔(M'bour)以及相邻渔村的海滩出发,每个人支付将近 1 000 美元,船只就会把他们带到将近 1 000 英里外的欧洲最南端。所乘的船只就是渔民的独木舟,漆着鲜艳的颜色,装配着两个发动机、两个 GPS 系统,上面可乘坐几十个年轻人。这些年轻偷渡者的口号是法语和当地沃洛夫语混搭而成的,是"巴塞罗那或者死亡"。有些独木舟在海上暴风雨中翻船了,有些就是失踪了。如果驾船的人迷路,一周的渡海有时就需要两周的时间,船上的人就会缺少食物和淡水。在最高峰时期的 2006 年,跨海途中死了好几千人,根据西班牙的估计,有 6 000 人死亡。也就是说,每六个偷渡者中就有一个人没有抵达巴塞罗那,而是到了死亡的地狱。

　　在姆布尔这样的城镇,有很多闲置的渔船,因为塞内加尔的渔业资源正在枯竭,枯竭的主要原因是,至少从 1979 年开始,法国、西班牙、日本和其他国家的大型拖网渔船一直在非洲西北海岸捕鱼作业。1979 年,欧盟与塞内加尔磋商洽谈了第一个捕鱼协议。在此后的 20 年里,塞内加尔又与欧盟签署了 17 个不同的协定,最近签署的一个协议的时间恰好与欧盟发表研究报告的时间在同一个星期。欧盟的这个研究报告发现,塞内加尔水域重要鱼类的渔业资源已经减少了 75％。售价高的金枪鱼鱼群没有了,鲨鱼鱼群没有了,水里还游动的只有小的青鱼,岸上是失业的渔民,这些渔民发现新的挣钱行当是帮人偷渡。2009 年,东安格利亚大学(University of East Anglia)对气候变化和海洋变暖对渔业经济的影响进行了研究,发现了更为严重的问题，在被调查的受影响的 132 个国家中，塞内加尔排名第五，适应气候变化的能力非常脆弱。

这些逃亡欧洲的人是否被当作世界上第一批气候难民，目前是仁者见仁，智者见智。如果说是不断迫近的沙漠和不断枯竭的海洋将他们从自己的国家里推了出来，那么城市和遥远国度电气化生活、就业和教育的前景也拉了他们一把。不过，塞内加尔最大的人口流动在国内，从农村到城市，从茅草屋到贫民窟，这一趋势正如新千年地球其他地方发生的情况，是一致的。在人类历史上，城市里生活的人口数量第一次超过了农村。塞内加尔移民很少是从萨赫勒直接乘独木舟离开的，更为少见的是他们把自己偷渡移民的动机归咎于单一的气候变化。但是，总起来看，有很多因素，这些因素正是欧洲所担心的。IPCC 警告说，非洲气候变暖的速度要比世界其他地方快 1.5 倍，而且撒哈拉西部地区将是最热的。西班牙外交官贾维尔·索拉那（Javier Solana）是欧盟对外关系的负责人，也是北约（NATO）前秘书长，他在 2008 年写道："最好是把气候变化看作是一个威胁放大器，它加速了现有的态势、竞争和不稳定。到 2020 年，会有数百万的'环境'移民，导致这一现象的主要推动力之一就是气候变化……欧洲必须认识到越来越大的移民压力。"

不管怎样看，今天的乘船偷渡者都可以看作是未来要发生什么的某种暗示。不管哥本哈根大会和其他气候峰会作出了怎样的减排努力，欧洲大陆的反应仍然可以看作是未来要发生什么的某种暗示。用大赦国际（Amnesty International）的话说就是，这个大陆正在构筑一个"欧洲堡垒"；用记者克里斯·帕伦帝（Christian Parenti）的话说就是，这个大陆正在构建一艘"全副武装的生命之舟"。

塞内加尔是非洲建造绿色长城的试验场，也是欧洲建造虚拟城墙将非洲人拒之墙外的试验场。欧洲的做法不像我在美墨边界全美洲大运河附近看到的新篱笆那样明目张胆，也不像印度环绕逐渐下沉的孟加拉国搭建 2 100 英里长的篱笆和以色列 2010 年宣布构筑双层篱笆将撒哈拉以南地区的非洲人阻隔在西奈半岛那样肆无忌惮。根据普林斯顿大学最近的一项研究，到 2080 年，气候变化对农业的影响将导致墨西哥 10％ 的成年劳动力出走。但是，欧洲的防御措施是综合性的。我去塞内加尔的时候，西班牙和意大利的巡逻艇已经开始对塞内加尔的海岸进行巡逻，巡逻艇上佩戴着 2005 年新组建的泛欧洲边境管理署（Frontex）的图案。欧洲的飞机和直升机在空中进行侦察。很快，欧洲和非洲就会通过卫星将各地的移民控制中心连接起来，从而追踪乘船偷渡人员。欧洲大陆还会通过建设欧洲边防侦察系统（European Border Surveillance System）而变得更加安全，这一系统非常复杂，包括红外相机、地面雷达、传感器和无人机等。欧洲议会（European Parliament）将通过一项备受争议的遣返指令（Return Directive），这是一种常见的驱逐政策，可以在没有指控的情况下对非法移民羁押 18 个月，然后再将其遣返回国。

相对来说，西班牙对移民较为宽容，但也在使用胡萝卜加大棒的政策。在四年时间里，西班牙实施了聚焦移民的非洲计划，在西非新增设了六个领事馆，援外开发经费增长了七倍。自从弗朗西斯科·佛朗哥（Francisco Franco）独裁统治以来，西班牙曾出现经济衰退，失业率出现历史最高水平。在此以前，西班牙就已经对外来工人实行了配额制度。如果他们是合法地来到西班牙的，那么这些逃避本国粮食高价和贫瘠海域的外来工人可以在大企业或依然繁荣的渔业获得一年的短期工作。有些塞内加尔人与安讯能公司（Acciona）签署了用工合同。安讯能公司是世界上最大的海水淡化厂建造企业之一，西班牙在海水淡化厂建设方面的速度令人惊讶，其狂热程度只有以色列与澳大利亚可以比肩。西班牙这样做的目的正是为了应对本国的干旱和沙漠化。

西班牙每年花费数百万欧元的经费，吸引北欧游客到西班牙的海滩度假。在加那利群岛危机最严重的时候，西班牙在塞内加尔也发起了一场阻止非法移民的战役，在跨国广告公司奥美集团（Ogilvy）的帮助下，将达喀尔市的公交车喷涂上失事船只的图案，在新闻广播里警告非法偷渡的危险。在一个电视广告中，塞内加尔传奇歌星尤索·恩多（Youssou N'Dour）独自一人坐在独木舟上，背后是波涛汹涌的海浪。"你已经知道这会有什么后果了，"他用沃洛夫语说，"别再用生命冒险了，什么也得不到。你是非洲的未来。"

在费尔洛地区，绿色长城的植树行动是在一家前德国研究站的指导下进行的，这家研究站位于卫斗谢格里（Widou Thiengoly）村，村子里全是泥房子和篱笆，篱笆外面糊着红泥。村里有个足球场，脏兮兮的，附近就是村子的公用水井，是法国人在 20 世纪 40 年代打的。牧民赶着驴车来拉水，花几个小时用塑料管或废旧卡车内胎卷成的管子把水箱装满。绿色长城科学委员会负责筛选树木的品种，有数万棵阿拉伯胶树、沙苦枣、枣树的树苗，并建了个临时苗圃。苗圃的后面有个房子，共三间，我和帕佩以及其他项目官员就住在那里。房子里有长沙发，有嗡嗡飞的苍蝇，有老掉牙的电扇，屋角里还堆着很多德语低俗小说，有《不眠之夜》（*Unruhige Nächt*）、《寻找一名重要的人》（*Suche impotenten Mann fürs Leben*）等。我们就在这儿吃饭，塞内加尔水务和森林局的人员一边讨论着植树的最佳地点，一边用手从一个大盘子里抓着东西吃。吃过饭，我们把灯关了，以便有足够的电力来带动卫斗村唯一的电视机。电视屏幕吸引了几十名村民和数百只飞蛾，在非洲的天空下，我们看到了法语版的杰克·鲍尔（Jack Bauer）在洛杉矶大战中东恐怖分子。

第一天早晨，塞内加尔水务和森林局的官员吃着面包，喝着咖啡，讨论着降水事宜。在萨赫勒的这一区域，所谓的雨季仅是夏天持续几个星期，因此选择好植树时机就非常重要。如果树苗能够在最后一场雨前栽下去，那么就可能成活；否则，就几乎一定会死亡。帕佩 48 岁了，出生于塞内加尔独立前两个月，他就新的植树方法提出自己的想法。"想想吧，"他说，"想一想！"他继续用沃洛夫语阐述自己的观点，然后再翻译给我听。"这儿的问题是雨水，雨水不够。"他郑重地说。有位高个子的队长点头同意："你说得太对了。"外面，有辆卡车大声地响了几声喇叭，我去苗圃，看到一二十个工人爬上去，卡车猛地往前一冲，那些人就尖叫起来。不远的地方，另一伙工人排成一队向另一辆卡车上装树苗，小心翼翼地慢慢往前传，从这只手到那只手，直到车厢装满了。这辆卡车紧随第一辆，发出轰隆隆的响声，扬起一片尘土。

满是灰尘的道路从卫斗村辐射开来，就像车轮的辐条。塞内加尔水务和森林局的官员分散下去视察，我和帕佩跟随其中一名往东南方向走，很快眼前就只有青草和猴面包树。半个小时后，我们经过一片军绿色的帐篷，帕佩说，那是林务官员的住处。不久，我们就穿过绿色长城的一排排平行的沟，一直延伸到远方眼睛看不到的地方。塞内加尔水务和森林局的植树队员有 100 人左右，都是年轻人，穿着军绿色的衣服，手里拿着弯刀，正在等着下一辆拉水的卡车。不同的城墙段有不同的人负责植树，有些来自塞内加尔水务和森林局，有些来自当地村民，有些来自森林联盟的成员，有些来自青年部招募的大学生。帕佩喜欢在他们中间进行友好的比赛，内容是看谁植的树多，谁植的面积大。他很自然地相信，他的队伍速度是最快的。

这是个新的地块，拖拉机刚刚挖好了沟，工人们让我们栽下第一棵树，一个人递给我小树苗，并用他的弯刀打开包在底部的塑料袋。我把树苗从塑料袋里拿出来，放在树坑里，然后培上几英寸深的肥沃的、湿润的土壤，这就是帮助树根抵御干裂的、沙化的萨赫勒的全部措施了。离我七步远的地方，帕佩种下了第二棵树，然后用水浇了浇。我们驱车离开前，他把手下的人叫到一起，进行训话，要求他们不要怕累。"累吗？"他喊道，"不累！"他手下的人呼应道。"累吗？""不累！""累吗？""不累！""累吗？""不累！"

我很快就了解到，干活的士气很重要，因为钱太少了。帕佩每次需要钱买更多的树苗或修理卡车的时候，他就去央告水务和森林局的局长，局长再去找部长，然后就是等待。"等待，等待，等待。我们不知道他是怎样拿到钱的。"帕佩说。早在 2009 年，欧洲就对这个绿色长城项目提供支持，但是资助的钱只有区区 100 万多一点，仅开展了一项可行性研究。2011 年，联合国全球环境基金（GEF）说，建设绿色长城需要 1.19 亿美元，但是这个组织同时声称，它没有钱给予资助，如果相关的 11 个国家将其他项目的资金挪用过来,那是很受欢迎的。GEF 建议,绿色长城这个名字,应该用来标识宣传萨赫勒的众多发展项目,比如大坝、水井和畜牧业等,而不是用来建造一堵用树排起来的城墙。GEF 负责塞内加尔项目的官员告诉我:"在我心目中,绿色城墙这个项目是不应该有什么植树内容的。"即便是有西方国家的资金被用来挖掘帕佩的沟堑,欧盟花在其周围的那堵虚拟城墙上的资金将比花在撒哈拉周围的绿色城墙上的钱,至少多十倍。

截至目前,塞内加尔绿色城墙获得的国际支持主要是来自日本的一家叫作崇教真光(Sukyou Marikari)的精神团体。在日本,崇教真光的寺庙大殿简直就是建筑上的奇迹,有五个光塔,顶端有五枚大卫王之星,围着一个大而幽深的殿堂,有着一个日本传统的屋顶,大殿的里面有一个养着鲤鱼的水池和一面水墙,水从玛雅神的头上涌出来。在费尔洛地区,这个精神团体的教徒住在稀树大草原上的绿色军营里,距离卫斗村有 45 分钟的路程。他们在不植树的时候就点燃巨大的篝火,举行宗教活动,绕着营地行走,吟咏经文。

一天下午,吉普车里的一位水务和森林局的上尉问:"你听说过他们吗?"我曾查阅过他们的资料,所以说:"他们相信光能量的救赎力量。"这位上尉点点头,他出了一身汗,眼睛里充着血丝,很有可能是患了疟疾。"邪教,"他说,"他们就知道祈祷、祷告、念经。"

我们旁边还有一位水务和森林局的文职官员,他叫马拉(Mara),积极推动猫科动物的保护。他说他的工作是进一步提升项目水平,到处考察调研水务和森林局的各类项目,记录进展情况,并询问复杂的哲学问题。他一直盯着窗户外面绿色长城那空荡荡的沟堑,说:"有点信仰是很好的,可以帮助你做事情。"

欧洲议会的移民专家告诉我,如果泛欧洲边境管理署的人员拦截塞内加尔海岸附近的平底独木舟,就会不可避免地发生冲突,有时还会很激烈。那些偷渡者才刚刚启程,他们希望继续追逐他们的梦想。"他们可能会很凶猛,"他说,"有的时候,甚至会扔过来大砍刀。但是,如果我们是在远海的地方接近他们，他们往往就不会有任何抵抗，因为他们在海上颠簸很长时间了，已经是疲惫不堪了。"他又扬了扬头，说："这很有趣。"

西蒙·巴萨迪尔(Simon Busuttil)身子纤弱，说话轻声细语，长着一张年轻的脸，胡须刮得很干净，但是头发已经灰白。他是马耳他人，是马耳他派驻欧洲的高级代表。马耳他是当时欧盟的最新成员，当然也是国土最小的成员，面积只有 122 平方英里，是个岛国。我是在布鲁塞尔他的议会办公室里与他认识的。我在费尔洛地区的时候，他也在塞内加尔，乘着泛欧洲边境管理署的船只，与部长等高级官员磋商，目的是看看西班牙与塞内加尔的合作方式是否能成为整个欧洲的示范样板。穆阿迈尔·卡扎菲(Moammar Gadhafi)被推翻以前，巴萨迪尔也抱着同样的目的去了趟利比亚。阿拉伯之春以后，难民浪潮跨过地中海，他还率代表团访问突尼斯。"其实，去年 9 月的时候，我就在美国首都华盛顿，"他说，"美国海岸警卫队给我的介绍非常有意思。在多米尼加共和国和波多黎各之间，移民偷渡数量已经从每年 4 000 人减少到 1 000 人。他们用的是生物计量设备。我们得学学这个办法。"

巴萨迪尔接着说："对于欧盟来说，寻找到愿意合作的国家并不容易。所以，从这个方面来说，塞内加尔愿意合作，就是上帝赐予我们的。"但是，从马耳他方面看，西班牙主导的对塞内加尔偷渡者的镇压也埋下了祸根。由于去往加那利群岛的大西洋通道被阻断，非洲移民的路线正在发生改变，他们先是乘卡车或者是步行，穿越撒哈拉大沙漠，从马里到尼日尔再到利比亚。蛇头将他们装在漆着单一色调的木船里，乘着夜色将他们从地中海运过去，船体是黑色的，甲板是黑色的，船舷也是黑色的。2008 年，西班牙对偷渡者的镇压开始后，加那利群岛的偷渡者下降了 70%，而在那一年的兰佩杜萨岛(Lampedusa)，偷渡者的数量猛增了 75%，有 3.1 万多名偷渡者来到这个岛上，几乎与加那利群岛偷渡顶峰时期的人数相等。兰佩杜萨岛属于意大利，在地中海的中部，靠近马耳他，2013 年还作为东道主接待了教皇方济各

(Pope Francis)的首次离开罗马的正式出访。"如果你关上一扇门,人们就会从窗户里出去,"巴萨迪尔说,"这就是人性。"

关于地中海里偷渡者死亡的数据是不完整的,因为上报溺死偷渡者的程序非常烦琐,所以渔民在他们的渔网里发现尸体后,有时会再扔到水里。不过,据说在横渡地中海时,每 25 个偷渡者中就有一人丢掉性命。马耳他的命运之差仅次于那些偷渡者,因为非洲偷渡者的目的地是兰佩杜萨岛,期望从那里被抓住以后被最终遣送到意大利本土大陆,但由于走错路,他们就到了相邻的马耳他。不过,从另一方面来说,马耳他根本不是通往欧洲其他地方的通行证。通常情况下,非法移民是阴差阳错来到马耳他的,登陆以后就会被马耳他送入监狱监禁18 个月。释放以后,这些非法移民无处可去,因为马耳他太小了,而且人口密度大。它是世界上人口密度排名第八的国家,仅次于孟加拉国。与偷渡到兰佩杜萨岛的非洲人相比,到马耳他的偷渡者要少得多,2008 年只有 2 700 人,但是,按照马耳他人的计算方式,这就等于每平方英里又增加了 22 个人。对此,马耳他的民族主义者很是愤怒。因为,根据现行的欧盟法律,非法移民首先登陆的国家要对其负责。即便是那些偷渡者逃到另一个国家,但是被抓住后还会被遣返到马耳他。

"所有证据都显示,那些偷渡者并不想到我的国家来,"巴萨迪尔强调说,"他们要去的地方是兰佩杜萨岛。那些逃过我们边防、到达我们国家的非法移民认为,他们是到了意大利了。当他们看到国旗并意识到走错地方以后,简直就惊呆了。"在布鲁塞尔的欧洲议会里,巴萨迪尔徒劳无益地推动着所谓的"风险共担",也就是说,与非洲最靠近的西班牙、意大利、马耳他和希腊等国家是在为整个欧洲守卫边疆,防止非洲人非法移民,希望这一点得到欧盟的认可。欧洲大陆更富裕的国家,也是纬度更高的国家,排放的温室气体多,攫取的财富也多,但是对于泛欧洲边境管理署却几乎没有提供什么巡航船只或飞机,安置的非洲避难人数相对也少。所以,他认为,从这个角度看,马耳他自己就是受害者。这就是个权力游戏,北欧欺负南欧,南欧的国家相互之间进行争斗，还团结起来共同对付北非或与北非合作。大国家踩着小国家，小国家踩着更小的国家。非法移民处于最底层，在这儿，也体现着弱肉强食的法则。

如果在马耳他和意大利之间发现游动的偷渡船只，两个国家有时会争论由谁负责处理。2007 年，有 27 名非洲非法移民被留在一个金枪鱼网里，因为马耳他籍的船长拒绝将他们带上岸，无奈之下，才被意大利海军救上来。后来，意大利完全退出了泛欧洲边境管理署，与卡扎菲悄悄地达成了幕后交易。"面对涌入的饥饿又无知的非洲人，欧洲的白人和基督徒会有什么反应？"利比亚的独裁者在对意大利进行国事访问时的新闻发布会上这样说，"我们不知道欧洲是否将继续成为发达和团结的大陆，也不知道是否会被野蛮的入侵所摧毁？"卡扎菲提出每年 50 亿美元的要价，阻止偷渡船只离开利比亚。2009 年，意大利和利比亚签署《友好、伙伴与合作条约》（*Treaty on Friendship*，*Partnership*，*and Cooperation*），同意每年支付 2.5 亿欧元，连续支持 25 年，用于合作建设基础设施、开采石油和解决移民问题等。有传言说，在利比亚沙漠中，建立了巨大的隔离营，非法移民的路线看起来是进一步往东转移了。希腊与土耳其的边界成为泛欧洲边境管理署的下一个关注热点。

巴萨迪尔告诉我，马耳他对于新来的非法移民进行 18 个月的监禁，这是不得已而为之的。他说："不是因为我们对于其他兄弟民族残忍，而是因为这是我们唯一的制裁措施了。这看起来是很残酷，但是如果您知道我们国家的背景情况……"

在马耳他以北，欧洲各地陆续建起了很多非法移民隔离中心，有 200 多个，位于 20 多个国家，有法国依托以前的犹太人拘留所而建的，有希腊依托废弃的烟草工厂而建的，有奥地利依托腾空的飞机库而建的。这些隔离所可以容纳 4 万名非法移民。在英国，大部分监狱是由私营承包商经营的，比如赛科集团（Serco Group）、MITIE 集团（MITIE Group）以及 G4S 公司。G4S 公司是世界上员工第二多的企业，职工人数仅次于沃尔玛（Walmart），在 2012 年伦敦奥运会期间曾发生安保丑闻，没有完成奥运会的安保工作。其保安素质低下，致使英国军方来替代那些保安。这些私营承包商也开展非法移民遣返业务，乘坐经济舱将戴着镣铐的尼日利亚人、安哥拉人或孟加拉人遣送回国。除了欧盟，G4S公司还经营管理澳大利亚的难民收容所，但是后来也发生了丑闻，这次涉及的是儿童，孩子们把嘴缝上，进行绝食抗议。在美国，监狱市场的霸主是美国劳改公司（Corrections Corporation Of America），其游说人员促进亚利桑那州在2010年提出了移民法案，引起广泛争议，很明显是因为对自己有利，但是触及了底线。道理很简单，如果根据新的法律，逮捕的移民越多，对于美国劳改公司监狱的需求就越大。

告别巴萨迪尔，我驱车驶过边境线，进入荷兰，意识到气候变化只会扩大这个难民市场。荷兰的一部分国土位于海平面以下，也在为应对移民潮进行着准备，就像应对因为海平面上升而涌来的洪峰一样。在阿姆斯特丹以北的赞丹市（Zaandam），船坞和货栈之间新建了一个监狱，可以容纳544人。这个监狱有两排现代建筑，漆成灰色，周围是蛇腹形铁丝网，不是建在陆地上，而是建在水面上，是可以浮动的。我沿着监狱外面的篱笆步行，拍了几张照片，水浪不断地冲击着囚室，这时，不知什么原因，有个警卫赶我走，喊叫着，很是愤怒，说着带有荷兰口音的德语。

在费尔洛地区的时候，我一直希望能找到一名翻译。一天，我和帕佩、马拉从绿色长城项目那儿回到研究站，发现翻译已经来了。他叫马古耶·蒙衮（Magueye Mungun），20岁，是个乡村男孩，身着嘻哈风格的服饰，头上的白色棒球帽歪戴着，牛仔服肥肥大大，鞋子很昂贵。他的家有40英里远，要穿过平原向南走。他告诉我，在他的家乡，都是老人，他感到很孤单。他所有的朋友早就离开了，有的去了达喀尔，有的去了其他城市，有的去了欧洲。他的母亲在毛里塔尼亚（Mauritania），他的哥哥在纽约。"但是，如果每个人都走了，那么还有谁会留在塞内加尔呢？"他问道，"人们在欧洲干着他们在这里从来不干的活。我是不会去打扫厕所的!"马古耶听说了关于绿色长城的传言，也听说政府要种树，从而阻挡撒哈拉沙漠吞噬他的村子和其他村子。对此，他自有自己的看法，他觉得那样做很愚蠢。

"他们根本完成不了，"他嘀咕道，"因为没有水。栽下的树，需要人浇水，但是很快这儿就不会有一个人，树就会死掉。部长们就会把钱都吞掉了。"帕佩懒散地坐在旁边的椅子上，接着马古耶的话，打趣道："我要是部长，也得那么做。"

"不，不，我们必须树立一个榜样，"其中一个官员说，"我们应该把建设绿色长城的钱要过来，直接给这儿的人吧。还是别谈绿色长城的事儿。"马古耶不清楚那些水务和森林局的官员是否是取笑他，因此马上就显得有点不得劲，于是就问："植树造长城需要多长时间?"帕佩就计算起来，从这儿穿越非洲到吉布提(Djibouti)将近有 7 000 公里的长度，长城的宽度是 15 公里。所以，需要种植 105 万公顷的树木。这个夏天，他的团队将种植 5 000 公顷。"好吧，完成绿色长城这个工程，需要 25 或 50 年的时间，"帕佩说，"这只是塞内加尔的那一部分。"

马古耶将这些人喋喋不休的、语气和善的争论翻译给我听。马拉担心的是牛会啃食树苗，帕佩说，牛对阿拉伯胶树和沙枣树是不感兴趣的，科学委员会的专家早就想到了这一点。马拉又问，山羊难道不吃吗? 帕佩说，如果有机会，山羊会吃的，但是山羊是不会有机会的。因为山羊是牧民的，雨季结束以后，牧民就离开费尔洛地区了，比水务和森林局的人走得要早。至于当地人，他们是不会砍伐那些绿色长城的树木当柴火烧的，因为阿拉伯胶树活着的时候比死了值钱，它们生产阿拉伯胶，是一种很黏稠的汁液，什么地方都可以用，比如棉花糖、M&M's 巧克力以及鞋油等。为了说明一个观点，帕佩从他的箱子里拿出《生态学词典》(Dictionnaire de l'écologie)，当着马拉的脸面摇晃着，他的箱子是个黑色的皮箱，上面有把象牙锁。他不时地会停下来，查阅破损不堪的塞内加尔森林代码本或者翻阅一个马尼拉纸文件夹，这个文件夹上标有"GMV"几个字母，是绿色长城几个词的缩写，里面有科学委员会的会议记录。有时候，他听起来就像个真正的信徒。

"绿色长城这个工程就像穿越塞内加尔铺设电缆通电一样，"他对马拉说，"1967 年，我们的国家说，'让我们干吧。'于是，在 1968 年，我们就干起来了。"

绿色长城这个名字是从中国的长城借来的。中国的长城 2 000 年来一直是抵御外来侵略的屏障。后来，长城没有能够抵挡住外来的入侵，不是因为工程上的问题，而是因为人性的弱点。在 17 世纪，一个把守边关的将军接受贿赂，让满族大军挥师而过，越过长城。拿最近的事来说，非洲的这个长城也是在中国自己的绿色长城启发下而启动的。中国规划中的绿色长城有 2 800 英里长，主要是阻止沙漠的蔓延和戈壁滩（Gobi Desert）的尘暴，第一批杨树和桉树是在 35 年前栽下的。这个绿色长城现在已经是世界上最大的人造森林了。还有其他人工造林的先例，比如约瑟夫·斯大林（Joseph Stalin）的改造自然伟大规划（Great Plan for the Transformation of Nature），种植了相互连接的防护林林带，穿越西伯利亚南部大草原。美国沙尘暴时期，通过实施大平原防护带工程（Great Plains Shelterbelt Project），美国种植了 2.2 亿棵树，绵延 18 600 英里，从北达科他州一直延伸到得克萨斯州。在澳大利亚，除了 20 世纪初期的 1 号防兔篱笆（Number 1 Rabbit-proof Fence）项目，还有人工植树（MOTT）项目，这个项目是非营利的，从 1979 年开始，已经栽下了 1 100 万棵树苗。1 号防兔篱笆也没有完全防住兔子。正是受到 MOTT 的启示，《抵御沙漠的女人》这本书的作者温蒂·坎贝尔-普迪在 1959 年迁往北非，在摩洛哥撒哈拉沙漠中植树，在树苗长到 12 英尺高的时候，她又搬到阿尔及利亚（Algeria），并在那儿一个 260 英亩的垃圾堆上建造了一个种植园，进而成为一个全国性的项目。这个项目一开始被称作绿色城墙，1978 年更名为北非国家绿色防护带（Green Belt of Northern African Countries）。后来，随着人们兴趣的丧失和时间的流逝，这片地方又变成了撒哈拉沙漠。

即便是在塞内加尔，以前也有过植树造林的先例，只不过是规模小一点，而且是在塞内加尔的西部和南部。"但是，那些项目不是绿色长城，"马拉较真地辩论道，"这个项目才是绿色长城。"马拉和帕佩讨论着为什么这个绿色长城项目重要，我和马古耶在旁边看着，不久，他俩就对着我们看。

"你怎么看？你的哲学是什么？"马拉问马古耶，"人和自然的和谐关系应该是怎样的？"我的翻译坐在院子里的一张椅子上，又往后靠了靠，白色的棒球帽遮住了更多的脸。"你喜欢康德吗？"帕佩问，"笛卡尔呢？"马古耶没有回答。帕佩继续问："什么是精神性？该翻译成什么？"最后，马古耶指着天空。他说："天上有眼睛往下看着我，但是我不能说是谁。"

这些问题很快看起来都是相关的。一天下午，帕佩接到一个情况报告，危机的气氛顿时笼罩在这个研究站上。水务和森林局的专业队伍没有赢得植树友好比赛。信仰光能量的崇教真光教的精神信徒种树速度更快一些。"崇教真光吗？"有人难以置信地问，"崇教真光吗？"帕佩好像是在下决心。"我们必须干快点，"他说，"我们必须是最快的。"

我们几个人挤到一辆吉普车里，去看看崇教真光教团的信徒是怎么干的。他们的营地井然有序，都是军绿色的帐篷，一排排很整齐，围着一个大的亭子，是用蓝色防水油布搭建的，亭子的边上有个厨房。他们每个人都戴着一个白色的并写着自己名字的牌牌。帕佩和其他人都称呼崇教真光教团在塞内加尔的负责人为团长先生，这位团长先生站在猴面包树的树荫下，正在接见两名漂亮的植树志愿者，他的两只手紧握在一起，头微微地、郑重地点着。如果不是日本人的举止，看起来就像是一名非洲人，6英尺高，穿着灰色的运动衣。一名摄像师也佩戴着带有名字的牌牌，正在录像。其他两位负责人，一位是来自图卢兹（Toulouse）的法国男人，一位是来自开普敦的南非女人，正在用日语交谈着。当营地队员集合的时候，来自刚果、法国、塞内加尔、科特迪瓦、几内亚、加蓬、南非和比利时等地的年轻人都用日语大声喊着："嗨！"

在崇教真光教团的植树工地上，卡车将树苗运过来，崇教真光教团用租来的驴车把树苗运送到更远的地方，再由男队员们弯腰背着，送到植树的成员那里。树苗运到的时候，植树队员就喊道："谢谢。"我和帕佩在他们旁边走着，注视着他们高效率的运作模式，在阳光下晒得汗流浃背。有个女士跟在植树队伍的后面，距离几步远。她是个负责人，在每一个新树苗前都停下，张开她的手掌，对着细小的树叶，一边把看不见的光能传递给树苗，一边优雅地点点头。

吉普车开回卫斗村，一路上，大家都默不作声，官员们依旧在震撼之中，那些外国的业余植树队员，甚至是邪教徒，竟然比他们的专业植树队伍做得还要好。但是，几分钟后，天开始下雨了，我们的挡风玻璃暗淡下来，几乎一个雨季的水开始降落在干旱的费尔洛地区的土地上。地面很硬，雨水并没有全部渗透到地里，到处都积满了水坑。伟大的雨水再次成为人们瞩目的焦点。帕佩用英语喊道："下雨了！"然后就对着天空微笑。

我到达马耳他的时候，那里正举行嘉年华狂欢，这个岛国的国民都涌到都市的大街上，在大斋节到来之前尽情地游行、喝酒。马耳他的首都是瓦莱塔（Valletta），有着城墙。五彩的纸屑洒落在鹅卵石街道上，五颜六色的花车摇晃着走过巴洛克建筑。两边是跳舞的队伍，花车有的是卡通红心形状，有的是巨大的白马，有的是纸板的国王，有的很明显是章鱼和自由女神的混搭。跳舞的人带着漆成各种颜色的面具，扎着天使的翅膀，色彩和花车一样鲜艳，有些妇女把她们的脸涂抹成纯白色。在主要的游行大街上，除了一家电器店，所有的商店都关张了。我在附近第一次看到了非洲人，他们站在阴影里，紧紧抓住他们刚买的电热炉和手机充电器，等着狂欢的队伍通过。

在欧洲以外，马耳他最为知名的是它的骑士，这是一个天主教骑士团，大约是在第一次十字军东征的时候在耶路撒冷创建的，后来移防到这儿，并在1565年击退了奥斯曼帝国三个月的围攻。六年以后，马耳他的强大舰队成为神圣同盟（Holy League）的骨干力量，在勒班陀海战（Battle of Lepanto）摧毁了奥斯曼的海军。马耳他的骑士团胜利以前，地中海属于伊斯兰世界，马耳他的骑士团胜利以后，地中海就属于天主教和基督教世界了。现在，小小的马耳他依然管理着地中海的一个搜救区域，区域面积远远大于其应承担的比例。这从某些方面也解释了为什么马耳他的军方阻截了那么多的非法移民船只，而很多船上的偷渡者竟然都是穆斯林。现在，这个骑士团的总部设在罗马，马耳他对于这支骑兵只有主权，没有领土权。马耳他坚守传统，民族单一，依然信奉天主教，作为一个岛国，其人口密度几乎和新加坡一样。

马耳他每平方英里有人口3 360人，大约每50平方英尺就有一个人。当我在周日出行迷路的时候，这样的人口密度给了我深刻的印象。我行驶在更加狭窄的乡间公路上，虽然迷失了方向，但是一直都能看到人，有远足的，有农夫，还有其他的汽车。最后，我来到了机场附近。太阳正在落山，在每一个空地儿，在所有的路边，只要能容得下一辆菲亚特车，都被人停上了车。路上的车辆紧紧地挨着，排起了长龙，但是，车门大多是关着的，车窗倒是大多摇起来的。没有人说话，也不相互对视，只是有些人吃着快餐。多数人往前方远处望着，享受着或者努力享受着这独属自己的时光。

马耳他岛国上来的非洲人也大多住在机场附近，不过是待在监狱和营地帐篷里。一天早晨，我又回到那儿，采访马耳他武装力量（AFM）的海陆空指挥官伊曼纽尔·马利亚（Emanuel Mallia）中校。他看起来比我想象的年轻，头发乌黑，自然后卷，不过有点脱发，呈V字形。他戴着角质架的眼镜，显得很有书生气，坐在一张木桌旁，正在从一个银色宏碁电脑屏幕上查阅数据。现在还只是2月，但是已经有530名非法移民了，是乘四艘船来的，都是大船。前一年来了2 775名偷渡者，是乘84只船来的，都是小船。多数情况下，这些船只在登陆前都会被发现。"船只到这儿来，而且不被发现，这根本是不可能的，"马利亚中校说，"如果你认为可以悄悄地来马耳他，那就好好再想一想。"一般来说，这些偷渡船只会被马耳他军方拖走。马耳他武装力量有1 700人，海上活动预算将近1 000万美元，除了国防、总统警卫和机场安全等职责外，边防现在已经成为其主要的任务了，拦截偷渡船只、管理非法移民占其工作的 80％。马耳他的军方每次拦截偷渡船只，都少不了费口舌。"如果他们说要继续往前走，那么就继续往前走，"马利亚中校说，"如果他们说，'我们迷路了，不知道怎么走'，我们就向他们提供他们所需要的信息。如果碰到恶劣天气，他们就希望得到救援，但是如果天气不坏，他们就很挑剔。所以说，如果他们不希望得到我们的救援，我们就给他们提供救生衣。他们有很多救生衣，不过这和我们没有半毛钱关系。"这些救生衣是否会帮助偷渡者继续乘着摇摇晃晃的小船去意大利，中校根本不去想。"以夏天地中海的水温来说，如果落水，可以在水里生存几个小时，"他告诉我，"不会超过十个小时。如果你身体苗条、瘦弱，那么可能第一个死亡的就是你。但是，如果你很胖……"他停顿了一下，接着说，"实际上，我们还没有看到过肥胖的偷渡者。"

在到达马耳他的偷渡者中，90％的人会寻求避难。得到避难批准的偷渡者大约占非法移民的一半，很多是逃离索马里或苏丹战乱的人。他们往往也会从拘押所中提前释放，可以入学，获得医疗保障或其他社会服务。但是，其他的偷渡者就麻烦了，如果逃离本国的原因只是因为经济动乱，那是不可能得到政治避难的，更不用说是因为环境恶化而逃出来的了。在当今的国际法中，官方还没有所谓的环境难民或气候难民这一说。阿拉伯之春以前，我正在马耳他，很多偷渡者的避难申请被拒绝，他们中有突尼斯人、埃及人、马里人、尼日利亚人、塞内加尔人，在监狱中度过 18 个月后就直接转往营地帐篷中，那是所谓的"开放中心"，是用帆布墙搭建的简易房子。非法移民只要自己愿意，就可以在这里来去自由，当然了，他们不能离开马耳他，根据欧盟的法律，是不能离开马耳他的。我看到的开放中心很像费尔洛地区崇教真光教团搭建的帐篷，只是这些开放中心周围都是工厂，而且看起来是永久建筑，显得很怪异。

马耳他本土人的心目中，正在涌起对外来人员的恐惧。不论是在大街上，还是在互联网上，这种恐惧情绪都在显现出来，甚至是演化升

级为对耶稣避难服务组织（Jesuit Refugee Service，JRS）的攻击，因为
这个组织帮助非法移民提出避难申请。JRS 的主任约瑟夫·凯撒
（Joseph Cassar）跟我讲，有人放火烧了他们的一位年轻律师家的前
门，还烧了她的汽车。他们其他人的汽车被用钥匙划伤过，轮胎也被
扎破过，就在他们组织的院落内，有一次还被燃烧弹攻击过，六辆汽车
被烧毁，"烧得啥也没剩，就只有金属架子了"。有一个存在时间不长
的政党叫国家行动党（National Action），曾试图利用这种恐惧情绪扩
大自己在选举中的影响，提出要清除马耳他的"污秽垃圾、贪污腐败和
非法移民"。这个党派的共同创始人之一是约瑟·姆斯卡特（Josie
Muscat），是一名医生，在匈牙利和利比亚开着私人诊所，对非法移民
浪费纳税人的钱甚为不满。"如果他们打碎或破坏拘押中心的物件，
他们就应该用那些坏了的物件，"他告诉我，"如果要我们给他们食物
和水，他们就应该干些活，比如修路。要我说，就该把他们关在那儿，
除非他们说要回家，就不应该把他们放出去。"

　　离开马耳他之前，我造访了一个这样的拘押所，也就是所谓的"封
闭中心"，非法移民因为意外而登陆这个岛国后就会被关在那儿。萨
菲拘押营（Safi Barracks）位于一个军事基地之内，我通过安检以后，就
看到一块田地，长满了蒲公英，杂乱无章地堆放着一百多只小船。这
些小木船形状大同小异，大约有 20 英尺长，乘坐三个人都很困难，更
不用说是三十人了，不过上一年利比亚偷渡集团就是用这种方式运送
偷渡人员的。一名士兵带着我进入基地腹部，那里就是他们所说的拘
押"非法移民"的地方。

　　这个两层楼的拘押营，过一段时间就会发生一次暴乱，现在新增
加了一圈菱形孔铁丝网篱笆。我走进去，两边跟着四名警卫，其中，个
子最高的那位警卫没走几步就用蹩脚的英语训斥被关押的非洲人。
原来，那些非洲人用了个电源板，上面插了七个电热炉和屋里唯一的
电视机，然后将电源板插在一个插口上。高个子警卫叫喊道："你们会
把线烧坏的。"恰巧，那个时候，电线发生了短路，另一名警卫走过去，
寻找保险丝盒。在露天过道的另一头，有一张临时的乒乓球台子，实

际上就是一块胶合板放在一个垃圾箱上，一个长条硬纸板用两个牛奶盒子垫着，权当乒乓球网，只有球拍和乒乓球是真的。电视再度打开的时候，正播放着莫瑞·波维奇（Maury Povich）的脱口秀，十几个人在 2 月的寒风中站着观看，都抄着手，尽量地挤在一起，从而能暖和点。他们告诉我，这些被羁押人员常常因为看哪个电视频道而大打出手，但是今天没有因此而打架。他们看电视的时候，我插嘴问他们是从哪儿来的。他们骄傲地背诵着自己国家的名字，有科特迪瓦、加纳、尼日利亚、马里、几内亚。这里没有索马里人和达尔富尔人，只有西非人，这些人获得避难批准的几率非常小。这一层羁押了 84 名非法移民，有四个房间，主要是靠自己身体的热量和薄薄的挂在窗户上的军用羊毛毯来取暖。房间里面摆着双层床，有些人已经把床垫子拉到了地上，以便他们坐在上面打牌或下棋，跳棋棋子是用干枯的橘子皮和硬纸片做的。这一情景使我不禁想到了我自己第一次去欧洲的经历，拘押所的房间不仅看起来，而且闻起来都像是青年旅馆。

我的法语不太好，科特迪瓦人离开之后，两名尼日利亚人就给我介绍情况，一个是托尼（Tony），另一个是凯文（Kelvin）。托尼告诉我，他是从利比亚过来的。由于利比亚经常发生抢劫和无端斗殴事件，因此黑人到大街上去会很危险。（在反对卡扎菲的革命期间，非洲人在利比亚更加危险，因为撒哈拉以南非洲的人都被认为是雇用来打仗的。）托尼是一名机械师，花了 5 000 美元，希望能去意大利，而结果却到了这里，那些钱大多是借的。"我们被羁押在这儿一年了，然后就没有任何证件"，他说，"你明白吗？没有通行证。一年了。365 天是一年。你明白吗？"他把我领到他的寝室里，墙上涂写得乱七八糟的，有这样的话："噢，主啊！可怜可怜我们吧，怜悯我们吧。"以及"你要把我们留在这儿多长时间啊？"托尼说，马耳他当局在羁押所后面给他们提供了一个高低不平的足球场，给他们这一层提供了公用电话，并发了电话卡，每个移民的电话卡是每 3 个月 5 欧元。在羁押所的生活还过得下去，只是没有任何意义，毫无盼头。羁押结束后，他会被释放到大街上，而不是遣返回尼日利亚。他只是年龄更大了些。"这儿的每一个人，都有自己的想法，"他说，"他可能是一名学生，可能是一名技术员。我是个机械师。就说我吧，在这儿待了一年。有些技艺我会忘记的，如果重新上岗干活，我还得再培训三到四个月。你明白吗？"

托尼和凯文以及越来越多的人领着我去看他们的浴室，并指给我看破烂不堪的洗浴间和已经坏了的淋浴头。"你看看，这就是我们的浴室，"凯文说，"都是凉水。这不好，这不公平。"另一个人拍了拍我的肩膀。"十个月了，"他说，"我在这儿十个月了。"还有一个人带着我来到水龙头前。"没有热水"，他说。我打开水龙头，让水流了一分钟，然后再用手试试。我得为马耳他说句公道话，水还是有点温的。

我和警卫走出来的时候，一位来自科特迪瓦的人拦住我们。他比大多数人年龄都大，有30多岁，体格健壮。他让我看他的胳膊。"我从前很强壮，"他说，"我想工作，不想睡觉。我不想睡觉。"我看着他的胳膊。他是声音高上去了，但是并没有大喊大叫。"我要工作，"他说，"我要工作！我想要工作！"

费尔洛地区的雨停了以后，地上覆盖了一层绒毛，那是刚刚返绿的青草，虽然不茂盛，但已经让一切看起来显得富有生机。当地的青年村民和塞内加尔森林联盟的人常常在研究站外面的红土和羊屎蛋中进行足球比赛，但这时却突然被编在一起，共同在帕佩称之为伟大的土地上植树，这是那个夏天绿色长城项目最大的一块地，有4 950英亩。可能是因为下雨的缘故，也可能是因为要与崇教真光教团一竞高低的缘故，植树的负责人都显得精神振奋。帕佩统筹着树苗的运送、种植等事宜。马拉看到植树队员穿着政府提供的T恤在炎热的下午大汗淋漓，突然有所觉悟，"我们植树是为了战胜沙漠"。他喊道："我们不应该给他们提供衬衫，我们应该给他们提供帽子。"

崇教真光教团的队员提前一天半完成了他们地块的植树任务，125个孩子用了五天的时间，植树面积达到1 468英亩。"动力，这是他们所拥有的"，马拉说。"是纪律"，帕佩说。崇教真光教团的植树结束仪式上，帕佩和一名中尉被请去讲话。他们当然乐意，在讲话中感谢崇教真光教团的团长先生,感谢他给绿色长城项目第一次带来了真正的国际帮助。"感谢您的严格、您的勇气、您的纪律、您的牺牲,"帕佩大声说,"你们是勇敢的人。这堵绿色长城将穿越非洲,而你们完成的就是其中一部分。这是第一步。"崇教真光教团的队员队列整齐地站着,穿着他们最好的服装,蓝色的上衣,红色的领带,女孩子穿着白色的裙子,男孩子穿着白色的裤子,都穿着白色的网球鞋,然后一起唱着歌,"通向吉布提的一堵墙……现在是塞内加尔。"他们围绕营地行走,在经过为他们送行的富拉尼村民的时候,便开始正步走。我们一直待在那儿,看着他们拆掉帐篷营地。一个金属横梁突然落到一个女孩头上,她的朋友赶快用一块布压在她头上凸起的包上。有一个女性负责人过来,让女孩的朋友走开,在那些朋友焦虑的注视下,这位女士张开她的手掌,摆在距离女孩额头几英寸的位置,让更多的光能注入女孩受伤的地方。

绿色长城在抵御撒哈拉沙漠方面可能是徒劳无益,但这并没有影响帕佩的信念,他相信这个工程是能够完成的。逐渐地,我发现自己也愿意相信这个工程能够完成。一天早晨,我看到卡车满载着树苗和工人,向绿色长城的工地驶去,便决定搭乘一辆运水的车同行。我们到达植树工地的时候,当地村民和森林联盟的年轻人已经组成了 100 米宽的植树队伍,同时挖掘 15 个沟堑。前面的人挖沟,后面是搬运树苗的人,然后是人数最多的植树队员。这些人穿着拖鞋往前走,已经脱掉了网球鞋,在非洲大草原上很快地干着活,我得慢跑才能跟得上他们的速度。一辆绿色的丰田皮卡在沟堑之间运送树苗。车停下后,搬运树苗的人就涌上去,然后再带着树苗分散开来。于是,扩展,收缩,再扩展,再收缩,整个队伍就像水母一样。

刚过了一个小时多一点,丰田皮卡就运送完了树苗,于是我们就等着,太阳已经高高地升起,挂在天空。过了近一个小时,新的树苗才运来,但是干了 20 分钟,我们又没有树苗了。水务和森林局的官员就皱起眉来。我们在一片树林那里找到躲避酷日的地方,15 支队伍停在15 片树荫下。负责种树的人带着刀片,本来是用来划开包裹树苗的塑料袋的，现在他们用牙齿咬着那些刀片。他们轮流查看着我的远足徒步靴，用手揉搓着鞋的皮子，敲打着伐柏拉姆牌（Vibram）的鞋底。运水的卡车还没来，我们也没什么喝的，两个小时后，树苗才运来，此前也是无事可做。时间已到了中午，天气很热。天越热，我们干得就越慢，这不是我们的错，因为绿色长城的植树地点距离苗圃太远，运送一次树苗不容易，而且汽车也不多，主要原因是没有足够的经费，认为绿色长城能变成现实的人还不多。

帕佩很快就乘坐吉普车过来了，他依然是充满希望。当运水卡车再度启动、准备驶入植树工地的时候，有个男孩子冲过去，又最后喝了口水，这个男孩子也就是十几岁。他拿了一个很大的红色塑料杯，盛满了一杯水，但是刚喝了一小口，帕佩就向他大喊。"哎！哎!"上校说，然后指着一片新种植的绿色长城。那个男孩没有顶嘴，就把剩下的水倒在了阿拉伯胶树的树苗上，默默地看着杯子的水倒进树的根部，慢慢地浸入到土里面去。

第三部分

洪　　水

在任何一个社会,如果社会精英仅仅致力于保护自己,对其他民众的疾苦熟视无睹,那就是一个灾难。

——贾雷德·戴蒙德(Jared Diamond)

印度的长城：如何解决孟加拉国问题

　　厄纳姆尔·霍克（Enamul Hoque）是阿萨姆邦的地主，虽然只是个小地主。我们见面前不久，因为布拉马普特拉河①改道，他家一半的土地被冲毁了。从他出生到现在，他的家已经搬了五次，都是不得已而为之的。他37岁，有胡子，上门牙有点大。因为经常停电，所以到了夜里，他就会点上蜡烛。他喜欢威士忌和雪茄。不久，他就会迎娶他年轻貌美的新娘，新娘和他一样，也是穆斯林。结婚以前，他在印度东北城市达胡布里（Dhubri）的法学院附近租了一个小房子，房子的卫生间爬满了巨大的蜘蛛。他还雇用了个佣人，他引以为豪的是能与佣人说当地土语戈尔帕里亚（Goalpariya）语。房子里还有一些地图，显示着国家边境的炮台、篱笆、边界道路以及警卫岗哨。他的生活完全是围绕工作转，保护达胡布里和他的家乡阿萨姆邦的其他地方不受孟加拉国偷渡者的滋扰。孟加拉国人从边境偷渡过来，主要是想寻找发财的机会或者是逃避本国的自然和社会灾难，包括龙卷风、人口过剩、季节性灾荒，特别是抬升的海水，这会逐渐吞噬他们土地和庄稼。印度人称这些偷渡者为"潜入者"。

---

① 在中国境内称雅鲁藏布江。——译者注

　　在冲入印度动荡不安的东北之前，布拉马普特拉河已经从它的源头喜马拉雅山倾泻而下，落差将近 1.7 万英尺。从达胡布里到入海，只有 100 多英尺的落差，但是要蜿蜒流淌 400 英里，通过附近的孟加拉国，才能归入大海。这一段距离不能很快走完，也不能径直归海。此前流淌于悬崖峭壁间的清澈河水，到了达胡布里就变得平缓、宽阔，也变得昏黄了，因为这条河几乎比世界上其他的河流携带的泥沙都要多。到了这儿以后，布拉马普特拉河的河面有 5 英里宽，还不断地漫过堤岸。考虑到布拉马普特拉河的改道，厄纳姆尔家祖上的田地肯定被冲到下游，跨过国界，可能成为新的岛屿的一部分。国界那边的河下游的孟加拉国农民可能损失了自己的土地，但会在新形成的岛屿上继续生活。对于厄纳姆尔来说，这不免有些嘲弄的味道，但他现在关心的不是这一点。

　　不久前，厄纳姆尔成为影响力很大的全阿萨姆学生联盟（All-Assam Student Union，AASU）国际边界事务委员会的负责人。这个组织过去 30 年来一直致力于保护种族特色鲜明的阿萨姆邦免于孟加拉国人"无声的入侵"。在 AASU 的强力推动下，印度正在投入 12 亿美元，围绕孟加拉国悄悄地构筑一道长长的篱笆。厄纳姆尔连日来沿着这道篱笆，或开车，或驾船，或行走，拿着双筒望远镜，查看着是否有漏洞。我问，什么是漏洞？发现漏洞怎么办？真正的情况如何？他一一告诉了我。如果看到潜入人员，他会报告；如果看到篱笆出现了问题，他也会报告。他说，有一次，他沿着边界的沙漠和松软的尘土走了很多日子，左膝盖都肿了，而且很严重。"就像这样。"他说，并用手比划了一个想象中的篮球。还有一次，他听到印度和孟加拉国岗哨间交火了，于是就冲到印度这边，从一名死亡士兵那里抓起一杆枪，就开始射击。他吹嘘说，由于身处这样遥远的边疆地区，他经常没法吃午饭。厄纳姆尔是爱国者，就像美国民兵计划（Minuteman Project）的积极参与者一样，只是他还喜欢瑜伽。

　　在 2 100 多英里的国境线上，新建的边疆篱笆两边是新建的道路，被泛光灯映照着，很快就会通上电，将成为世界上最长的篱笆。这堵篱笆墙之所以这么长，不是因为孟加拉国很大，而是因为要把孟加拉国围起来。这个国家的人口有 1.64 亿，但面积比美国艾奥瓦州还要小。孟加拉国主要信仰伊斯兰教，1947 年与巴基斯坦一起从主要信仰印度教的印度分离出去，其国境线的三面都被印度包围着（孟加拉国的另一面与缅甸接壤，国境线有 120 英里长，正在构筑自己的倒刺钢丝篱笆。孟加拉国的南面是越来越扩展的孟加拉湾）。印度西孟加拉邦与孟加拉国人在种族和语言上都没有区别，因此孟加拉国人偷偷潜入以后，就与当地人混合在一起了。但是，如果孟加拉国人从相距更近的阿萨姆邦边境潜入进来，当地人马上就能注意到说着不同语言、有着更深肤色的外地人的到来。这就是首先而且最强烈要求关闭这个边境的一个原因。

厄纳姆尔想要的是一堵完美的篱笆，不论孟加拉国的人生活如何不堪，这堵篱笆墙都能阻止他们进入印度。他最初加入 AASU 的时候，还是一个主修通讯工程的学生，但是就像很多人一样，他现在用工程师的思维来解决社会问题。问题不再是我们要做什么，而是我们能建什么。印度对于非法移民的应对措施是铁丝网、刀片刺，比欧洲人对付非洲非法移民的各种办法锋利得多。除了积雪冰川融化和干旱，世界正在面临海平面升高，气候异常正进入第三个阶段。在这样的形势下，印度的做法在我看来好像是更具代表性，也更有可能在其他地方发生。从某种程度上来说，这儿为我们能够负担得起的人利用工程技术应对气候变化提供了范例。但是，对于那些负担不起的人来说，他们就只好待在另一边了。

印度是一个贫穷的国家，但是孟加拉国更加贫穷。印度排放的碳也比孟加拉国多。令人不堪的是，这也意味着印度有更多的资源来应对气候变化的影响。最初到阿萨姆邦来的孟加拉国人并不是因为全球变暖，AASU 在 20 世纪 80 年代推动构筑边境篱笆墙的时候也并不担心全球变暖。但是，AASU 现在开始担心了。"全球变暖，如果真的出现，会发生什么？"这个组织的负责人问我，"会有战争吗？阿萨姆会变成大孟加拉国（Greater Bangladesh）的一部分吗？孟加拉国大部分国土会沉于水下，他们会到哪儿去呢？"

　　随着篱笆墙的建立，印度准军事武装力量边防安全部队（Border Security Force，BSF）就负责维护这条边境线。自 2000 年以来，将近一千人在边境线被射杀身亡，大约每四天就有一人。2010 年，人权观察研究所在其报告《乱枪射击》（*Trigger Happy*）中详细分析了未经法律审判的杀戮和刑讯的模式，男孩子会因为捕鱼的地方距离篱笆墙太近而被打死，男人会因为涉嫌逃跑而被从背后枪击，拿着棍棒的犯罪分子会倒在拿着步枪的边境卫兵的枪口之下。印度官方以边境出现的暴力来为其行为进行辩护，比如民族暴乱、毒品走私、大米走私，特别是偷盗数万头神牛，而这些牛在离开信仰印度教的印度以后其实就不再具有神圣的地位。有一个事件被广泛报道，说的是一个叫菲拉妮（Felani）的孟加拉国小女孩，在她试图从印度回到孟加拉国的时候被打死，此前在印度是非法滞留，而回来是因为要结婚了。她穿的紫色纱丽克米兹（Shalwar Kameez）长衫还挂在铁丝网上，尸体在那儿头朝下倒挂着有五个小时。"对于任何违反边境规定的罪犯，我们都会开枪。"BSF 的长官在一次对孟加拉国的正式访问中这样说道，"那些死亡都发生在印度的国土内，而且多数是在夜里，所以怎么能说那些死者是无辜的呢？ 我们已经声明，我们反对使用'杀戮'这个词，因为这个词让人认为我们是故意杀人。"

　　早在飞往阿萨姆邦之前，我就试图得到 BSF 的批准，能够到边境参观。在德里的时候，我一遍又一遍地给 BSF 的总部打电话，直到一名官员发了怜悯之心，告诉我在阿萨姆邦最大的城市古瓦哈蒂（Guwahati）可以通过安全检查。于是，我在蔓延无序的古瓦哈蒂打了个出租车，赶往 BSF 的地方营地，但是那儿的人告诉我，如果没有德里的书面同意，他们不能让我去。在阿萨姆邦相邻的梅加拉亚邦（Meghalaya）城市西隆（Shillong），我获准可与 BSF 的一名副司令见面，但是我乘吉普车赶了三小时的路过去以后，他又接到通知参加会议去了。无奈之下，我又乘出租车连夜赶回厄纳姆尔的家乡达胡布里。天亮的时候，我们沿着蜿蜒曲折的布拉马普特拉河行驶，走过了一些村庄。达胡布里市看起来已经很像孟加拉国了，街道上塞满了汽车、人力车和行人。达胡布里地区是印度人口密度最大的区域之一，每平方英里 1 492 人，但也只是孟加拉国的一半。驶近达胡布里城的时候，我又看见了一个BSF 营地，便决定去蒙一蒙。我提了西隆那个官员的名字，一个年轻的士兵领着我走过长长的走廊，进入一个空荡荡的办公室。他在那儿打了很多电话，我则趁机瞧了眼他桌子上标着"非正常死亡"的文件。最后，他放下电话，转过身来对着我，说："对不起，边境地区是不对外国人开放的。"这是关键点。

我来这座城市快 12 个小时了，这时警察来到我住的宾馆。一个穿着皮上衣的人说："实际上，我们是保护你。"他们领着我走过街道，来到警察局，确定我是美国人后，他们马上变得分外客气。在警察局二楼，大厅的天花板上挂着吊扇，有气无力地转着，墙被漆成蓝绿色，一位警官用大拇指慢悠悠地翻着我的护照，其他人则盯着一个古老电视机，上面播放着电影《泰坦尼克号》(Titanic)。一面墙上挂着幅手绘的犯罪地图，包括最近的小偷小摸案件、偷牛案件、武装土匪案件等。孟加拉国距离这儿有 10 英里远。我被恩准离开后，办公室里轻松的气氛就变了，这时警察领进来另外一个接受面谈者。她是个妇女，个子娇小，穿着件漂亮的纱丽宽松裤，拖着她幼小的儿子。"孟加拉国人？"警官问道。她点点头，他脸上的笑容马上就褪去了。

就像其他与气候变化相关的事情一样，全球海平面上升也不是相同的，不是统一的，当然也不是相等的。比如，北海的海平面上升 1 英寸，并不一定意味着中国南海或科特斯海(Sea of Cortez)或者孟加拉湾的海平面也上升 1 英寸。IPCC 在 2007 年的报告中援引的卫星测量数据显示，西太平洋和东印度洋的海平面上升得比其他地方快。而对漫长的印度海岸的测量数据显示，有些地区，包括与孟加拉国相邻的西孟加拉邦，海平面上升得比其他地方更快。这种海平面上升的差异性源于地壳运动，源于海水温度和含盐量的不同，从而导致海水循环的变化，还源于地面风能够促进海洋的流动。根据科罗拉多大学一项最近的研究,哈德里环流(Hadley Cell)以及另一个大气环流沃克环流(Walker Cell)在气候变化的影响下不断增强,正在推动印度洋南部的水域往北流,进入孟加拉海岸。造成海平面上升不均衡还有另外一个因素,这是最近系列研究的热点,这个因素对于一些地区,特别是孟加拉国和低地赤道区域的很多地方,都不是好消息。格陵兰岛和南极洲上面厚厚的冰盖对于周围的水域有着很强大的引力拉动作用,但是随着冰层的不断丧失,这个拉动力量正在减弱。融化得越多,格陵兰岛的冰层就越少;格陵兰岛的冰层越少,引力拉动的作用就越小。约翰·彻奇(John Church)是 IPCC2014 年报告海平面上升那一章的主笔,他解释道,格陵兰岛每年至少往大海里注入 50 万亿加仑的水,由此造成的结果可能就是"北大西洋远端的海平面有些许的上升"。他说,"当然了,一个地方海平面小小的抬升就意味着其他地方很大的升高"。

平均来说,全球海平面每年大约上升 3 毫米,是上世纪中期的二倍,但依然是可控制的,因为上升幅度不大,每十年也就是上升 1 英寸多一点。如果这种上升呈线性扩张,那么到 2100 年,海洋将升高 1 英尺左右。但是没有几名科学家相信海平面上升是线性的。我与米尼克游览格陵兰岛的那个夏天,由八个国家组成的北极理事会(Arctic Council)开始了一项研究,是截至目前对格陵兰岛的冰雪融化最具权威的调查之一。研究人员发现,与 20 世纪 90 年代初相比,格陵兰岛最大冰川的流动速度增加了两到三倍,冰川崩裂后变成冰山并滑落到海洋中的次数增长了好几倍。热膨胀,也就是说随着水温升高海水膨胀的现象,已经不再是导致海平面上升的最大因素。科学家现在的理性预测是,到 2100 年,海平面平均上升 3 英尺,有些专家相信上升 6 英尺也是可能的。

在孟加拉湾,海水的入侵就像非法移民进入印度那样,是悄无声息的,多数情况下是看不见的,而且是刚刚开始的。当地科学家粗略估计,即便是海平面每年上升 6 到 8 毫米,也会产生影响。松达班(Sundarbans)拥有世界上最大的红树林,也是野生孟加拉虎最后的栖息地,这里越来越高的海潮和越来越大的盐分已经开始杀死有着同样名字的松达里森林，使得树木从上到下失去活力、降落树叶、丧失颜色，当地人称之为"从上面死亡的病"。在布拉马普特拉河和孟加拉国梅格纳河（Meghna）与恒河（当地人称之为博多河）这两大河流共同形成的三角洲，海水并没有很严重地淹没陆地，但是对陆地产生了很大的影响。这是因为在河水入海口区域有一个交汇点，流入的河水在这个点便归入大海，河水与海水混合后就不再被认为是淡水。河水与海水的交汇点每年都往内陆转移，1948年以来，六个南部区域水道中盐含量增长了45%。海水对农作物损害的面积在1973年还不到400万英亩，但是到了1997年就增长到600多万英亩，今天预计达到800万英亩或更多。法拉卡闸堰（Farakka Barrage）是印度1975年在恒河上建造的大坝，将淡水调往加尔各答，为人所诟病，认为是加剧了问题的恶化，因为往下游的淡水少了，而堆积的咸水却多了。现在，不仅是印度，还有中国，都计划在布拉马普特拉河（雅鲁藏布江）上建造巨型大坝。孟加拉国两边都受到挤压。孟加拉国的小农经济吸纳着全国人口的一半。农田和稻田养育着数万、甚至是数百万的人口，但是正在变得越来越盐渍化，不能继续维持作物的生长。

阿提克·拉赫曼（Atiq Rahman）是IPCC报告的撰写者之一，是孟加拉国最知名的环境学家，在他看来，盐渍化是南部孟加拉国所面临的气候变化的四个要素之一。下一个要素就是龙卷风。尽管全球变暖对热带风暴的影响还在热烈争论着，但是基本的共识还是有的。这就是，不论全球变暖是否增加了龙卷风发生的频率，它很有可能增加了龙卷风的强度。龙卷风和飓风都是海洋温度所推动的，海水温度更高就意味着风力的破坏性更大。一直以来，孟加拉国就位于风暴的途经之地，现在也有可能继续位于更大风暴的途经之地。2007年末，四级龙卷风锡德（Sidr）袭击松达班地区和三角洲西半部，这是1877年有可信记录以来的第二大风暴，摧毁了150万个家庭，造成人员死亡3 000多人。2009年，发生了龙卷风艾拉（Aila），这个风暴强度要小一些，但是也造成了50万人无家可归，掀起了20英尺高的海浪，冲到田地和红树林里。由于海平面的升高，更多的海水冲上岸，掀起的风暴潮也更具破坏性。

第三个要素是越来越严重的洪涝。在孟加拉国，洪水季节性泛滥是正常的，从很多方面看也是有利的。在典型的季风季节里，布拉马普特拉河、梅格纳河、博多河以及数十条其他的河流会雨水爆满，河水会溢过堤岸，使得 30％ 的国土处于水淹之下，成为一片泽国。农田被淹，农家迁徙，有些河边岛屿甚至完全消失。但是，由于河流携带倾泻了数十亿吨的泥沙，新的河岸岛屿又会产生，洪水退去后，就会留下新的一层矿物质丰富的土壤。这种土壤使得孟加拉国的农民在上面种植庄稼，一年甚至能收获三季。洪涝本身就像温室效应一样，它使得生活成为可能。只有在过量的时候，比如季风受到干扰、孟加拉湾水位升高的时候，洪涝才会破坏生活。平坦的、缓慢的河流，由于落差比以前更小，正在变得更加平坦、更加缓慢，季节性的洪水泛滥开始持续的时间更长，蔓延的区域更大。当地的堤岸和大坝水利工程建于 20世纪 60 年代，是荷兰设计的，而且得到国外的资助，由于功能退化，现在看还不如没有呢。水利工程反而是帮了倒忙，那些拦河坝不仅没有挡住外面的洪水进入三角洲的庄稼地，反而常常是将洪水控制在农田里，将农田变成了水塘。荷兰人正在通过他们的大使馆对外兜售着他们已经改进了的技术。

第四个要素看起来不需要什么解释，到 2100 年，海平面将上升 3英尺，不论是什么全球平均数据，都会导致孟加拉国出现一种情况，这就是将孟加拉国南部至少五分之一的地区永远地沉入水下。事儿就这么简单，但是生活在那儿的人有 2 000 到 3 000 万人，却不得不到别处去讨生活。

对于报道孟加拉国困境的外国记者来说，实际上有一个标准的采访路线，从首都达卡乘轮渡南下，先到盐分高的、人口过度拥挤的三角洲，然后到河边的岛屿，再去松达班地区，最后看被龙卷风锡德夷为平地的村庄。刚从印度过来，我就发现自己也是循着这条线路。我的向导是阿迪克尔·穆斯林·乔杜里（Atiqul Islam Chowdhury），或者就称呼他为阿迪克（Atique）。他沉着镇定，为人可靠，彬彬有礼，有三十多岁，来自当地的非营利组织海岸（COAST），该组织聚焦于"沿海贫困人口的生存策略"。我们达成的交易很简单，很直接，即，按照他带队一周实地参观考察以及拜会人员的标准，我支付给他费用，这个价格是他所在的组织不会轻易给他的。作为回报，他要做的是带我去村庄看看，并让我了解他内心真实的想法。

我是乘坐新近重新开通的友谊号快车跨越边界的，这列加尔各答通往达卡的列车已经停止运行43年了，现在又开通，被宣传为印度和孟加拉国两国之间新的友好协定的开始。两个城市间的铁路线距离有230英里，大部分都是在孟加拉国河流与岛屿上面的桥上通过。虽然从列车观景窗上可以看到那些河流与岛屿，但是因为列车速度和相距的距离，看到的景象还是比较模糊的，好像是另一个不同现实世界的一部分。可是，当我和阿迪克搭乘"鸽子"号客轮以后，这么长的距离就很不容易走了。这艘客轮是晚上从达卡开出的大型游轮，一直往南航行。阿迪克给我们订的是带有空调的舱位，里面有个小电视机，还有个插口能够给我的手机充电，但是达卡市布里甘加河（Buriganga River）的河水只有游轮三层甲板那么深，大多数河流只有两层甲板那么深。我们离开的前一天夜里，达卡旧城断电，对面的河岸上有个船坞，电焊工焊枪的光亮不时地照亮着潮湿的夜空，就像闪电一样。游轮服务员给我们送来恰依茶和萨莫萨三角饺，接着游轮就鸣笛起航了。从码头驶出去的时候，我们看到大城市的模糊背影慢慢消失，在此后的夜间航行中，除了游轮聚光灯照射的地方，什么也看不见。游轮聚光灯来回地转着，是用绳子和滑轮来操纵的。一个长着胡子的人站在旁边，在这边拉一下，再到另一边拉一下。河道上行船的规则和孟加拉国道路上的行车规则是相似的，如果聚光灯光束在我们前面照到更小的船只或木质的像贡多拉那样的舢板，我们的游船就开始鸣号，前面的小船就会让道，以免被我们的船撞上。

天亮的时候，我们到达巴里萨尔（Barisal）城，阿迪克招手叫了辆人力三轮车，将我们拉到拥挤的汽车站。人满为患的汽车在拥挤的、双向车道的路上向南行驶,走了很多条路。道路两旁,有茅舍、稻田、棕榈树,有劳作的人和养虾场,但是就像马耳他一样,这里以前曾是空旷的、未经开垦的完美自然景致。养虾场里有很多四方形的池塘,都被土墙围着,是最近才砌起来的。之所以有这些变化,有两个方面的原因,一是孟加拉国对出口挣美元外汇的需求增加,二是三角洲的海水不断侵蚀。虾已经成为孟加拉国第二大外汇收入来源,仅次于纺织。现在每年都有数亿磅的虾出口到世界上碳排放最多的一些国家,其中一半的虾出口到欧洲,三分之一出口到美国,其余的大部分出口到了俄罗斯和中东地区。孟加拉国当初放弃种植水稻而改养殖虾的时候,人们有时会认为农民那样做是为了适应气候变化,但是其实那是本末倒置的,因为养虾需要的劳动力更少,产生的利润大部分被出口商和中间商所获得。小户农民并没有养虾,更常见的是把土地卖给或租给当地的养虾专业户,然后自己就搬到达卡或更远的城市里去了。

在那些依然种植水稻的地方,亩产量一直在下降。季节性粮食短缺已经成为生活的一部分,甚至都有了一个专门的名字:蒙尕(Monga),意思是粮食青黄不接。孟加拉国水稻研究所(Bangladesh Rice Research Institute,BRRI)及其国际合作伙伴不久将开始大规模地测试耐盐水稻,希望以此来应对海平面的升高。BRRI 的第一批种子是用传统方式培育的,无偿地提供给孟加拉国南部的农民进行种植,当然它也进行基因修饰。为了获取更大的利润,世界上其他地方培育的作物品种多数是转基因品种,包括孟山都,这家公司在达卡就设有办公室。不过在 20 世纪 90 年代末,由于激进分子的抗议,该公司与孟加拉国格莱珉银行(Grameen Bank)的合作被中断。孟加拉国每年人均碳排放为 0.3 吨,是美国人均排放量的七十分之一,除了努力适应气候变化,别无他法。在孟加拉国的其他地方,非政府组织(NGOs)创建了浮动的花园,在成片成片的厚厚的水葫芦上覆盖土壤、牛粪,撒上种子,就会生长出葫芦或黄秋葵。他们还会将内河船改造成水上学校,购买其他船只,以便在洪涝期间抢救灾民,甚至还培训当地人员作为他们的舵工。这一情形让人想到另一个项目，同样是受到气候变化的威胁，同样是种植水稻，但后来转向养虾并出口的越南湄公河三角洲。当地的政府和国际资助机构给当地人发放救生衣，还教小孩如何游泳。但是，只有孟加拉国的农民被教导去养鸭，不要去养鸡，因为鸭子会游泳。

梅格纳河是条巨大的河流，是布拉马普特拉河与博多河以及数百条其他支流共同形成的。在梅格纳河下游的米扎卡鲁（Mirzakalu）镇，我和阿迪克看到了适应气候变化更为典型的做法。在一个小的渡船码头南面，一群工人正在搬运沙袋，混合水泥，将大的石块砌起来，形成一堵新的海堤。海堤在海岸上一直延伸到我们看不见的地方。海岸上铺满着沙袋，为了见这个工程的工头，我和阿迪克不得不跳着走，隔一个踩一个，好像它们是踏脚石。我们见工头前，阿迪克就告诉我，"这个河堤是临时性的。用不了六个月，它就被冲垮了。看看它后面的那些河堤就知道了"。我朝后面看，只见往陆地 500 英尺远的地方，又开始建第二道更高的河堤，那是个备用工程。工人们向我们围拢过来，我们就问这儿的河堤构筑过多少次了。他们七嘴八舌地回答，阿迪克最后给我翻译道："七八次吧。"有个人给我解释道，龙卷风锡德暴发前不久，海岸线在那边有 1 英里远，并指着宽阔的河道的中间。工头告诉我们，他们在最近的这个海堤上已经干了三个星期了，垒砌了大约 10 000 块石头和 45 000 个沙袋。石块每个重 120 公斤，合 265 磅，沙袋每个重 160 公斤。多数工人来自朗布尔（Rangpur），因为只有朗布尔人才能轻易地扛起重重的石块和沙袋。那是孟加拉国最北边的城市，毗邻厄纳姆尔·霍克在阿萨姆邦的家乡达胡布里市。有两个工人把他们穿的衬衫脱下来，让我看他们是怎样用背扛那些石头和沙袋的，脊梁上能看到几处划痕和旧的伤疤。他们又叫来一位来自米扎卡鲁的在工地上打零工的人，让他脱下衬衣。他的背上还流着血，血迹斑斑，被划了六个口子。

因为海水入侵，有些当地人不得不迁移，搬到新形成的河中岛屿上，那些岛屿在梅格纳河之中，还在不断扩大，是由喜马拉雅山或阿萨姆邦的泥沙沉积形成的。为了去那儿考察采访，我和阿迪克爬到一个打鱼的木船里，驶过混浊的河水。很快，我们就绕着一片平坦的泥沼，进入到一个运河中，两边是低矮的农田和茅草覆顶的小屋，还有几个锡皮盖子的棚屋。孩子们在运河里嬉戏玩耍，渔船抛锚在泥泞的岸边。这个岛屿最初有人搬来居住是在 20 世纪 70 年代，被称作扎希鲁丁（Zahiruddin）。上一次对这个岛屿测量还是在 2002 年，那时的面积就将近有 15 平方英里，住了 8 000 个人。现在，岛上的人口肯定更多了，但是没有一个人能说得清岛上的真实状况。这个岛没有防护堤岸。孟加拉国在本土大陆建造了数百个龙卷风防护设施，就是那种建在水泥柱子上的水泥建筑，但是在这个岛上几乎没有。岛上的居民是世界上最脆弱的人之一。我们在码头上停好船，围着岛上的农田漫步，想找个人聊聊，但是天太热，几乎所有的人都躲到了草屋里。最后，终于来了一位老人，没穿衬衫，只举着一个很大的黑伞遮阳。他给我们看他摊在三块布上让阳光暴晒的数千个红辣椒。"他是幸运的人之一，"阿迪克给我翻译说，"18 年前，他从本土大陆来到这个岛上，所以他拥有了自己的土地。"几个月后，龙卷风艾拉以每小时 75 英里的风速，席卷孟加拉国，在梅格纳河掀起大风暴。根据非政府组织的一个报告，"扎希鲁丁岛完全沉没到了水下"。

阿迪克问我："要不要回宾馆轻松一下？"他的意思是回宾馆休息休息。于是，我们回到坚硬的地面。到了晚上，空气凉爽了，我们出去看一场露天表演，演员都穿着绿色的服装，在舞台上跳舞，舞台用布围着，用竹竿支撑着。这个表演的主题是龙卷风，演出是援助组织资助的，就像是一个扩展版的公共服务公告。"这个演出讲的是龙卷风锡德暴发期间人们所犯的错误，"阿迪克解释道，"然后说一个家庭面对龙卷风应该如何做好准备。"看演出的观众有数百人，有男人、女人和孩子，都坐在泥土里，站在黑暗中，而演员们则在昏暗荧光灯的光线下，吹着笛子，敲着锣鼓，唱着，叫着。有个演员打开一个很大的卷轴，上面画着一次灾难的几个景象。一家人正在看电视，这时来了龙卷风，电视屏上显示着龙卷风的强度，从一级一直升到五级。小船上的其他人挤在收音机周围。人力三轮车车夫向路上的行人大声喊叫着。各家的人都抱着自己的金银细软以及一切能拿得动的东西，冲出自己的房子。最后，人们镇静地进入龙卷风庇护所。这幅景象看起来很像爱德华·希克斯（Edward Hicks）的画作《诺亚方舟》（Noah's Ark）。这是个充满希望的演出，有很早的预警系统，有龙卷风庇护所，有充分的宣传教育，这就是为什么龙卷风锡德造成人员死亡较少的原因。在龙卷风锡德暴发期间，死亡 3 000 人，而在 16 年前的一个类似龙卷风中，死亡人数达 13.8 万人，那次风暴发生在 1991 年。

不过，锡德龙卷风期间，有 100 万吨的大米被毁。第二年春天，正值 2008 年全球粮食危机，大米价格不断攀升，达卡也发生了骚乱。纺织厂工人罢工，砸毁汽车，向警察投掷砖头瓦块，警察则打枪还击。

一天早上，我和阿迪克去松达班的边缘地带看一看，乘坐的是那种摩的，经过一路颠簸，一直顺坡下到一个叫南卡里（South Khali）的村庄。与塞内加尔绿色长城附近的图巴城一样，巴格哈特城（Bagerhat）也是由一位苏菲圣人创建的。这个城市附近的村庄以及南卡里村是受龙卷风肆虐最严重的地方。在南卡里村，从龙卷风中幸免于难的有 50 户人家，他们要么是紧紧抱着棕榈树，要么是集中躲藏于兼有风暴防护功能的学校的二层楼上，那些人在风暴过后有一半都搬走了。南卡里村是我在孟加拉国停留期间见过的最荒凉的村庄。我们沿着路一直往孟加拉湾行走，看到渔民正在解开渔网。有个黄色的二层楼，那是所学校，曾在风暴中救了很多人的性命。一个村民说，还可以对这个庇护所进行改进。他提出，如果二楼上有个通道，那么即便是洪涝开始了，村民也可以跑进去。我注意到，阿迪克灰色的 T 恤上印着的字：海滩游览。最后，有个渔民提出带我们穿过一条小溪进入松达班。那里有个护林员，住在一个孤零零的小屋里，他告诉我们，由于生态系统被破坏，孟加拉虎伤人事件比以前多了。我们壮着胆子往丛林中走了几百英尺，还是被劝说转了回来。

在往北返回达卡的游轮上，阿迪克显得郁郁寡欢。"再用 50 年，所有的岛屿都会消失，"他最后说，"这将会引发冲突，环境难民将无处可去，要么他们就逃向城市。这会导致战争。美国人想掠夺他们的房子，抢夺他们的汽车。他们看不到这样做会对孟加拉国造成什么后果。"阿迪克敦促我看看下层甲板的乘客，我就恭敬不如从命。下面的甲板比我们南行时还拥挤。每个家庭都用一个毯子铺在甲板上，成为他们的私人领地，上面挤着父亲、母亲和孩子们。很多人带着很大的袋子，看起来是他们所有的家什。"你知道为什么吗？"阿迪克问，"他们都是迁往达卡城的。"

事实上，有些美国人，特别是那些国防部门的人，的确看到了孟加拉国发生了什么。龙卷风锡德暴发后不久，孟加拉国就成为一系列军事演习和情报研究的前沿与焦点。最大的演习之一是 2008 年 7 月在美国首都华盛顿新美国安全中心（Center for a New American Security）里举行的。约翰·波德斯塔（John Podesta）在演习中担当的角色是联合国秘书长，很快被任命为奥巴马执政过渡团队的负责人。特别演讲嘉宾是壳牌公司前高管彼得·舒瓦兹，他刚刚给一个未透露名字的机构秘密推演了一个情景规划，涉及深潜器和北极冰雪融化。另外，他还专门就北极地区航道通行的未来进行过一番研究，研究成果最近被美国脱口秀节目《科尔伯特报告》（The Colbert Report）给予特别报道。"第一次，我 17 岁的儿子知道了我所做的事是什么，"舒瓦兹在讲台上打趣道，"（科尔伯特）让我成了备受社会关注的人。但是同等重要的是，即便是科尔伯特，也认识到了北极冰川融化的威胁。"他变得更加严肃。"我们已经看到了气候变化的迹象，"他告诉军事演习人员，"这不是 50 年后的事。不是。在我看来，甚至不是 20 年后的事。是今天的事，不论是孟加拉国的洪涝，还是缅甸的风暴，还是澳大利亚的干旱，都是今天的事。"

军事演习的脚本假定墨西哥和美国之间发生水资源紧张问题，假定萨赫勒和北非的难民涌入欧洲，假定纽约和上海修建防洪闸门，假定印度在大洪水之后发生大面积主粮绝产，假定孟加拉国暴发的五级风暴造成 20 万人死亡，假定 25 万气候移民扎营在印度和孟加拉国的边界。演习的结果与哥本哈根气候大会的实际结果不同，在全球范围内达成了约束力强的气候条约。

第二年冬天，国防大学（National Defense University）提出了自己的看法，描述了如果数百万孟加拉国人因为洪涝而涌入印度将会发生什么的场景，这就是出现粮食和淡水短缺、传染病蔓延、宗教战争。2010年，在海战学院（Naval War College）举行的一次演习发现，如果没有移动的海水淡化厂和运送成千上万洪涝灾民的能力，美国海军也很难应对孟加拉国的重大灾难。

最为执着地分析气候变化对孟加拉国、南亚，甚至于美国军方的影响的，是美国国家情报委员会（NIC），NIC在这方面开展了很多秘密的工作。在进行初步的全球气候安全分析以后，NIC收集了关于六个国家和地区更多的专门的气候数据，孟加拉国就是其中之一。"我们得到那些数据后，"一名官员对我说，"就将它们给那些能够了解人类如何应对的政治和社会科学家。在考虑该地区所发生的其他情况的前提下，向那些学者咨询，如果发生了这些问题，人们将如何应对？我们从来不单独看气候变化。我的意思是，你得在其他问题的背景下来看气候变化。我们能够合作来解决存在的问题吗？会不会有紧张局势？有没有移民？如果要移民，那么他们得移民到哪里去？"

从民口研究机构和部门给NIC提供的报告可看出，情报部门所担心的事情和其他人担心的事情是一样的。"恒河三角洲可能出现的洪涝灾害和海水入侵，可能会让数千万的孟加拉国人背井离乡。"中枢技术公司（Centra Technology ，Inc）和斯塔公司（Scitor Corporation）的研究报告称，"印度将没有资源来处理涌入到西孟加拉、奥里萨（Orissa）和东北地区等的孟加拉国人。孟加拉国大约一半的人口不能通过农业来养活自己，将在2050年迁移到城市里，而且大部分人员可能是移民到印度。另外，诸如龙卷风此类的重大破坏性事件可能会在更短的时间尺度上引发难民潮并涌入印度，这要比气候变化带来的总体影响快得多。"

就印度而言，它自己这方面的研究很少。我去印度的时候，这个国家只有一份政府报告是与此相关的，研究的是印度安全与孟加拉国人口、气候变化和海平面上升之间的关系的，这份报告还是保密的。"孟加拉国的人口增长率很高，除此以外，还有一个很明显的是，这个国家将失去大量的陆地。"这份报告的作者在德里告诉我，"那是个定时炸弹。"

印度正在成为世界上最大的碳排放国之一，当然这是就国家而言，不是按人均说的。但是，印度正在认识到问题的所在。印度40%的GDP依赖雨水，而降水模式，包括雨季到来的时间，已经发生了变化。美国航空航天局的卫星显示，印度北部的地下水水位每年下降1英尺，因为农业灌溉将地下水层都吸干了。在英国风险评估公司梅波克洛夫特（Maplecroft）发布的气候变化脆弱指数（Climate Change Vulnerability Index）中，印度位列第二十八位，远低于排名第二的孟加拉国，但也高于大多数国家。在气候安全大会上，印度空军前司令官 A. K. 辛格（A. K. Singh）警告说，如果冰川减少迫使印度将共享江河的水留在自己的国境界内，那么就可能与巴基斯坦和孟加拉国发生战争。如果孟加拉国发生洪涝灾害，那就会进一步加剧印度次大陆的不稳定。"最初，人们会争夺粮食和住处，"他告诉美国国家公共广播电台（NPR），"如果出现非法移民，每个邦都会阻止其发生。最后，就会演化为军事冲突。你有什么其他办法来解决你们的边界冲突呢？"

从本质上来说，厄纳姆尔·霍克并不是不喜欢外国人。作为我的向导，他和阿迪克一样，显得也很有礼貌。我一到达胡布里，他就来宾馆欢迎我。我住的那个宾馆只有几个房间，在一家衣服店上面，衣服店最近一直遭受一窝蚱蜢的困扰，蚱蜢有拇指那么大。他说，这个宾馆太差，"不合他的身份"。于是，我们开车到他的家里去。车子是向一个朋友借的，是一辆白色的有尾窗的塔塔小轿车。在路上，他向我保证他是个好向导。"我在阿萨姆，在全印度，都是很有影响的人，"他说，"但是，我会接到电话，人们威胁我，说我是败类。我用阿拉伯语对他们说，'唯一的主是祖国。为你的祖国奉献一切。否则，你就不是个真正的穆斯林。'我就是这样对他们说的'"。

在他的两居室里，他让佣人给我拿了一摞边境地图，我们把它们铺在桌子上，旁边还放着一本书《你能赢》(*You Can Win*)，是很有感染力的演说家施夫·凯拉(Shiv Khera)写的。(赢者不是做不同的事情，而是以不同的方式做事情。)墙上挂着一个阿萨姆人的传统帽子，看起来像是墨西哥宽边毡帽和越南圆锥帽的混合物。厄纳姆尔坐在桌子旁边，开始给我讲阿萨姆邦移民的情况。第一拨移民是 1971 年以难民的身份过来的，那个时候孟加拉国还是东巴基斯坦，印度军队帮助它从西巴基斯坦那里独立出来。(在印度处于分裂状态的 20 年里，东巴基斯坦和西巴基斯坦这两个地方是单一的穆斯林邦。)到了 1979年，AASU 的负责人对于人口激增深感忧虑，就发起了所谓的阿萨姆运动(Assam Movement)。这个反对移民的运动包括大规模的学生集会、静坐抗议以及在六个小时内屠杀了 2 191 名非法移民。(厄纳姆尔并没有提及这一点。)这个运动在印度东北部开展得如火如荼，印度政府不得不坐下来与 AASU 协商，在 1985 年达成了一个协议，承诺马上构筑篱笆。"那就是 1987 年开始这项工程的原因，"厄纳姆尔说，"那就是为什么在所有的邦之中，篱笆的第一期工程在阿萨姆邦开工的原因。"

厄纳姆尔给我看的地图都是活着的文件，之所以一直变动不居，不只是因为不断地建造新的道路，构筑新的篱笆，还因为建好的路和篱笆有时被海水侵蚀破坏了，还因为河流的中间有时就会出现未设防的新土地。"看这儿，"他说，用手指着，"从前，这儿构筑了很长的边境篱笆，现在全没有了，所以我们还得重建。"他翻到另一幅地图。"这个地方很好穿越，"他说，"防守很脆弱。"他指着地图上的孟加拉国。"全球变暖造成的混乱是从那边开始的，"他说，"再过 10 年或 20 年，孟加拉国人注定要移民。因为再过 10 年或 20 年，孟加拉国就不适于人居住了。情况很令人担惊受怕。现在，孟加拉国人不论用什么法子，就是要出来，他们是在讨生活。他们逐渐地来这儿居住，这是无声的入侵。"

　　如果没有 BSF 的批准，厄纳姆尔不敢在边防巡逻时带着我，但是他脑子里还想着一个同等重要的考察，他想带我看看他所知道的达胡布里。如果这个地方居住的人大多是孟加拉国人，那就会变得很危险。第二天早上 5 点，他骑着他的轻便摩托来接我。我坐上去，他开着嘟嘟嘟地经过装着百叶窗的沿街店铺，来到露天剧院文化中心（Open Air Theatre Cultural Complex）。他定期在那儿与印度教朋友做瑜伽，这也证明他制止非法移民与宗教无关。数十个中年人坐在泥土地上，是那种吉祥的坐姿，女的在左边，男的在右边，两腿交叉，手指形成着各种手印，三位导师在一个台子上吟唱着。我和厄纳姆尔把瑜伽练习垫放在男人这边，比划了一个小时后，所有的人都盯着我看。厄纳姆尔很是谦和，对我身体的柔韧度没有半句评论，曼哈顿的一个理疗师在对我检查后曾说，"我看到过的最差的身体柔韧度"。不大一会，厄纳姆尔的朋友开着车来接我们，我们首先去一个著名的陶工居住地，就在河边一个岬角上。我们在酷热的太阳底下站了好几个小时，观看着那些民间艺术家和他们塑造的陶制犀牛和大象。

　　这次考察最重要的一站是在下午，我们要去参观一个日益破败的木楼，这个建筑已经有一百年的历史，里面还住着一位蓝眼睛的拉甲，也就是印度曾经的王公贵族。这个百年建筑位于一个小山上，是达胡布里为数不多的小山之一。为了拜会这位拉甲，我们把车停在山脚下，步行穿过一片未修剪的草地，经过一门古老的大炮，然后走上摇摇欲坠的楼梯，边上有晾晒的衣服。我们来到二楼，进入他的书房。拉甲在里面坐着，身边有数百张他祖先的照片和油画。电扇转着，书房里还凉爽，但只有几分钟就断电了。拉甲说话轻声细语，给我们拿罐装的可口可乐，竟然还有冰块。他警告我："这儿的水不能喝。"他简略地带我们看了看楼下的仓库，那里有落满灰尘的大箱子、制成标本的虎头，还有一杆猎象枪。不过，多数时候，我们都是坐在闷热的书房里，谈论过去的日子。他说："我家有 700 平方英里的土地。"印度的领主和臣民制度结束也就是 20 年的时间，印度政府开始直接收税，而不是通过拉甲以及像厄纳姆尔那样低级别的贵族。拉甲的土地曾经横跨整个阿萨姆邦，甚至延伸到现在的孟加拉国，但是这些土地不断地被政府收归国有，并分配给平民百姓。这座楼是仅存的家产之一。他想把它变成一个博物馆。

拉甲的父亲是阿萨姆邦议会的议员，曾是一名了不起的猎手。"他猎杀了 76 只老虎和 11 只猎豹。"他说，"他还猎捕了 100 多头象。"他取出一本古老的狩猎日志，给我们翻看着破损不堪的页码，愈来愈沉浸到往日的怀念之中。"一只老虎，两头雄犀牛，一头雌犀牛，"他自言自语地说，"从我这儿，我们就可以列一个灭绝动物的目录。"他说话中提到，他的父亲注意到老虎逐渐地消亡，于是成为一名伟大的环境保护主义者。拉甲不断地端详着一幅照片，上面是他父亲最喜欢的大象普拉塔普（Pratap），那头大象死于 1962 年，就埋在前面的院子里，离那门大炮不远。"我父亲总是对我说，普拉塔普不同寻常，普拉塔普与众不同。每头象都有交配繁育期，你知道吧？那个时候，每头雄象都变得很暴怒。但是，普拉塔普依旧很温顺、安静。我父亲说，在大象发情交配季节，他牵来一头母象，并叫唤普拉塔普，看它是否过来。我父亲一喊它，它就过来了。"厄纳姆尔啜饮着可乐，大声地打着嗝。

这两位领主有一阵子用当地话戈尔帕里亚语（Goalpariya）聊了起来，我听到厄纳姆尔提到 BSF，他告诉拉甲，我没有拿到参观边境篱笆墙的准许证。拉甲转过脸问我："你想不想看看孟加拉国人生活的地方？离这儿很近。"我们下了楼梯，下了山，上了车，拉甲还带了支双管猎枪。很快，在我们右边就出现八个小草房，那儿曾经是拉甲的土地。"慢，慢，慢，"厄纳姆尔低声说，"慢，慢！"我们伸长着脖子，但是只看到一名穿着莎丽的妇女消失在一个草房之中，好像还背着什么东西。"你不能一定说他们是从孟加拉国来的，"厄纳姆尔告诉我，孟加拉人就是孟加拉人，"但是，你也不能一定说他们就是印度人。"

那片土地是块洼地，比道路低十几英尺，散布着一些稻田。如果下雨，最先遭洪涝之灾的就是这些地方。令我惊讶的是，这块地边上就有两个 BSF 的营地。"事实上，这块地是政府的，"厄纳姆尔说，"即便有人占了这块地，政府也不管，村民也不管。你管不了，孟加拉族人，孟加拉国人，语言都是一样的。很难管，因为孟加拉国人的外形和特质以及特点……"

"分辨不出来，"拉甲说，"根本分辨不出来。"

"你发现不了他们"，厄纳姆尔同意拉甲的说法。

　　与达胡布里不同，达卡是多数孟加拉国移民能去的最远的地方。就像塞内加尔一样，最穷的人没有什么办法，能去的最远的地方也就是首都而已。在达卡都市区，人口估计有 1 300 万人，每年会增加 50 万河岛居民、龙卷风难民以及其他外来人员，是世界上人口增长最快的城市。到 2025 年，达卡的人口将比墨西哥城和北京还要多。刚到达卡的人会在铁路站场和汽车站里度过几天或几周的时间，然后搬到官方地图上都没有标注的城郊贫民窟中。男人常常会找到拉人力三轮车的工作，每天挣 2 美元，现在达卡这座大都市据说有人力三轮车 80 万辆。幸运的人会在非法制衣厂找到工作，那些工厂的厂房濒临坍塌，生产的衣服销往世界其他地区。我和阿迪克从南方回来后，我在达卡老城的卡拉什尼科夫步枪雕塑（Kalashnikov）附近经历了严重的交通拥堵状况，一辆人力三轮车紧挨着另一辆人力三轮车，一动也不动，在一条很窄的街道上绵延半英里。达卡的天空不是雾蒙蒙就是下雨，城市本身发出腐烂气息，似乎开出了恶之花，绚美而怪异。"孟加拉国的都城似乎要肢解，成为其构成要素"，记者乔治·布莱克（George Black）这样写道，他比我早去了一年。"如果这座城市是用铁造的，那么它正在生锈；如果是用蔬菜做的，那么它正在腐烂；如果在用砖砌的，那么它正在变回污泥，变回河里的泥沙。"

　　我见的人没有一个愿意谈论印度在边境线构筑的篱笆墙。"拜托，这种事情我们不能谈，"国际移民组织（International Organization for Migration，IOM）的一名代表说，"这件事太敏感。"孟加拉国政府官方的立场是，去往印度的非法移民不存在。IOM 给我讲了合法移民的情况，孟加拉国人向招募人员支付 2 000 美元，就可能在迪拜（Dubai）或伊拉克（Iraq）获得最底层的工作岗位。达卡市有数百个工人招募机构，孟加拉国在世界各地的打工人员有 200 万人。马尔代夫和孟加拉国一样，是世界上受海平面上升威胁的几个国家之一，那里有孟加拉国的打工者。利比亚也有孟加拉国人，利比亚战争期间，去那里的孟加拉国人乘着小船逃向欧洲，就和偷渡的非洲人一样。至少是有一个满载着数百名孟加拉国人的小船登陆了马耳他。

在达卡市的多数援助人员也不愿谈论篱笆墙的情况，只是因为那堵墙代表着失败。一般情况下，就我所遇到的孟加拉国年轻人而言，他们与塞内加尔年轻人不同，不论自己的国家受到怎样的威胁，都不愿意永远移民到另一个国家。就像我在河岛上所了解的，孟加拉国人的伦理道德是忍耐适应。阿迪克所属的组织海岸，祈祷种植更多的水稻，开展更多的教育，实行更多的本地控制。海岸的创立者告诉我："由于粮食危机，外国公司到这儿来，对我们说转基因粮食是唯一的解决办法。"几年前，孟山都公司曾与孟加拉国最大的 NGO，也是现在世界上最大的 NGO 孟加拉国农村发展委员会（BRAC）合作过。"世界上任何地方都没有企业愿意为人民做好事的例子，但是这并不是说我们反对一切国外援助，"他继续说道，"孟加拉国每年人均碳排放只有 0.3 吨，而美国人均碳排放是 20 吨。我们应该得到资金的补偿。"

如果要与 NGO 的人见面，我就得从达卡老城附近的宾馆到相对安宁富足的古尔山（Gulshan）和波纳尼（Banani），那里居住着外国人，绿树成荫。去那里需要乘坐出租车，用人力三轮车则不行。6 英里的距离竟需要 90 分钟，达卡的交通是我见过的世界上最拥挤的。为了争抢道路，司机们会让他们的车相互碰撞，几乎每一辆公交、每一辆卡车以及三分之二的小汽车，车体的两边都有长长的划痕。阿提克·拉赫曼是备受尊敬的环境主义者，也是 IPCC 报告的起草人之一，即便是在他古尔山宽敞的办公室里，交通嘈杂的声音依然清晰可闻。"移民不是适应。"他在我造访的那天下午这样对我说，当时他的声音几乎淹没在外面的汽车喇叭声中。"对我们来说，气候适应就是通过技术和援助（汽车喇叭传来嘟嘟嘟的声音），通过技术和援助来改善你们的系统。如果你们退缩不前，那就不是适应（汽车喇叭又传来嘟嘟的声音），移民就是承认失败。就气候变化而言，有三种可能，即：适应、减少以及失败。"

拉赫曼是达卡为数不多的愿意谈论篱笆墙的人之一。正如偷牛是不可避免的一样，不管孟加拉国如何努力适应气候变化，有些移民还是不可避免的。他说笑道："我们需要牛，而印度有很多，他们也不需要。"他仅有的希望是，能够有效地管控遭受的失败。他给我讲他最近在洛杉矶参加一次招待会的情况。"我对美国人说，因为你们的碳排放，我的同胞被洪水淹没，我替他们在加州要一块地，在得克萨斯州要一块地，在马里兰州要一块地。"他说，"我来给你们算一算，看看你们的排放，每个人应该负怎样的责任。我也能算出来德国人应该负怎样的责任。"孟加拉国有的是劳动力，而美国的老人越来越多。"美国人有很多要打高尔夫。"他说，"很多人都有钱，很多人都需要护理服务。他们本应该在 65 岁死去，但是他们到了 79 岁还活得很硬朗，到了 85 岁还继续活着。他们将需要按摩。我希望孟加拉国的气候变化移民不对接收国形成威胁，而是成为其有效的经济资源，对双方都有好处。"除此外，几乎没有他法。"如果不能这样，"他继续说，"那么我认为我们就会跑。如果你有种，就堵我们呗。用什么堵呢？你有多少子弹？"

尽管受到气候变化的很大影响，但是孟加拉国现在接受的国外援助比 20 世纪 90 年代末还要少，每年只有 150 万美元左右，是其出口劳动力所赚外汇的四分之一。孟加拉国人所问的问题不是印度是否能建成那堵篱笆墙，印度肯定能完成，他们的问题是，西方主要的碳排放国能否践行关于气候援助的承诺，给他们以补偿。随着国际气候磋商越来越拖拉，协议文件上的气候变化适应的基金已有数百万美元，但是那些钱大都是欠条，而且有些所承诺的援助也都是已经存在的援助，不过是一钱两用罢了。拉赫曼能举出来的获得援助的例子只有一个项目，得到经费 20 万美元，用于海岸植树造林工作，那个工程如果要完成，需要 2 300 万美元。

"没有钱，"他宣称，"钱不会给穷人。这就是钱的本质。"清洁发展机制是根据 1997 年《京都议定书》建立的，他解释说，这一机制给发展中国家减排温室气体给予补偿，使得中国和印度获得了数千万美元。而孟加拉国排放少，所以减排也少，得到的补偿也就少。他说，这个机制很有问题。污染者不用支付钱，还能得到钱。碳在全世界是平等扩散的，但是补偿款却不是这样的，尽管初衷是好的。拉赫曼越来越安静，外面的交通噪音越来越大。"关于气候变化的噩梦场景，"他说，"就是到处都飘动着钱，到处飘动。很多钱在各处飘动，很多零排放碳的技术被转移到本来就是零排放的地区。结果是不会有什么结果，什么也不会发生。对于穷人来说，绝对的是什么也没有发生。"

"篱笆墙阻止不了他们的。"厄纳姆尔说。返回古瓦哈蒂前，他在和我一起走在河岸上经过一群牛时承认这一点。"但是，我们必须完成它。因为，如果不这样的话，就什么也没有。"

我还是想亲眼看看这道篱笆。在与阿萨姆邦相邻的梅加拉亚邦（Meghalaya），我最后终于看到了。西隆是梅加拉亚邦的政府所在地，因为海拔有 5 000 英尺和温带的气候，以前曾是英国的避暑胜地。我从西隆乘车经过高原，进入乞拉朋齐（Cherrapunjee），那里的年降水量和月降水量（分别是在 1861 年和 1861 年 7 月）居世界第一，被列入了吉尼斯世界纪录。途中有一块又一块的牌子，上面写着"欢迎到地球上最湿润的地方"。路边还有当地人（Khasis）开的炒面店，当地人是卡西部落，笃信基督教，喜欢乡村音乐，特别是情歌。我说服司机沿着高原边上越来越泥泞的道路行驶，然后奔着孟加拉国的方向一路下行，在不到一个小时的时间里下降了海拔 4 500 英尺，沿着弯道小心行驶，经过从陡峭山崖上飞下来的小小的、马尾型的瀑布。空气又变热了，人们的肤色也更暗了。水流向了低处的孟加拉国，人们却往高处走。这就是世界的逻辑。

我们走到路的尽头的时候，就是边界线，并没有给我带来预想中的兴奋，那里没有孟加拉国人穿越，没有明显的象征符号，几乎啥特别的也没有。有几头牛在那里晃悠，距离基准线只有几码的地方有几个住家和村庄，呈现着一片田园风光，一个茅草房里有来自加尔各答的两名士兵。他们脸上没有任何表情，与我在德文岛上看到的 22 团的士兵一样，他们的职责是一样的。他们瞄准着手中的枪，随时等待着。边境线的篱笆墙是两排带刺的铁丝网，中间被很窄的无人地带隔离着，看起来很令人望而生畏，甚至是水泼不进。你几乎可以相信，所有的问题都是篱笆墙那边的。

十

可以出售的海堤：为什么荷兰人喜欢海平面上升

　　桑迪飓风袭击纽约市那年的一个周一，在哥伦比亚大学宽敞的大礼堂里，坐着一批律师和大使，他们在讨论如果某个岛国消失在海平面以下，从法律上看，将会发生什么。在会议开幕词中，法学教授麦克·杰拉德（Michael Gerrad）说，会上将讨论一些"新奇的问题"，比如：如果一个国家沉入水下，那么还是个国家吗？在联合国还有席位吗？其专属经济区会有什么变化？其捕鱼权呢？其水下矿产呢？其在地球上的国家地位能够延续吗？其公民迁移到其他地方去以后属于哪国人？在移民到其他地方以后，其公民有什么权利？哪些国家应该让他们迁移过去？要沉入水下的国家及其公民还有法律上的补救措施吗？

　　这个大礼堂的形状就像一个蛋壳，从海拔上看比很多被讨论的岛国还要有更大的空间，从穹顶到地面的高度可能有 50 英尺。与会人员有二百多人，多数都穿着正装，坐在十排座位上。其中至少有一位寻求开展新业务的律师，她是这样告诉我的。还有很多小岛国联盟（Alliance of Small Island States，AOSIS）的众多代表，这个联盟有 44 个成员，主要是将受全球变暖影响的岛国团结起来，既有备受关注的图瓦卢（Tuvalu）、马尔代夫，还有很少人谈论的格林纳达（Grenada）、佛得角(Cape Verde)和巴哈马群岛(Bahamas)。这个会议是杰拉德和马绍尔群岛驻联合国大使一同主持召开的。马绍尔群岛在 AOSIS 成员中不大为人所知,其有 29 个密克罗尼西亚人居住的珊瑚环礁和五个岛屿,位于中太平洋,距离国际日期变更线不远。尽管是联合国里的一个微不足道的小国,但是马绍尔群岛在国家道义生存方面却有着独特的地位,曾经由于来自外部的污染而两次面临毁灭的命运。在 20世纪 40 年代和 50 年代,美国军方在这个国家进行了 67 次核爆炸。那个时候,这个国家被称为太平洋核爆试验场(Pacific Proving Grounds)。世界上第一颗氢弹"常春藤麦克"(Ivy Mike)就是 1952 年在这儿成功试验的。["是个小男孩",氢弹设计师爱德华·泰勒(Edward Teller)在给洛斯阿拉莫斯国家实验室(Los Alamos)的电报中这样写道。]两年后,美国当量最大的氢弹"喝彩城堡"(Castle Bravo)爆炸,当量达 15 兆吨,照亮了比基尼环礁(Bikini Atoll)的太空。现在,马绍尔群岛的平均海拔只有 7 英尺,最高海拔也不过刚超过 30 英尺,所以很有可能成为被气候变化最先消灭的国家之一。有一个小岛已经消失了,那是被常春藤麦克氢弹化为乌有的小岛伊鲁吉拉伯岛(Elugelab),这个小岛曾经青翠碧绿,现在只剩一个 1 英里宽的大坑。

马绍尔群岛 1986 年才从美国统治之下获得独立,国歌《永远的马绍尔群岛》(Forever Marshall Islands)是 1991 年才有的。"是造物主远在天际的光,"国歌一开始就这样唱到,并无意要表达氢弹爆炸的历史,"照耀着生命灿烂的光芒/那是我们主父伟大的创造/赐福给我们,我们的祖国/我永远不会离开我可爱的家园甜蜜的家园。"现在,马绍尔群岛的经济发展主要靠国外援助、椰树种植、金枪鱼加工、捕鱼权利的许可以及为岛上一个现存美国导弹基地提供服务等。这个国家还向货轮出售方便旗(Flag of convenience),那些轮船就可以在本国逃避管制,比如壳牌公司主要的北极钻井船只库鲁克号,在其船体上喷涂的名字就是马绍尔群岛首都马朱罗(Majuro)的字样。马绍尔群岛的人口有 6.7 万人,比米尼克·克勒斯特所引以为豪的格陵兰多了一万人。从功利主义的角度看，几乎是扯平了，因为，如果说前者由于气候变化而沉入大海，那么后者正是由于气候变化而获得独立。

看到世界不能够在哥本哈根达成新的气候协议，看到联合国聚焦于多边磋商和减排的气候进程没有任何进展，马绍尔群岛和哥伦比亚大学就开始计划举办这次会议。"这次会议表明，全球气候谈判遭遇了重大失败，"大使在轮到自己发言时就走到发言席上说，"没有政治意图。没有任何进展。没有应急预案。几个星期以前，我们在曼谷花了一周时间讨论会议议程，用一周的时间来讨论该讨论什么！就像在地道一样，到了终点还是没看到光明。这就是我找到杰拉德教授要举办这次会议的原因。"现在，我们面临的威胁还不只是生存。他说："对我们来说，我们的土地和自然资源，特别是海洋资源，是马绍尔群岛共同身份的一部分。"他接着说，即便是这样，在他的国家，向地势更高的陆地撤退，也行不通。因为在被海水完全淹没之前，马绍尔群岛早就不能居住了，不时的海水冲刷已经将农田盐渍化了，污染了饮用水供应。为了防止海水入侵，马朱罗开始构筑一个海堤，尽管提供的保护很有限，但是每米的成本却高达 1 000 万美元。在马绍尔群岛，已经有几十家地势低的房屋被淹没了，不久还可能会暴发严重的登革热。这种传染病是蚊子传播的，有些科学家认为高温和降雨会加剧这种疾病的恶化。

第一位发言的学者个子高挑，金发碧眼，她用带有德语口音的英语，乏味地、坚定地历数着作为一个国家应该具有的要素。第一个要素是一定的国土。即便是因为海平面上升而被淹没，这个条件也可以通过人造岛屿来满足。所谓人造岛屿，就是将浮动的建筑拖入指定位置，然后固定在海底。她指出："这个创造（新的）海洋区域的做法在1958 年被废除了。"（也就是说，如果根据《海洋法》来扩大主张领土主权，是没有效应的。否则，北极地区就会全是这种浮动的岛屿。）但是，如果是用人造岛屿来替代现存的领土，可能被富有同情心或有负罪感的国际社会所接受。第二个要素是持久的人口，这也许可以将来通过留在某些岛屿上的"人口核心，也就是法律上的人口基石，所谓的留守人口"来实现。这就像斯特朗中士关于汉斯岛的计划扩展版一样。第三个要素是政府，这个很容易理解。最后一个要素是独立。她说，实际上，这个要素是由国际社会授予的。将一个国家踢出联合国，需要三分之二的成员投票同意，"我怀疑多数联合国成员会投票灭绝一个小的岛国"。马绍尔群岛被海平面上升淹没以后，如果国际社会希望承认其国家地位，那么需要找到一个永远存在的方式，至少是在纸面上。

另一个发言嘉宾介绍了"异地国家"的概念，也就是说一个国家在物理上消失了，但还作为托管国存在，会从那些不可避免的气候变化法律诉讼中获得补偿经费，然后将这些经费分发给流散在各地的岛国人。毫无疑问，有些气候变化诉讼案件就是参加此次会议的律师提出的。马绍尔群岛的总统谢顶，戴着蓝色的领带，坐在会议室的前排，向前倾着身子，紧握着双手，好像是做好防备要应对击打一样。其外交部长站了起来，声明道："不仅我们不能接受我们国家的大规模迁移，这个会议室里很多联合国大使所在的国家也不能接受。"佛得角驻联合国的大使表示赞同。"很多人认为，被淹没土地的国家即便是死了，也不吭一声，"他声音浑厚地说，"但是，我在这儿向诸位保证，我们在呐喊。"马尔代夫的大使特别强调，这个问题"与联合国成员国身份无关。当然了，这些岛国可能会消失，同时消失的还有其国民几百万人，不过地球还要转下去。但是，这就是人类文明发展到现在的结果吗？如果某些国家和某些民族遇到不便之处，我们难道就任由达尔文适者生存的原则将他们淘汰吗"？

会议转向其他棘手的问题，首先是如何保持一个被淹没岛国的渔业和海上矿产资源的权利？根据《海洋法》，海洋领土是根据一个国家的海岸线来确定的。如果一个国家因为被海水淹没而丧失了海岸线，是不是所有相关的权利都丧失了？有一位来自澳大利亚的教授，一直是挥舞着手，蹙着眉毛，她提出了最令人高兴的解决方案，建议岛国修改他们的国内法，不能只根据物理的地理标志来确定其海岸线。她建议，法律条款应该根据新的立法诉求而进行修订，"但是修订以后就不要再更改"。希望这个世界能够遵循法律。

哥伦比亚大学关于灾害的专家克劳斯·雅克布(Klaus Jacob)，研究了纽约在面临暴风雨袭击时的脆弱性，在桑迪飓风之后成了一名不大不小的媒体明星。他在会上介绍了自己的成果，比如，马绍尔群岛的首都还能存在多长时间，需要多少花费等。他解释道，出于规划的目的，"风险性"是以每年多少美元来计算的，计算公式是用每年灾害的几率乘以财产的价值，再乘以那些财产的脆弱度。马朱罗有 3 万多人，挤在 3.7 平方英里的土地上，平均海拔不到 7 英尺。"您看呀"，他说，导致大多数损失的是"很多小事件，而不是偶尔发生的大事件"。平均来说，如果海平面上升 1 米，那么马朱罗这个城市每年就得付出所有建筑和基础设施价值的 10％到 100％，这个费用是很惊人的，不论从气候诉讼中获得多大补偿，没有一个穷国能付得起。"我认为唯一的可行办法是减少马朱罗的人口，"他继续说道，"只留下那些真正需要的人员。然后，再过一千年，到了那个时候海水又退回原来的地方，你们这些人可以再回来。"

大会上讨论最热烈的议题围绕着是否应该有一部新的气候难民法律，或者现有难民法律需要扩大内容，或者维持现状、什么都不要做。国际移民组织的一位官员指出："从本质上说，还不能将气候看作是移民的原因。"我们了解到，有数千名马绍尔群岛人，可能有总人口的十分之一，已经移民到阿肯色州的斯普林代尔市(Springdale)。斯普林代尔是泰森食品公司(Tyson Foods)总部所在地，该公司是快餐食品供应商，是世界上最大的肉制品生产商。离开自己国家的马绍尔群岛人到那里去干屠宰场的工作，这些活儿现在连墨西哥人都不愿意干。尽管被无端地指责带来什么麻风病以及传染肺结核，他们现在为美国人吃上廉价的鸡肉提供了新的重要的服务。但是，斯普林代尔不过是题外话罢了。学者们多数情况下争论的都是前面说的那些情况。岛国的人都听烦了。

"您知道，这个问题让我想起一个故事，"马绍尔群岛的一位部长说，"我曾参加埃内维塔克环礁(Enewetak Atoll)的清理工作，那是用来进行核试验的环礁之一。"在 20 世纪 70 年代末期，美国从周围岛屿的地表上去除受到核辐射的土壤和垃圾，在一个被称为仙人掌坑的爆炸洞里掩埋了 9.5 万立方码的具有放射性的物质。"他们想竖立一些警示牌，警告人们不要到岛上来，"他说，"他们问，你们想要我们在这些警示牌上写什么呢？我的回答是：'别问我们。是你们把放射性物质倒在那儿的。你们应该问你们自己，我们会帮你们把要警告的内容写到牌子上。'"

"现在你们问我们一个国家的消失情况，"他继续说，"一个民族的消失情况以及他们的文化和身份的消失情况。你们问我们，'你们想怎么办？你们想要到哪儿去游泳'？是这样，我不知道。但是请你们告诉我们，我们什么时候能去游泳啊。"

三天来，会议议程一直延续着这个模式，先是岛国与会者的愤怒，然后是至少某些学者进行的超然冷静的分析，然后是更多的愤怒。每当有律师大声地陈述此次会议的主旨时，很多与会人员都深感痛心，他们是受气候变化威胁的人，有马尔代夫人、巴哈马人、密克罗尼西亚人、瑙鲁人、圣卢西亚岛人、帕劳人、基里巴斯人。会议多数时间里，学术界都小心谨慎地发言，因为他们很清楚，他们是在给难以想象的问题规划一条合理的道路，有时候，所提建议的差异又是显而易见。"也许更应该讨论一下为什么要维持一个国家，"来自荷兰的一个海洋法专家一天上午说，"尽管有诸多问题，但是如果你想要说服国际社会维持这些受气候变化威胁的岛国，你得陈述为什么，为了什么目的，目标是什么。"会议还提出了其他两个复杂的法律解决方案，他不知道有什么不妥的地方。一个方案是那些受威胁的岛国可以到海外购置土地，这种做法已经被一些国家公开讨论过了；另一个方案在他看来更加"现实"，就是将不同的太平洋岛国简单地合并在一起，包括一些海拔高些的岛国，然后创建一个新的国家。所有的人都挤在一块。他自鸣得意地说："这样做会实现很多目标。"会议室里突然寂静无声，也许满大厅的人都在思索，如果我们都认为可行的话，荷兰会不会介意与德国合并在一起。这时，另外一个学者插话，打破僵局。她说："从伦理的角度看,我认为答案是很明显的,那些岛国是主权国家,有些是经过长期的斗争才获得独立的,这些国家希望维持这个状况。"

　　荷兰的地势很低,这是众所周知的,来自这个国家的人对于海平面上升持有务实的观点,这一点不让人奇怪。富裕国家对于水量太多的反应出人预料,也映射了其他长期缺水国家的反应。对于气候变化,西班牙、澳大利亚和以色列研究干旱的专家并不总是高兴的,但是他们因此而找到了改进海水淡化工艺的理由,因此他们现在很高兴将那些技术售卖给你。同样,荷兰研究洪涝的专家对于气候变化也不是特别忧虑,他们会很高兴地卖给你一个海堤。荷兰人与土地下沉进行斗争以及从沼泽遍布的莱茵-默兹河(Rhine-Meuse)三角洲垦拓土地的历史,可以追溯到中世纪,其标志性的风车就是被用来为水泵提供动力的。荷兰人笃信技术的作用,是其所在的地理地势所决定的,这个国家的国土几乎全部都是人造的。荷兰三分之二的人口生活在海平面以下,70％的 GDP 也是在海平面以下的地方创造的。1997 年,荷兰完成了投资 75 亿美元的三角洲工程(Delta Works)建设,包括堤防、水坝和防潮带,成为世界最伟大的海岸防护网,比任何防护林和边界屏障都要复杂,是现代工程的奇迹。

　　当地球上其他国家开始担忧海水入侵的时候,荷兰已经积极促进其水利管理技术向国外的输出了,包括水利疏浚和工程技术以及水陆两栖建筑技术。事实上,荷兰此前就有可以向国际社会夸耀的成功案例。曼哈顿是哥伦比亚大学所在的地方,也是此次会议举办的地点。从某种程度上说,正是由于早期荷兰殖民者的土地垦殖,曼哈顿才呈现着今天这个样子,当时的名字还是新阿姆斯特丹(New Amsterdam)。只要荷兰人还生活在荷兰这块土地上,那么老阿姆斯特丹也会一直保持着它的样子,一个国家自己最好的广告莫过于其持续的存在。在梅波克洛夫特发布的气候变化脆弱指数中,荷兰几乎是叨陪末座,挨着位于北半球高纬度的冰岛、丹麦、芬兰和挪威,在被调查的 170 个国家中排名第 160 名。

　　这次会议召开之前，我去了趟荷兰，主要是了解与孟加拉国和马绍尔群岛相比，气候变化对于这个富裕的国家来说有着怎样的不同。阿姆斯特丹当时正举办一个名为水土地（Aquaterra）的会议，海报上说是世界受威胁河流三角洲城市的首次聚会，参加的城市有新奥尔良、雅加达、胡志明市和纽约等。开幕式上，我听到主持人宣称，我们之所以到这儿来，是因为有了"新的愿景"。"是关于气候适应的，关于商业发展的，"她说，"是关于挑战和机遇的，是关于价值创造、精诚团结和创新创业的！"荷兰花荷（FloraHolland）占地1 000万平方英尺，是世界上最大的鲜花拍卖市场，位于纳尔德韦克（Naaldwijk），每天都有"新采"的鲜花从肯尼亚、印度和哥伦比亚等地运到这里。在荷兰花荷，我对一个现代化的高水平浮动温室进行了基本的参观考察。在海拔3.3英尺高的古老城市代尔夫特（Delft），我参观了一个实验室，那里正在开发"智能土壤"，可以填堵堤坝上的缝隙，避免堤坝的溃决，从而保护荷兰。正是由于堤坝溃决，卡特里娜飓风期间，新奥尔良被洪水淹没。"我们的想法是利用细菌来产生黏结剂，"兼具公私性质的代尔夫特三角洲研究中心（Deltares）的一位教授解释说，"您可以在一个星期内制造砂岩，但是在自然中的形成却需要一百万年。如果有1 000亿个细菌，那么您可以催化形成任何东西。"教授说："它们就喜欢吃尿素。"他们用尿素培养细菌，还试图用基因修饰方法加速这一进程。智能土壤还可以销往国外。后来，我见到一个瑞典建筑师，他提议使用这一技术来代替绿色长城，将一些细菌倾倒在撒哈拉沙漠中，就会很容易地将沙堆固定住，同时创建"抗沙漠建筑"，以便安置气候难民。

　　从荷兰被加固的海岸开车一个小时，在山区丘陵和农田中，有一个区域是荷兰人与水争斗而承认失败的地方。但是，即便如此，那个地方也显示出有钱人在适应气候变化方面有着怎样的不同。围圩是一个泪珠形状的、两平方英里的岛屿，是围海而垦殖的土地，或者是人们所称的圩田，就在马斯河（Maas River）的中央。荷兰有时被描述为欧洲其他国家的排水沟，就拿马斯河或默兹河来说，其河水是从比利时和法国流过来的。随着欧洲气候的变化，这条河可能会因为降雨量更大而水位暴涨。对于水位升高，荷兰的应对措施是抬高堤坝，水高一尺，坝高一丈，但是荷兰政府在充分听取各方意见后，认为不能无限制地将堤坝增高。于是，就实施了增加河流空间（Room for the River）的计划，共 40 个项目，其中包括屿田。这 40 个项目实施的地方将会做出牺牲，多数情况下听之任之，成为水漫滩，从而以较少的代价来保护更为发达的地区。在屿田生活的农户有 18 家，他们可能成为世界上第一批气候难民，因为他们的出走很明显是因为气候变化而导致的，或者至少是因为害怕气候变化而迁移的。

　　一天上午，我与增加河流空间计划的当地协调人开车经过连接屿田和陆地的大桥，停在一个奶牛场农户的房子前面。奶牛场主人面带笑容，板寸头。32 年前，他是这个屿田出生的第一个婴儿，现在他坐在那儿，抱着自己的孩子，旁边还有个两岁的女儿，小姑娘递给我一块橡皮泥。这位农场主告诉我，他的房子就要拆了，一起拆的还有他的牛圈，但是，他很高兴。因为有九户人家还可以继续留在屿田，他家就是其中之一。在政府的资助下，他的家将搬到地势高的土丘上，从而进一步扩大他的奶牛场。另外九户人家获得了数百万欧元的补偿款。有一家用得到的钱在荷兰北部购置了更好的土地，另外一家在荷兰南部买了个农场。还有一个邻居拿了政府的补偿款后移民到加拿大去了，不仅获得了更大的生存空间，而且每年都可享受更好的天气。这位农场主说："他已经有 90 头奶牛了。"

　　在屿田的下游，由于对一个增加河流空间项目的疏浚，一种当地泥鳅的栖息地受到威胁，那是一种褐色的、像鳗鱼一样的、在水底觅食的本地鱼。根据荷兰环境法律的要求，四名生物学家使用两个水力吊车和一辆拖拉机，每天工作十个小时，每周工作五天，花了六周的时间才将这些泥鳅迁移出去，共有 1 636 条。他们干这个活显示了荷兰人所特有的工程智慧，先是在灌渠上以 200 英尺为一段垒起拦水坝，然后进行排水，在里面的水快要排干的时候，派人穿上长筒防水胶靴拿着渔网下去将泥鳅捞上来。最后，他们将灌渠里的淤泥排到干硬的地面，并用手清理掉里面的杂质。

　　我问增加河流空间计划的协调人，安置这 18 户住在屿田的农民总共需要多少钱，他回答是将近 1.4 亿美元，恰好与荷兰承诺给发展中国家的气候援助差不多，上下不会超过几百万美元。整个增加河流空间计划的预算将近 30 亿美元，比所有国际气候基金加在一起支付的经费还多。

　　一天早晨，我在距离皇家荷兰壳牌公司全球总部 6 英里远的海边，邂逅了年轻的建筑设计师科恩·欧豪斯（Koen Olthuis）。随着马绍尔群岛等越来越多的国家开始下沉，他的目标市场不断扩大。他当时只有 39 岁，但已被认为是具有远见卓识之人。CNN 和 BBC 经常援引他的观点，在《时代》（Time）杂志评选的 100 名最有影响的人物中，虽然他只排名第 122 位，但位次不仅高于凯蒂·库里克（Katie Couric）、奥萨马·本·拉登（Osama bin Laden），还高于玛丽·布莱姬（Mary J. Blige）。"现在的生活都是我们所熟悉的，"他告诉我，"因此我们就认为应该维持其现在的样子。但是，如果我们能改变一下我们应对大自然的方式，那么气候变化就可能是另一副面孔，它就变成了我们的机会。我觉得现在还有很多人把它看作是一个问题。当然，是有一些问题，但是我们应该聚焦于如何改善我们的生活。"他个子高挑，头发卷曲，穿着标准的设计师服装，黑色的衬衣、黑色的 V 领毛衣、深色的牛仔裤和皮靴。他的办公室只比一条运河高几英尺，是个红砖建筑，他说话的时候，眼睛透过大大的窗户往外看着。

　　"我们很幸运，可以提出很多解决方案。"他说，"曾经，我们的国家就像一个空白的画布，我们在上面画上了道路、房子和桥梁，我们一直往上添东西，当然，这幅画永远不会完工。"在应对海水、河流与降水的多个战场上，荷兰人都是胜利者。"其他国家对我们的解决方案有着浓厚兴趣的原因是，"他接着说，"很多城市，尤其是很多大城市，几乎占总数的 90%，都是逐水而建的。它们或者是靠着河，或者是沿着海，或者是在三角洲。我们说的城市中就有纽约、东京、新加坡等等。他们都面临着同样的情况。"

多年来，荷兰人在防洪方面一直采取防守策略，垒砌堤坝，将屿田里的水抽出来。简单说来，欧豪斯的方案是主动的，不是将水抽排出去，而是在水上建造一个漂浮的世界。他创立了公司荷兰达克兰（Dutch Docklands），设计的不是那种可居住的船只，而是岛屿和水上基础设施，比如公路、公寓楼、公园、机场、教堂和清真寺。他的梦想是设计建造像代尔夫特那样能居住 10 万人的可以水上漂浮的城市。"我们生于气候变化时代，（气候变化）是这一代人的一部分，"他激动地说，"建筑设计师和富有创新思想的人应该为这个新的世界提出新的设计。其他人可以总是往后看，但是我们不行，我们需要新思想。这是我们的使命，也是我们的动力，我们必须去做！如果我们不做，那谁又会去做呢？我们应该把理想变为现实！"

为了真正达到目标，漂浮的城市地基必须与我们所熟知的坚实的地基一样，关键是要结实牢固。地基越大，就越容易实现这一点。"就像你现在看到的那样，"他说，指着窗户外面。他拿出一张纸，用一个黑色的粗笔给我勾勒图案。"如果是一艘可居住的船，那么我的房子是在这儿。那么我得把车停在那里。我得步行过来。我的孩子不能在外面玩耍。但是，在漂浮的岛屿上，孩子们可以在外面嬉戏打闹，我也可以在上面停车，还可以种树，这才是我所喜欢的。"如果开发顺利，并有好的律师帮助，这种未来的新型城市就有可能出现在欧豪斯拥有专利的、漂浮的地基上。这种地基是模块的、相互组合在一起，是用泡沫材料和混凝土制造的，当然这套技术也是通过一系列国际专利来保护的。

他的设计方案具有很广阔的出口前景。"在全世界范围内，都有正在下沉的岛屿，"他告诉我，"有很多、很多岛国遇到这个难题。"如果不能像马绍尔群岛那样用海堤保护其各种各样的环礁，图瓦卢和基里巴斯就不能拯救自己，但是构筑海堤的费用是难以想象的。不过，不管律师是否说人造岛屿符合未来联合国成员的条件，人造岛屿在居住生存方面还是很有前景的。

再过一个多月，欧豪斯计划第一次到马尔代夫去看看。马尔代夫是世界上地势最低的国家，位于印度洋里连绵 600 多英里长的群岛上，包括 1 000 多个岛屿和 26 个环礁。这个国家对于欧豪斯来说是个很有吸引力的市场，因为它的领导人坚定地相信气候变化，曾在 6 英尺的水下穿着潜水服召开了一次内阁会议。这次内阁会议就在哥本哈根气候大会之前召开，非常吸引公众的眼球。在 AOSIS 成员中，马尔代夫是相对富有的，是达官贵人、商贾名流的度假胜地。这个国家的旅游经济已经感受到了气候变化的影响。经营酒店连锁就像石油开采一样，投资周期比很多产业都要长，往往需要 20 到 30 年。欧豪斯说，由于海滩要被侵蚀殆尽，很多投资者不愿意将资金投在海边度假村。

欧豪斯有一个解决方案，正在申请专利，这就是漂浮的海滩。他在笔记本电脑上画了幅图，给我演示这个漂浮的海滩如何连接在已有的岛上，从而延长海边度假村的寿命。如果用专利申请所使用的生硬的语言来描述，那就是，这种混凝土-泡沫材料的设计将形成"一个漂浮的基座，沙子等海滩材料与其结合并形成沙滩，其特点是人造海滩的底垫是柔性的，至少有一部分位于水下"。我后来了解到，这个设计方案的关键技术是由细菌生产的人造砂石，就像代尔夫特三角洲研究中心开发的那种智能土壤一样。这项技术的市场前景比下沉岛屿的市场还要大，欧豪斯说："迪拜有数百公里的海岸线，正在遭受着侵蚀。"刹那间，我好像看到全球的精英躺在沙滩床上颠簸起伏，而那个沙滩床正是用尿素培养的、基因修饰的细菌所制造的。

欧豪斯的笔记本电脑里还保存着荷兰达克兰公司受托给迪拜开发的更早期的项目。那个项目被称为"漂浮的格言"（Floating Proverb），是酋长穆罕默德·本·拉希德·阿勒马克图姆（Sheikh Mohammed bin Rashid Al Maktoum）著名的棕榈岛（Palm Islands）的一部分。这个棕榈岛就是人造群岛，其中一部分是由荷兰的疏浚和土地垦殖公司建造的。"漂浮的格言"这个项目建造了 89 个漂浮的岛屿，将用来拼写出酋长自己写的一首诗，诗中写道："在水上书写，只有富有远见的人才能做到/不是所有会骑马的人都是一名骑师/伟大的人物挺身而起迎接更大的挑战。"金融危机爆发以后，迪拜的这个项目以及很多其他项目都停止了。航拍图片显示,曾经声名远播的开发项目"世界",也就是人造群岛组成的地球,已经风光不再,不少人造岛屿淹没在海水之中。但是,迪拜的经济繁荣或衰退并没有给欧豪斯带来不好的影响,他已经拿到了项目开发的经费。不论那个项目是否会再度启动,他都自信在其他地方也有很多的水患问题。

荷兰达克兰公司主页有栏目"绿色知识产权(IP)",这个栏目的下面很快就会贴出图片,有漂浮花园的照片,有漂浮太阳能电池板的照片,甚至还会有漂浮的并用水降温的清真寺的照片。该公司开始宣传它,称之为"买得起的水利用技术",这是对律师所遇困境的工程解决方案。有一幅照片,上面是赞丹市可漂浮的监狱,没有任何说明文字。欧豪斯有个合作伙伴,叫保罗·冯·德·坎普(Paul Van de Camp)。他说:"我们告诉马尔代夫总统,我们能使他们从气候变化难民变成气候创新者。"荷兰达克兰公司与马尔代夫很快将开展各方面的合作,既包括漂浮的度假别墅,也包括漂浮的游艇船坞。绿色之星是个占地200万平方英尺的漂浮花园岛屿,上面有商店、餐馆和一个会议中心,最初本来是给迪拜设计的,现在则重新启用,将成为马尔代夫的标志性国家形象。"这幢绿色掩映、星光熠熠的建筑显示着马尔代夫人征服气候变化的创新之路,"这个项目的广告宣传语写道,"这将成为召开有关气候变化、水资源管理和可持续发展等会议的首选地点。"

我离开欧豪斯的办公室以前,他还带我到楼下一个私人放映厅,我们坐在豪华皮椅上,观看荷兰达克兰公司的宣传片。他打开放映机,从扬声器里传来空洞的男人声音,语速急促,还带有欧洲口音。"他们说,我们的思维能力只用了10%。"随着电子音乐作为背景音乐的响起,解说声音开始有点像吟诵,"我们知道,为了生存,为了生活,我们只使用了地球能力的30%。那么,是要改变这一切了,是时候了。而改变这一切的,正是荷兰人。"荧幕上显示着蓝色的、翻涌的海洋。"千百年来,我们与大海生活在一起,而且多数时候,生活在海平面以下,这种经历教给我们如何控制我们的生存环境。"解说声音继续说着。在我的眼前,一幅幅的图片闪动着,有漂浮的公路、清真寺、社区和楼房公寓等。"即便是到了公海上无边无际的水域，我们依然是主人……我们对于水已进行了一切研究和试验，完全做好了准备。因此，想想你所在区域那些空闲无用的水吧，快来与荷兰达克兰公司一起，开始对水进行利用吧。因为，在一无所有的地方，一切都有可能。"

"最后那一句，我真的、真的很喜欢，"欧豪斯说，"因为还有这么多的水。"

欧豪斯办公室的南面，就是欧洲最大的港口鹿特丹（Rotterdam），欧洲进口的石油多数都从这里登陆。这个城市正在成为荷兰应对气候技术与成就的展览馆。一天早晨，我随着一行 12 人的城市规划考察团进行考察，考察团成员大多数是美国人。陪同的是当地官员和荷兰的跨国公司凯迪思（Arcadis）的人员。凯迪思是一家工程企业，有雇员 2.2 万人，年收入 33 亿美元，其名字来源于阿卡迪亚（Arcadia）。在古希腊神话里，这个词的意思是地球上最美的地方，是世外桃源。公司的标志就是条火蛇，既能在陆地上生活，也能在水上生活。陪同我们的凯迪思高级代表是皮埃特·迪克（Piet Dircke），他负责国际水项目。"我们集中荷兰所有力量，努力在美国主导的气候变化适应方面获得一席之地，我就是其中之一。"他告诉我，"我在积极推动鹿特丹的国际交流，比如与纽约、新奥尔良以及旧金山等城市的合作。"

我们的考察被称为鹿特丹应对气候之旅，是从北海边上的陆地上开始的。北海入海口有着巨大的马仕朗防风暴大坝（Maeslantkering），那是荷兰三角洲工程皇冠上的明珠。这个大坝包括两个可弯曲的浮动式闸门。如果计算机系统 BOS 预测一场至少三米的风暴来临，那么就会告知另一个系统 BES，启动闸门关闭程序，于是，两个闸门就合笼，然后进入到特定位置。这是世界上最大的可以活动的建筑结构，每一个钢门的宽度都是美国自由女神高度的两倍。马仕朗防风暴大坝的建造和安装花了六年时间和五亿美元。最后完成的时候，荷兰女王贝娅特丽克丝（Beatrix）亲自前来参加工程竣工仪式。从那以后，这个闸门只在 2007 年使用过一次。这个大坝可以抵御万年一次的大风暴。当然，他们告诉我们，由于气候变化的原因，这个数据计算可能有所误差。

参加考察的城市规划人员忙着对打开的闸门照相，吃力地爬上一个小山包，以便能找到一个角度，拍下马仕朗防风暴大坝的全貌。但是，不可能，这个工程太大了。在游客中心，导游给我们看工程的缩尺模型，在对这项工程有了进一步认识后，我们返回市中心。在具有历史意义的荷美邮轮（Holland America Line）总部附近，我们打了辆水上出租车，在 4 000 英亩的水面上畅游。这里以前曾是船坞，现在进行了扩展，已经成为欧洲最大的开发地点之一。

我们从水上出租车下来，来到码头，见到鹿特丹港口再开发的经理，他说："鹿特丹的野心是成为能够创造新的未来的地方之一。"我们跟着他进入一幢曾经属于 RDM 船坞的装饰华丽的建筑。经理给我们解释，RDM 已经不再代表鹿特丹造船公司（Rotterdamsche Droogdok Maatschappij），现在指的是研究、设计和制造，这个地方正在改造为研究所和技术大学未来的校园，解决世界上的技术难题。在邻近的建筑里，学生正在进一步完善零排放的卡丁车、氢动力公共汽车的转换套件以及可持续舞蹈俱乐部。在这个俱乐部，跳舞人员脚下的动力就可以点亮灯光。"我们将成为水技术以及清洁技术的中心，成为低地国家和地区的硅谷，"他继续说，"即便是海平面上升，人们也会到这儿来。"来自旧金山湾区的一位城市规划者举起手，问："但是，为什么要在这儿投资，而不是在新加坡、上海或硅谷等其他地方投资呢？"港口经理笑了，他说："因为我们正在把威胁变为机会，我们向国际社会发出了信号，这就是，如果您在这儿投资办厂，我们能保证您没有水涝之虞。"

鹿特丹致力于在气候适应和水研发方面成为全球领袖，建立了名为"连接三角洲城市"（Connecting Delta Cities）的网络，组织举办会议和研讨会，促进专家和技术在六个大陆的成员城市间的交流。在我们对面的海港中，将建立鹿特丹气候校园（Rotterdam Climate Campus），壳牌、BP、IBM 以及凯迪思等企业将参与。"这个校园很可能是漂浮的"，一个官员告诉我们。这个海港的其他地方，还要建设漂浮社区和漂浮实验室，有些 RDM 学生将生活在荷美邮轮曾经的旗舰 SS 鹿特丹号（SS Rotterdam）上。有人说："我们甚至还有一个漂浮的监狱。"

　　与此同时，有些创新成果也已经在国外出现。在新奥尔良，布拉德·皮特（Brad Pitt）的责无旁贷基金会（Make It Right Foundation）和洛杉矶的墨菲西斯建筑师事务所（Morphosis Architects）将联合推出漂浮住宅，如果洪水摧毁了相邻的房子，这幢漂浮住宅可以升高 12 英尺。开展相似建筑设计研究的还有负责"漂浮基金计划"（Buoyant Foundation Project）的教授，她描述她的科研领域是"研究风力载荷对高楼的影响、风携碎物的空气动力学、减少飓风对建筑物伤害的策略以及 20 世纪初期俄罗斯创新建筑理论在 19 世纪神秘的、宗教性质的大斯拉夫民族主义哲学中的起源问题"。但是，如果说到海堤、防风暴大坝以及其他城市规模的防护系统，凯迪思这样的公司就难当重任了，不过这些公司相信它们所提供的服务还是需要的。鹿特丹的一个宣传册里援引了皮埃特·迪克的话，"新奥尔良风暴带来的影响是，美国人在一些荷兰公司下了订单，金额达 2 亿美元"。仅在新奥尔良，凯迪思就签署了 71 个项目，包括西布鲁克防洪闸（Seabrook Floodgate）的部分工程。这个闸门宽 200 英尺，是马仕朗防风暴大坝的迷你版。我后来了解到，在此前的六个月里，迪克还去了四次纽约。

　　我和迪克乘坐水上出租车返回。"当然，我们的成绩是靠荷兰的名声取得的，我们虽然是很小的国家，但是几百年来非常英勇地与海浪搏斗，"他说，"气候变化带来了机遇，你也就面临着新的挑战。"他的话题转向十一城之旅，那是荷兰著名的越野速滑赛。他不无遗憾地说，滑冰正在成为一项室内活动。"我们难道不是已经生活在一个疯狂世界吗？我来告诉你还有更疯狂的，现在你可以在荷兰滑雪，而且赛道很好。就在荷兰南部，是个室内滑雪场，叫兰德赫拉夫（Landgraaf）滑雪世界。起初，每个人都对这个项目不以为然，直到两年前，那里举办了世界杯滑雪赛。现在，阿尔卑斯山上没有雪了，但是兰德赫拉夫市有雪。您知道世界杯滑雪赛后发生什么了吗？奥地利和瑞士的滑雪队很快就在这里预定了下一年的训练场所。是在荷兰！想想我们的世界吧，再过几年，我们会只有室内滑雪，山上没有了雪。看起来，我们已经适应了这种情况。很正常。"他笑道，"我们已经适应。我们的思维正在适应。"

荷兰公司已经帮助威尼斯、新奥尔良、伦敦以及圣彼得堡等城市建设了防风暴大坝，这些城市都比那些受气候变化威胁的岛国有钱。不过，荷兰人还是更看重纽约市。为纽约建设防风暴大坝不仅复杂，而且更有利可赚。"对于纽约市，不能简单地建造一个大坝围起来就算完事，"迪克说，"东河那边需要一个闸门。新泽西那边也需要一个闸门。韦拉札诺海峡（Verrazano-Narrows）那里也需要一个闸门。如果还要保护肯尼迪机场，那么牙买加海湾（Jamaica Bay）附近也要建造一个闸门。如此说来，防风暴大坝就要有四个开口，幸运的是不需要更多了。"

桑迪飓风用了三年时间形成于南加勒比海，然后扶摇北上。美国土木工程师协会（American Society of Civil Engineers，ASCE）刚刚宣布，要举办一次会议，研究讨论纽约防风暴大坝的设计方案。迪克不久就要去纽约，在会上陈述凯迪思的设计理念。他说："非常激动"。我决定随他一同去参加。

同是关于海平面上升的内容，但这是在另一个城区、另一个礼堂、另一个会议。这次的会议没有安排在上曼哈顿的哥伦比亚大学，而是在市中心布鲁克林区（Brooklyn）的纽约大学技术学院，会议地点没有那么庄严雄伟，距离郭瓦纳斯运河（Gowanus Canal）不远。ASCE 的"抗击洪涝"会议地点很是少见，男卫生间前排的队总是比女卫生间前排的队长很多，整个会议弥漫着注定失败的氛围。会议只有一个付费的参展商，会议组织者对与会人员恳求道，"请参观我们的参展商"。参展商来自得克萨斯，急切地向所有排队等候会议餐的老人们挥舞着广告传单，提供的面条都是凉的。这家得克萨斯参展商的发明是防洪闸门（Floodbreak），设计很精巧，可以自动关闭，对于保护私家车库等绰绰有余，但是对于保护曼哈顿这么大的地方，显然还是太小了。会场内，科学家们在阐释着风暴对纽约的威胁，纽约与孟加拉国的一个共同之处是，海平面上升的速度比全球平均速度要快。在过去的一个世纪，纽约的海平面已经上升了一英尺。由于面临着越来越猛烈的飓风，纽约海平面上升的速度还会翻番。会议室有一半座位空着，一名纽约市官员告诉与会人员，纽约市有80.2万个建筑物处于危险状态，其价值达到8 250亿美元，建筑物内的东西的价值达到5 600亿美元。另一位发言人员特别提出，微风点（Breezy Point）那地方的风险尤其大，那是皇后区的一个社区，后来在桑迪飓风期间被海浪和大火夷为平地。科学家们发言之后，工程师和建筑师开始竞相展示各自设计的防风暴大坝。凯迪思的团队也进行了营销宣传，言辞比那个得克萨斯展销商更为委婉灵活，宣传效果也更为有效。

围绕海峡，迪克提出了建议，其设计方案非常完美，有位与会人员说，"这将是纽约另一个地标"，将马仕朗防风暴大坝与荷兰三角洲工程中哈泰尔（Hartel）和东斯凯尔特（Eastern Scheldt）这两个著名的大坝进行了有机的整合。根据迪克的设计方案，这个大坝可以通行世界上最大的船只，比如长1 300英尺、宽185英尺的爱玛-马士基号（Emma Maersk）集装箱船，保护世界上最挣钱的地方华尔街，防护标准是22英尺高的海浪。如果不包括围拢纽约市的其他三个防护大坝，这个设计方案将花费65亿美元左右，比荷兰增加河流空间计划投入的两倍还多。凯迪思的介绍凸显了动漫特色，让闸门翻转了起来，还有航拍的效果，展现了未来纽约港的画面，在防风暴大坝的庇佑下和蔚蓝天空的映衬下，显得安详平静。介绍结束时，聚集在一起的工程师们爆发出罕见的掌声。

如果利用海峡筑坝来保护曼哈顿不受风暴的袭击，那么任何设计方案都会有一个缺点，这个不足难以避免，迪克对此也坦诚承认。大家都知道，洪水被堵截以后，并不会消失，它会流向其他地方。如果洪水急速冲向韦拉札诺海峡大坝，那么就会有同样的反作用力，将其推向其他地方。而海峡外面，就是斯泰顿岛（Staten Island）上的阿罗柴尔（Arrochar）和米德兰海滩（Midland Beach）、布鲁克林区的巴斯海滩（Bath Beach）和格雷夫森德（Gravesend）社区以及外来移民集聚的区域，这些地方比曼哈顿中心城区贫困，而且刚刚高于海平面，更容易受到风暴的袭击。曼哈顿可能会被拯救，而这些地方就会沉入水中。

　　桑迪飓风 2012 年 10 月末袭击纽约城的时候，还没有建造防洪堤坝，但已经暗示了未来可能会发生什么。在斯泰顿岛，一场 16 英尺高的海浪潮吞噬了米德兰海滩、海洋微风区（Ocean Breeze）和橡树海滩（Oakwood Beach），造成 23 人死亡，比其他区的死亡人数都多，其中多数死亡人员居住在海峡以南，而且是淹死的。在下曼哈顿，海水灌入地铁和发电站，整个城市一片黑暗，但是只有一处例外，在西街 200 号，靠近曼哈顿岛的最南端，高盛集团总部的周围用沙袋垒砌了一堵巨大的墙，备用发电机让灯光通宵亮着。跨过汹涌波浪的大西洋，在荷兰，凯迪思的股票上升了 5.6 个百分点，那一年整整上涨了 43%。

为了更好的生活，研发更好的东西：气候遗传学

黄热蚊子，也就是埃及伊蚊（Aedes aegypti），现在都知道它是登革热的主要传播者。这种蚊子是在容器里进行繁殖的，把卵产在我们放在屋子外面的东西中所盛的雨水里，这些东西可以是水桶、花瓶、杯子、院子里的装饰品、堵塞的檐槽。消灭登革热最有效的方法是除掉这些东西，或者不时地倒掉里面的水。对于公共卫生部门来说，这是个繁重的工作，需要挨家挨户地巡查、挨门挨院地清除。我们生活中使用的塑料制品越多，蚊子的栖息地就越多，控制登革热的难度就越大。目前，还没有预防登革热的疫苗，埃及伊蚊主要是在白天叮咬，因此蚊帐几乎没有什么用途。城市化、贸易全球化以及越来越多的飞机旅行，也使得登革热成为一个国际性的流行病，是 20 世纪 60 年代暴发次数的 3 000 倍。每年在 100 多个国家有上亿人感染，造成 2.2 万人死亡。伊蚊喜欢温暖的环境，比起其他动物，它们更喜欢人，被我们每一次呼吸所吐出的二氧化碳所吸引。很多科学家相信，随着我们工业排出的二氧化碳的增多，伊蚊的生长区域不断扩大。

埃及伊蚊原产于非洲，白纹伊蚊（Aedes albopictus）也能传播登革热，产于亚洲。现在，美国有 28 个州发现了这两种或其中一种伊蚊，佛罗里达州最为严重。西礁岛（Key West）是吉米·巴菲特（Jimmy

Buffett)和欧内斯特·海明威(Ernest Hemingway)心中的天堂,位于美国最南端,是本土48个州中最热的城市。2009年,那个地方暴发了美国75年来的第一次登革热。有位游客在那儿受到感染,回到了纽约。这个病很快就蔓延到老城一个安静的街道。那年,确认死于登革热的病例有27例,第二年有26例。美国疾控中心(CDC)的医疗队随机采取了血样,估计西礁岛5%的人口暴露于登革热,人数达千人,其中很多没有任何症状。发病初期,登革热会引起头疼、发烧、出疹子、牙龈出血、关节和肌肉剧痛。严重的时候,就是登革出血热,造成鼻子流血、皮下紫斑或死亡。

虽然还在等待监管部门的批准,但是西礁岛很快还将成为美国第一个投放转基因蚊子的地方。一家名叫牛科(Oxitec)的英国公司开发了旗舰产品埃及伊蚊OX513A,这个受专利保护的产品是一种特洛伊木马。这种转基因蚊子携带着自杀基因,在数以百万计地释放出去以后,就会与本地的伊蚊进行交配,理论上会造成下一代的早死,从而杜绝登革热的传播。转基因技术是气候适应下一步要采取的措施,这种应对策略不是要改变我们如何以及在哪儿生活,而是改变生活本身,尽管这种改变可能很微小。

我是八月份去西礁岛的,那个时候的天气最为湿热。一天上午,佛罗里达群岛蚊子控制区(Florida Keys Mosquito Control District)的巡查员约翰·斯奈尔(John Snell)开着他的皮卡车带我到西礁岛老城。他把车里的空调开到最大,将车停在老城的制高点,那里的海拔是18英尺。附近是西礁岛具有历史意义的公墓,这个公墓有19英亩大,掩映在棕榈树中。游客在这个公墓可看到只有40英寸高的侏儒"将军"阿倍·索亚(Abe Sawyer),他的棺材和正常人的一样大;还可看到名为B.珍珠·罗伯特(B. Pearl Roberts)的服务员的墓碑,她是个疑病症患者,墓碑上写着:"我告诉你我是病人。"游客还能看到护士伊兰·马萝莉(Ellen Mallory)的长眠之地,她在19世纪初期就护理黄热病人,比人类将这种病与蚊子联系起来早了几十年。这个公墓不是岛上最初的那个,最初的公墓在1846年的飓风中被摧毁了,公墓里的尸骨被撒落在树上。尽管如此，这个公墓也有着很久的历史，是斯奈尔巡查工作中最为困难的一个地方。这个公墓中安息的人将近 10 万，是岛上活着的人的四倍，因为亲人祭奠，公墓里有很多鲜花。"有些花瓶真是难弄，"斯奈尔说，"我告诉你，那些花瓶放在那儿很长时间了，我每次去都要把里面的雨水倒掉。然后在每个花瓶里，我放上半片杀幼虫剂。"他每个月要使用 200 片杀幼虫剂。

斯奈尔是西礁岛上的八个巡查员之一，巡查员数量是登革热暴发以前的两倍。他戴着面罩型太阳眼镜，穿着白色的有领衬衣。我们下车后，他手里拿着一根临时凑合的滑雪杆，背着的包耷拉在屁股上，里面装着杀幼虫剂和玻璃吸管。他的任务是去除大约 40 个街区中1 100个伊蚊的巢穴，由于季节的不同，工作量会有变化。如果温度高，那么蚊子繁育速度就快，登革热的孵化期也会变短，所以巡查员消除宿主和疾病的窗口期就短。"在冬天和干旱季节，任务就不那么繁重了"，斯奈尔说。巡查员有两周的时间来捕获蚊子的卵，但是在炎热、潮湿的夏季，斯奈尔就只有四天的时间。

我们来到一个破损的篱笆前，他说："现在面临的大问题是，有很多业主还不上房贷。房子一旦进入拍卖程序，银行就会关闭其泳池和草坪以及其他一切功能，情况就会变得很糟糕。"废弃的院落是伊蚊繁殖的理想场所。佛罗里达州和内华达州、亚利桑那州、加利福尼亚州、佐治亚州等其他位于阳光地带的州一样，是全美取消屋主赎回权比率最高的，西礁岛即便是较为富裕，依然如此。同时，除了被卡特里娜飓风肆虐的路易斯安那州，佛罗里达州的房屋保险费用是最高的，而且还在上涨，原因是保险公司不断撤出海岸地带，或者是完全从佛罗里达州撤出。如果没有附加的风暴险以及联邦应急管理局（FEMA）的洪涝险，在佛罗里达州是买不了房子的，而那些附加险有时比主险种花钱还要多。除非通过备受诟病的、政府支持的公民财产保险公司（Citizens Property Insurance Corporation），在佛罗里达州是买不了风暴险的。以前没有人愿意从这家公司购买保险，但是现在它吸纳了那些逃离的保险公司的保户，所以成了佛罗里达州最大的保险公司。加勒比海的海平面上升比其他海域慢不了多少，西礁岛在西半球的海平面记录中有着最悠久的历史，应该还会有一场 1846 年那样规模的飓风。

斯奈尔把手撑在一个锁着的门上，很轻松地翻身过去。门里面有个木头露台，一棵棕榈树，一个小游泳池和一个极可意浴缸。他进入院子，就突然感到闷热起来，他说："风速可能有 20 节，但是在这些院子里，一点风都没有，是完全静止的。"他曾自作主张用那些浴缸培育一种小的、吃蚊卵的食蚊鱼，从而防治登革热。食蚊鱼培育成功以后，斯奈尔就到杂草丛生的后院，把它们投放到水池子里和鸟儿喂食器中。礁岛的居民有在房子下面挖蓄水池的传统，那是伊蚊繁殖的理想场所。岛上现在还有 350 多个蓄水池，将近 250 口井。科学家认为，如果有伊蚊的家庭不到 2%，那就相当好了，因为登革热就不会传播了。但是那年夏天，西礁岛的两个社区有伊蚊的家庭接近 50%。斯奈尔在院子里仔细查看着蚊子的迹象，但是没有发现，于是我们就从篱笆上再跳出来。街道上，两边是平静无声的住房，窗帘紧闭，房主人去外地度夏了，我们一个人也没看到。

迈克·道尔（Mike Doyle）是斯奈尔在佛罗里达群岛蚊子控制区的上司，他告诉我，对登革热传播的模型分析极其困难，因为其中有着太多的因素。如果考虑到气候变化的影响，情况尤其如此。大的暴风雨会在雨水浸透的废墟中形成伊蚊的繁殖场地。2004 年伊万飓风（Hurricane Ivan）以后，开曼群岛（Cayman Islands）就暴发了埃及伊蚊潮。但是，如果人们在开着口的容器里储存多余的水，即便是干旱季节，也有着同样的危险。"问题不是那么容易，不能简单认为如果天热，那么到处就会有蚊子，然后向北传播，"他说，"你知道吗，天气对人也有影响。如果真的很热，人们在家里待的时间就会多，就会更多地使用空调，那么与蚊子的接触就会少。"道尔和他的大家庭刚从科罗拉多州搬过来，他在科罗拉多就努力消灭西尼罗病毒（West Nile virus），那也是一种蚊子传播的疾病，与气候变化有关。他的岳母向他抱怨，在西礁岛租住的房子里有蚊子。因此，道尔的属下正在组建一个特别小分队,解决这一问题,扑灭那里的蚊子。

除非联邦政府认为登革热的威胁很严重并批准投放牛科的埃及伊蚊 OX513A,佛罗里达群岛蚊子控制区就需要采取另一种空中支援的方式来支持斯奈尔等巡查员的工作,用贝尔 206 直升机携带喷雾器,每周在西礁岛老城 50 到 60 英尺的上空飞越两次,将杀虫剂喷洒在房顶和游客租用的车上。道尔解释说,杀虫剂的名字是维克多巴克(VectoBac),是根据自然细菌苏云金芽孢杆菌(Bacillus thuringiensis,Bt)的菌株培育的,主要是杀死蚊子的幼卵,对其他的生物则没有毒性。在刚刚打过蜡的车上,这种喷洒的杀虫剂看起来就像是干了的牛奶。

我安排好了时间,一定要去看看直升机是如何喷洒杀虫剂的。第二天天还没亮,我就和道尔一起去观看直升机通过西礁岛老城所留下的两道凝结尾迹。直升机需要覆盖 950 英亩的面积,它 100 加仑的油箱只够用 200 英亩,然后就得加油。飞机驾驶员需要尽快地完成五次飞行喷洒,否则如果风力加大或湿度减少,他干的活就前功尽弃了,或者是佛罗里达群岛蚊子控制区预订更多的直升机使用时间,不过它又付不起。我们的 SUV 在后街上开得很慢,注视着飞机的凝结尾迹,不过这尾迹的一部分被电话杆、房顶和电线遮蔽了。只是在我们沿着一条繁忙街道经过一个路德教堂,来到一块开阔灌木地带的时候,才清晰地看到直升机来回飞行。我们下了车,来到阳光下,道尔就开始讲他的光荣历史,比如在科罗拉多进行的杀虫战役,他们背着杀虫剂,用手喷洒,完成了对整个森林进行杀虫的任务。"13 个人,13 个背包,"他说,"所有的人都擦伤了,浑身脏兮兮的。我们喷洒了 56 英亩!"直升机在教堂上空划了个美丽的大弯,向我们飞驶而来。我们赶快退回到 SUV 里面。街道上,有个无家可归的人推着自行车行走着,他瞥了眼天空,用一件旧 T 恤捂上嘴和鼻子,丝毫没有停下脚步。

登革热在西礁岛暴发的时候,正值佛罗里达州保守的立法机构通过法律限制当地政府的税收权力。在 2011—2012 财年,佛罗里达群岛蚊子控制区的支出将近 1 200 万美元,但是拨款还不到 1 000 万美元,造成入不敷出,寅吃卯粮。如果通过空中行动来灭蚊,那么直升机的费用要比转基因蚊子大很多,因此佛罗里达群岛蚊子控制区非常希望投放转基因蚊子的申请能够得到批准。牛科公司也是这样盼望着,它已经给位于华盛顿 D. C. 的公关公司麦克纳·朗和奥尔德里奇(McKenna Long & Aldridge)支付了 13 万美元的公关费用,但是还没有什么效果。这家公关公司有时也给孟山都提供服务。公众对投放转基因蚊子如何看待,似乎没有人考虑。我到达佛罗里达的时候,有关方面只是向当地一个男同联盟介绍了投放转基因蚊子的情况。(不久以后,由于地球之友和其他转基因反对者的攻击,佛罗里达群岛蚊子控制区才在自己网站的首页发布消息:"特别通知。转基因雄性伊蚊释放测试。")佛罗里达群岛蚊子控制区的代表在介绍中解释道,每周将释放数十万只"绝育"的牛科蚊子,连续释放六个月。咬人的只是雌蚊子,而这些是雄蚊子。通过实行综合监测、杀虫剂以及投放埃及伊蚊 OX513A,本地生的埃及伊蚊数量将减少到"零或接近于零"。每年花费 20 万到 40 万美元,持续地、少量地投放牛科转基因蚊子,就可以控制埃及伊蚊的数量。当然,佛罗里达群岛蚊子控制区的员工还要尽心竭力,不过,要想真正消除登革热,他们还需要利用自然,至少是在某种程度上利用自然。这位女代表尴尬地向男同业主解释说,雄性蚊子"比人类更有办法找到雌性伴侣"。

"关键的问题是,"牛科创始人卢克·阿尔费(Luke Alphey)说,"我们需要获得足够多的雌蚊子与这些转基因蚊子交配。这是个数量和质量问题。在质量方面,这些转基因雄蚊子性吸引力大吗? 它们强壮吗? 它们健康吗? 它们快乐吗?"他说,就蚊子而言,确定是否具有好的质量,还有些间接的标准。寿命很容易测量,不健壮的埃及伊蚊不到成年就会死掉。体格大小也很重要,小的蚊子能量储存得少。可能身材匀称也有关系。有吸引力的人都是匀称的。"凯莉·米洛(Kylie Minogue)的脸就很匀称。"我在英国见到卢克·阿尔费的时候,他就这样对我说。但是,真正知道雌蚊子是否接受转基因蚊子而不接受自然品种的唯一办法是进行野外试验。登革热蔓延到西礁岛上，而西礁岛对转基因技术较为友好，这一点对于牛科公司就显得极其重要。

不论是阿尔费还是他的公司，都没有过分地宣传登革热与气候变化之间的复杂联系，但是牛科公司的网站上链接着一个自然资源保护委员会（Natural Resources Defense Council）的报告，认为全球变暖是登革热全球蔓延的主要因素。牛科公司自己的网页上也强调气候变暖的影响。"随着气候变化和旅游以及贸易的全球化，"该网页的"流行病学"栏目中这样写道，"据预测，登革热可能从现在的热带地区往外蔓延。"气候变化至少是人们想买牛科产品的另一个原因。

阿尔费的办公室在一座砖混建筑的二楼上，墙外面爬满了野生葡萄藤，周围是精心修葺的草坪，外面是一片小树林，过了小树林是一个工业园区，距离牛津大学有十几英里。这个办公室朴实无华，甚至没有什么装饰，但是有很多的文件资料，阿尔费个子高大，相貌英俊。他47岁，长着比较匀称的脸。虽然环保积极分子攻击牛科公司对一些信息秘而不宣，但是在我看来，这位曾经的牛津大学教授就是乐于授业解惑的老师，他很愿意花整个上午的时间来解释他的重大发明后面的科学知识。

他称他的发明为 RIDL（release of insects carrying a dominant lethal），意思是"释放携带致死基因的昆虫"。这项发明受到美国专利申请 11/733,737 号的保护（该专利涉及的是一种携带致死基因系统的非人类的多细胞生物体），按照阿尔费的解释，是一种控制和消灭害虫的新方法。在 20 世纪 50 年代，昆虫学家就已经研发试验了昆虫不育技术（Sterile Insect Technique，SIT），用射线辐射在实验室培育的果蝇或舌蝇，然后将它们释放到大自然中。遗憾的是，蚊子太弱，不能进行 SIT，如果进行辐射，蚊子就会死掉。所以，阿尔费研究出新的方法，将自我消除的信息导入到它们的基因中。他是在一个被称为 tTA 的合成 DNA 中发现这种信息片段的，tTA 混合了大肠杆菌和单纯疱疹病毒。阿尔费不久以后就开始将 tTA 导入埃及伊蚊中，他的技术与传统 SIT 的不同之处在于，施行过这种基因导入的蚊子从技术上说并不是绝育的,它们还可以与雌性交配并生产后代,只是那些后代如果没有普通的抗生素四环素的帮助,就不会成年,在幼虫阶段就会死去。在牛科公司的蚊子培育室,有着充足的四环素。在大自然,从理论上来说,没有四环素。

在一个测试 RIDL 的研究中,阿尔费将埃及伊蚊 OX513A 放到一个笼子里,将没有进行基因修饰的雄性蚊子放到另一个笼子里,然后放入了一些"有点野性"的雌蚊子。埃及伊蚊 OX513A 显得有点笨拙,它们只与一半的雌蚊子进行了交配,可能是因为它们的精液用完了。与没有转基因的雄蚊子相比,埃及伊蚊 OX513A 好像分不清哪些野雌蚊子是处女、哪些不是处女。但是,经过短时间的适应,也就是三天的时间,转基因蚊子就和没有转基因的蚊子表现得一样好了。对于投资者来说,这看起来就是一线希望了,因为牛科公司不仅需要培育和释放大量的转基因蚊子来对抗野生蚊子,而且还要经常这样做。阿尔费说,科学的经验法则是,根据人口数量,每人每周需要 20 只转基因蚊子。"如果一个城市有 500 万人,"他在纸上写着,也许脑子里在想着迈阿密或马德里或艾哈迈达巴德(Ahmedabad)或贝洛奥里藏特(Belo Horizonte)或者第三世界的其他二线城市,"那么每周就要释放一亿只雄蚊子。"

对于那些担心转基因的人来说,有意地向野外投放转基因生物,要比优化已经栽培的作物可怕得多。孟山都公司是农业企业中的巨擘,是世界上最大的种子公司,在基因工程中排名第一,它所做的就是基因育种工作,一直受到反对转基因的活动分子的声讨。但是,阿尔费指出,孟山都等公司的产品都是超级棉花、超级玉米,是与传统的作物品种竞争的,那些转基因品种是为了活下去的,而牛科的产品,是为了死去的。"从政治上看,自我限制要好得多,"他告诉我,"你可以对政府监管者说:如果我停止释放,这个产品就全部消亡了。"

不过,牛科的第一次埃及伊蚊野外试验就遭到了空前的非议,那个试验是在开曼群岛进行的,在佛罗里达州以南 360 英里。这个试验比在马来西亚、巴西进行的试验早,也比巴拿马、印度、新加坡、泰国、越南规划的试验早，当然也早于西礁岛上的试验，一开始让当地的科学家根据大小以人工的形式将雄蚊子和雌蚊子分开，采用的是那种"类似筛选"的方法，雌蚊子的个儿要大些。他们雌雄区分的准确率达到99.55%，在40英亩的区域内释放了300万只埃及伊蚊OX513A。关于这个试验，还可以有另一种说法，即，在被释放的蚊子中，有0.5%的蚊子，也就是将近1.5万只，是那种转基因雌蚊子，它们都会叮咬当地的岛民，而岛民对此几乎一无所知。但是，2011年底发布的试验结果却是很好的，在其后的六个月里，野生埃及伊蚊的数量减少了80%，阿尔费在美国热带医学和卫生协会（American Society of Tropical Medicine and Hygiene）的一次会议上声称，这是"一个完全成功的试验"，也是他第一次对外公布试验结果，让世界大为震惊。〔后来又在巴西的巴伊亚（Bahia）做了次实验，野生蚊子的种群数量减少了96%。〕

　　转基因蚊子野外试验之前，开曼群岛官方只是散发了点宣传册，在当地电视上播放了五分钟的宣传片。在对公众很有限的告知里，也没提到转基因的概念，说起转基因蚊子，就反复使用"不生育的雄性"这个词语进行描述，阿尔费也一直这样说，后来受到人们的批评。"如果一只雌蚊子与一只不生育的雄性交配，"牛科公司和开曼群岛的科学家在2010年的一次联合新闻公告中说，"她不会生育后代，从而会减少下一代的种群数量。"美国农业部和德国马克斯-普朗克研究所（Max Planck Institute）的科研人员不久就对牛科公司的论文和专利申请材料进行了研究，指出了远不是语言使用上的一个问题。这个问题是：在实验室里，转基因雄性蚊子和野生雌蚊子交配后产下的卵，即便是在没有四环素的情况下，也有将近3.5%的卵可以活下来，而一亿只蚊子的3.5%是个很大的数字。"这样，人们就有理由担心，"他们写道，"雌蚊子会将tTA，也就是大肠杆菌和单纯疱疹病毒的混合片段，注入人体之内。"

　　阿尔费坦然承认批评人士所表达的一种顾虑，这就是，如果埃及伊蚊被消灭，那么白纹伊蚊，也就是亚洲虎蚊，是否会取代埃及伊蚊的生态位?"如果是这两种蚊子都有的地方,"他说,"你可能会认为一种蚊子消除后,另一种蚊子的领地会扩大一点。但是,亚洲虎蚊在传播登革热方面远逊于埃及伊蚊。"他说,在有些情况下,牛科针对消灭埃及伊蚊的宣传活动很容易被人认为是针对消灭亚洲虎蚊的,成为一种针对昆虫的永恒战争。作为牛科公司的第一个 RIDL 产品,OX3588实际上就是用亚洲虎蚊培育的一个菌株,因为这种伊蚊在美国的市场很大。现在,这个产品正处于"产品优化"阶段。

转基因蚊子有一个重要的支持者,就是世界上最大的慈善组织、拥有 335 亿美元资金的盖茨基金会(Gates Foundation),基金会秉承其创始人聚焦技术开发的理念,积极提出技术解决方案。在 2012 年度致辞中,比尔·盖茨(Bill Gates)宣称,"创新是关键",但是也指出了一个结构性问题,即如果利润是动力,那么第三世界的问题就很难得到第一世界的解决方案。"企业在很多领域都进行了大量的创新研发,"他写道,"特别是为有钱的人开发了很多创新成果。梅琳达(Melinda)和我的基金会要鼓励在盈利小但是对穷人影响大的领域进行创新。"

盖茨基金会实力强大,看起来能够单枪匹马地主宰全球援助的优先领域,其中两个重点资助领域是蚊子传播的疾病和农业。2005 年,盖茨基金会给一个蚊子转基因研究联盟资助 1 970 万美元,其成员就包括牛科公司和很多公立大学。(资助经费用于开源的蚊子品种,不是OX513A。)基金会还给亚洲和澳大利亚的一些公司资助 1 300 万元,利用能够治疗登革热的细菌,来感染埃及伊蚊;给长期实施的登革热疫苗计划资助了 6 200 万元;拿出 5 亿美元与葛兰素史克(GlaxoSmithKline,GSK)建立合作关系,加速人们期待已久的疟疾疫苗研发。就像登革热疫苗一样,疟疾疫苗的研发一直被忽视,因为疟疾多发于热带地区的穷人,这种疫苗没有利润可言。与登革热一样,疟疾在全球也呈蔓延趋势。"我觉得,就全球健康而言,我们都清楚全球变暖的影响,"盖茨基金会的瑞普·巴罗(Rip Ballou)博士说,"如果考虑到各种虫媒病，情况尤其如此。"他曾在葛兰素史克工作过，30 年来一直致力于疫苗开发。

盖茨基金会在农业上可与葛兰素史克相提并论的合作伙伴是孟山都公司。这家公司和葛兰素史克一样，也是上市企业，在培育适应气候变化的作物品种方面处于领先地位，但是它不会为付不起钱的人开发产品。孟山都公司年收入 110 亿美元，德意志银行的气候基金和盖茨基金会等都持有它的股票。它还是盖茨基金会资助的非洲农业技术基金会（African Agricultural Technology Foundation）的项目承担者，并因此获得经费 4 000 万美元，为撒哈拉沙漠以南的五个国家培育抗旱的玉米。2009 年，第一批新品种开始在南非的阳光下试种。两年以后，刚刚过了圣诞节，孟山都的转基因抗旱玉米品种 MON87460 被悄悄地解除了在艾奥瓦州、印第安纳州和内布拉斯加州的种植管制。这个结果有点意外，因为，美国农业部发现，该玉米品种并不比现有的品种更加耐旱。农业部对该品种的环境评估说："通过传统育种技术培育的品种在耐旱方面可与这一转基因品种相当，而且可以大量供应。"

2008 年以来，反对转基因的活动分子调查追踪了孟山都以及巴斯夫（BASF）、杜邦（DuPont）、拜耳（Bayer）、陶氏（Dow）以及先正达等其他五家"基因巨人"企业应对全球变暖的研发情况。牛科的很多高级雇员以前都在先正达工作过。这些活动分子发现，至少有 2 195 个专利申请书涉及"非生物抗逆性"（abiotic stress tolerance），抗极端温度，抗旱，抗一切非生物而且非友好的环境。

在与气候相关的专利方面，独领风骚的是孟山都和 BASF。2007 年以来，这两家公司合作实施了"有史以来最大的生物技术研发项目"，目前已投入 25 亿美元，培育抗逆性的玉米、大豆、小麦、棉花和油菜等品种。孟山都公司很久以前就不生产化学产品了，比如阻燃剂 Phos-Chek、高效落叶剂橙剂（Agent Orange）以及杀虫剂 DDT 等，但是通过几十年的研发在其他领域获得了技术突破。1982 年，孟山都的科学家在世界上首次对一个植物细胞进行基因修饰，并获得了专利，而且依靠这个专利建立了自己的技术王国，其除草剂农达（Roundup）以及抗草的作物都是根据这个专利成果开发的，只是这个专利就要过保护期了。因此，孟山都公司需要另一个重大成果，正在积极开展技术创新。孟山都在《纽约客》（*The New Yorker*）、《大西洋月刊》（*The Atlantic*）和《国家地理》（*National Geographic*）杂志的显要位置刊登广告，广告上问："我们怎样才能从一滴水里生产更多的粮食？"如果孟山都和 BASF 在某种植物里发现一个有用的基因，他们常常就申请专利，并适用于多种植物。专利局 2009 年底给 BASF 的专利授权就很有代表性。美国专利 7619137 的开头这样说，"我们认为……这是一个用独立多核苷酸转化的转基因植物细胞"。这个植物细胞在下列植物中都有发现：玉米、小麦、燕麦、黑小麦、大麦、大豆、花生、棉花、油菜籽、加拿大油菜、木薯、辣椒、向日葵、万寿菊、土豆、烟草、茄子、西红柿、蚕豆属、豌豆、苜蓿、咖啡、可可、茶、柳属、油棕、椰子、多年生草以及一种饲料作物。

"我们对植物的生物学知识了解得越多，"孟山都发言人萨拉·邓肯（Sara Duncan）对我说，"我们未来的路就走得越宽广。"对于生物技术公司来说，基因组学提供了新的研究图景，它对生物的 DNA 进行测序。水稻是第一个被测序的粮食作物，是第二个被测序的植物，这个测序是在 2005 年完成的，距离人类基因组图谱的绘制刚刚过去五年。对于作物基因组来说，水稻基因组相对简单，是解密其他基因组的罗塞塔石。水稻基因测序中的经验可以用到其他更赚钱的玉米和小麦基因测序上。截至 2006 年，水稻基因组的四分之三都已申请美国专利的保护，其原因就在于此。BASF 和孟山都的合作在培育适应气候变化的种子方面已蔚然大观，但是水稻依然是一个范例，其原因也在于此。

在 3 500 多种蚊子中，第二个被基因解码的是埃及伊蚊。第一个被解码的蚊子是冈比亚疟蚊（*Anopheles gambiae*），是在 2002 年进行基因测序的，这种疟蚊是撒哈拉沙漠以南地区最致命的疟疾传播者，也是盖茨基金会重要的研究对象。一位科研人员发现疟蚊喜欢恶臭之后，盖茨基金会这家世界上最为富有的基金会曾斥资 77.5 万美元，检测那些发出像人的脚臭或林堡奶酪（Limburger Cheese）臭味的管道。不过，盖茨基金会在帮助全世界减少碳排放方面非常吝啬，一毛不拔。在农业发展战略综述里，盖茨基金会说："我们相信，基金会应对气候变化最好的方式是帮助贫困的农民适应气候变化。"一株转基因水稻似乎无法和一堵海堤相提并论，但是对于执着于技术的人看来是一样的，在这个越来越被人们编码的世界上，这株转基因水稻就是个新的补丁，就是个新的软件。

BASF 和孟山都公司合作在比利时建了个温室，我去的时候正是冬天，但是在这个面积达 2.6 万平方英尺的温室里，温度就像赤道地区那样，非常热，到处是德意志银行在华尔街搭建的那种帐篷，只是没有蟒蛇。马尼克斯·皮佛罗恩（Marnix Peferoen）告诉我，里面的温度在 82 到 86 华氏度之间，湿度是 70%，他边说边脱下毛衣。我的鼻子习惯了城市的味道，现在闻起来，这个温室就像是个酿造厂。水稻都种植在透明的塑料盆里，每一株都带有自己的条形码和 RFID 应答器，非常规整地排着，上面是 3 万勒克斯的灯光照明。温室内基本上没有人，只有不断播放的欧洲流行音乐，是那种合成的、过度制作的音乐，从悬挂的扬声器里大声地传来。我们来到一个叫作植物运送系统（Walking Plant System）的地方。传送带在温室里蜿蜒曲折，将植物幼苗颠簸地从一边运送到另一边，运输过程中，机械手会取下一些幼苗。皮佛罗恩说，"那个传送带就和你汽车里的一样"。温室里有 5 万多株植物，开花之前都会待在这里，需要 3—4 个月。植物上装着探针，可以测试其水分情况，还挂着牌牌，标识着生长日期。从植物本身就可看出缺水情况，深绿色的是健康的，而浅绿色的则是缺水的。"我们多数情况下都是在它们开花的时候让它们接受干旱的考验，"皮佛罗恩说，"但是我们也可以自始至终保持较低水平的水供应。"他说，夏天 6 点以后，温室的窗帘都要拉上，变成一个"完全黑暗的盒子"，从而完全遮蔽于外面的世界，因此温室内的水稻每天只能得到 11 个半小时的日光照射,就像亚洲的水稻一样。为了试验的真实完整,研究人员通过计算机随机打乱温室内幼苗的分布,不仅有抗旱的转基因品种,还有不具有任何抗旱转基因的品种,主要是作为对比用。一般情况下,非抗旱品种表现得差一些。

我们顺着传送带来到温室远处角落里一个高盒子前,那是"影像室",被称为 ARIS,是水稻自动成像系统(Automatic Rice Imaging System),就像植物的核磁共振成像机(MRI)一样。每株植物每周都要来这儿一次,从七个不同的角度进行照相,而且要穿透培育植物的特制透明盆,这样做的目的是测量"植物的参数"。在图像中,整个像素区就代表着全部生物量,从拍摄的植物下面线条的数量和宽度,就可判断植物根系的发展情况。皮佛罗恩兴奋地点着头,说:"数据就是从像素区那里提取出来的。是像素那里。"幼苗穿过 MRI 机的速度很快,每小时穿过 800 株,一天是 7 000 株,每株幼苗都要被灯光照射几秒钟,然后才能返回到人工繁育稻田里。皮佛罗恩说,这些图像每幅是 3 兆,每天大约形成 5 万张图片,也就是说,每天的数据是 15 万兆。所以,科研人员一般要等到互联网流量小的时候才将所有数据发送到 BASF 计算机,由计算机对数据进行分析,因此,他们是在其他比利时人酣睡的夜间批量地将数据发送出去。

比利时的根特市(Ghent)是生物技术的发源地之一,早在 20 世纪 80 年代初期,那里的科学家就知道如何通过细菌注入把基因导入到植物中去。我访问 BASF 所属企业作物设计公司(CropDesign)时,生物技术产业获得了长足的发展,接待我的就有三个媒体经理,而且来自不同的国家,分别是德国人、美国人和比利时人。他们让我坐在会议室里芥末黄色的桌子旁,墙也是芥末黄的,用 PPT 不厌其烦地给我介绍了几个小时。德国人提供了有关转基因作物的数据,1997 年,也就是 BASF 从"化学公司"转型涉入转基因研究之前的那一年,全世界转基因作物的种植面积是 2 500 万英亩。2011 年,这个数字变成了 4 亿英亩。截至目前,耐草作物一直给生物技术产业带来财富,不过,到 2020 年,其价值也不会超过 1 亿欧元。但是,作物设计公司所说的"内生式生长"的生物特性，比如抗旱性、耐盐性、抗逆性，将带来 20 亿欧元的产值。比利时人解释说，早在 20 世纪 60 年代，诺曼·博洛格（Norman Borlaug）就取得了绿色革命的重大成就，即作物密植。"拿 40 年前的一株玉米和今天的一株玉米相比，"他说，"差别并不大。两个时代最大的差别是，我还是个孩子的时候，我可以从玉米地里跑过去，而且还能在玉米地里盖房子。但是现在，玉米地你根本进不去。"孟山都最近承诺，要实现玉米、大豆和棉花产量的翻番。

作物设计公司的 CEO 这时走进来并解释说，我所看到的是他们公司注册了商标"特性工厂"工艺（TraitMill process）的一部分，这个工艺是"从基因选择到专利申请的高速公路"。温室里有创新前景的品种会被送到美国或巴西或 BASF 在德国的一家附属企业进行大田试验，对每一个转基因氨基酸的变化都进行记录。截至目前，他们已提出了 15 万个专利申请，每个氨基的变化都要申请专利。他进一步解释说："我们只是在看到作物中已被证实的数据后才进行专利申请。"现在，他们已发现了作物产量提高 50%、品种增大 30% 的特性。CEO 对其研发体系很是自豪，而且在他的话语中不时地流露出来。"特性工厂是已被证实最大的、主要开发作物生产特性的平台，"他说，眼睛放着光，"而且是受知识产权保护的。"

不管是转基因还是非转基因，埃及伊蚊的标准飞行范围大约是 100 米，从卢克·阿尔费的办公室到牛科公司的蚊子孵化培育室的距离至少是 200 米。我还没见到一只 OX531A 呢，所以在与阿尔费吃午餐前，到工业园区里走了走。他提醒我，登革热呈现着勃发和衰微的循环。"人们真正注意到登革热的时间，"他说，"是在白纹伊蚊在美国出现的时候，或者就像现在西礁岛上发生了登革热。"重要的是，在登革热处于间歇性平静期时，我们要坚定自己的信心。

蚊子培育室里，工作人员和研究生穿着白色的实验室制服，挤坐着观看显微镜。在一个房间里，我从一个显微镜中看到一个转基因伊蚊幼虫，发着红色的光亮。"我们培育孵化的所有生物都有这样的荧光标志,"阿尔费说,那是因为牛科公司在里面导入了珊瑚和水母的基因。他推开一扇门,我们走进去,里面看起来就像是个超大型的壁橱,常年保持着 82 华氏度的温度。墙就像发了霉一样,周围靠着 24 个昆虫之家牌的装蚊子的笼子。头顶的灯发出烦闷的电流嗡嗡声。笼子的边上,站着可怜的员工,她一整天都要待在这个潮湿的、满是蚊子的房间里,那里看起来就像是暴发登革热的西礁岛或开曼群岛,只是显得更高尚一些,但是里面没有夕阳西下。就在这个房间里,牛科公司每个月可以孵化 200 万只蚊子,阿尔费说。他给我看一个水盘,上面有几十个幼虫,有几个已经变成了蛹,在游动着,看起来像是很小、很小的蝌蚪。"在光线之下,它们都挤在角落里,"他说,"看到了吗? 在黑暗里,它们就放松多了。"他拿给我看一张一英尺长的纸,上面可能有 4 万个干的卵。这些卵可以保存很长时间,足以运到世界各地。加上水,放到一个真空管里,然后蚊子就出来了。"你可以完美地得到这一切。"他给我看一个小小的塑料杯,并说里面有 100 万只卵,那些卵看起来像是咖啡末。

成年以后的 OX513A 都紧紧附着在笼子的壁上,每个笼子里有数百个。这些蚊子飞的时候,几乎没有一点声音。与其他种类的蚊子不同,埃及伊蚊并不发出恼人的声音,看起来气候变暖可能对其产生了一定的影响,扩大了其领地。就像气候变化悄悄发生一样,人们也注意不到这些埃及伊蚊,除非它们已经落到了他们的脸上。意识到蚊子以后,人们便疯狂地采用各种方法来消灭它们。我注意到,笼子的下面,有一个"死刑执行器",就是个有把手的灭虫器,看起来像是个网球拍,万一有个蚊子从笼子里飞出来,就用它拍死。阿尔费说:"我们这儿所做的是进一步优化。"牛科公司还没有将这些蚊卵运到热带地区,目前还没这个打算。"我们只是想测试,改善孵化工艺,否则成本太高,难以承受。我们想知道笼子里有多少成年蚊子才是最佳状态,想知道可以在笼子里喂养它们多长时间,想知道如何来喂养它们以及何时喂养它们。等等。"目前,牛科公司是用鱼食喂养蚊子的。"就好像给你一条金鱼,"阿尔费说,"但是你可以喂它发酵粉、狗粮或猫食,不管什么有机物质都可以，把它们丢在水里。"对于更具有突破性意义的遗传学来说，从商业的角度，也要考虑赚钱这个方面。他说："你得考虑，如何才能更大规模地孵化培育出更加廉价但又是适用的、健康的、生殖力强的雄性蚊子。"

在人类为主宰的时代，这个问题需要我们考虑。神力无边的能力开始让人感到很普通正常，甚至有点乏味。在美国，转基因作物的历史还不到 20 年的时间，但是几乎已经完全进入了市场，占有种植棉花的 94％，大豆的 93％，玉米的 88％。转基因作物已经发展到其他 20 多个国家，全球转基因作物的市场暴涨了 7 500％。随着气候的变化，转基因的市场只能会扩大，不仅是因为当今世界缺乏抗旱的作物品种，而且是因为越来越多的农民，比如中国的、尼日利亚的、印度尼西亚的、巴西的，有钱购买转基因的作物品种了。真正的预言家可能是牛科公司，而不是孟山都，因为科学家正在探索研究，不仅仅对植物进行转基因，而且对细菌和野生动物进行转基因，从而适应新的气候现实。2012 年，纽约大学教授 S. 马修·廖（S. Matthew Liao）提出对人类自身进行工程改造的建议，期望人的后代体格更小，需要资源更少，排放量也更少。几个月后，美国国家地理学会（National Geographic Society）和野生动物保护协会（Wildlife Conservation Society）联合举办了利用"再造灭种生物技术"与"合成生物学"来保护自然的第一次会议。如果我们能够培育一种转基因细菌来促进植物根系在沙漠里生长，那么萨赫勒地区就不一定会变成另一个撒哈拉沙漠。北极熊不必灭绝。我们已经能够控制干细胞。我们已经能够重构我们丢失的基因组。我们已经能够进行克隆。如果一个物种因为北极海冰消失而消失，那么我们已经具有将其恢复的能力。

与未来的不可期相比，阿尔费的蚊子是非常简单易懂的。这个房间里所有的 OX513A，都是来源于阿尔费十年前培育的那个单一的祖宗。从那时到现在，这个工作不像其他育种项目那样看起来是个转基因项目。"当我说我们将 DNA 导入到生物的肛门里从而进行转基因工作的时候，人们往往会以为那几百万的蚊子每个都要进行 DNA 的导入。他们甚至认为，那样做是永远不会有经济效益的。他们的想法有道理，但却是错误的，因为 DNA 的导入只用一次就够了。"他对蚊子培育工艺兴致勃勃地解释着，我努力地理解他的意思。2002 年，在他人工合成 DNA 以后，技术人员将一批小小的埃及伊蚊卵排列在一起，头朝着一个方向。"那么你就用这根精巧别致的激光针将 DNA 注入进去，"他说，"在身体尾部形成的细胞就是进行过转基因改造过的细胞先驱者。当这枚小小的卵孵化并成年以后，那些被转基因改造的细胞就会变成精子和卵子。如果你能将 DNA 导入一个或多个细胞里，而且被吸收到染色体中，那么这个成年生物所产生的精子或卵子就会具有部分你导入的 DNA 的特征，只是这个过程的效率很低。"阿尔费给我讲解的时候，有只不识好歹的蚊子突然落在他的脖子上，他毫无顾忌地猛地拍了过去。这种打蚊子的办法很老旧，但是绝对致命、有效。

解决问题：我们地球工程化的未来

内森·梅尔沃德（Nathan Myhrvold）的新实验室没有挂任何标牌，从外面看，一点也不引人注意。这个地方以前是哈雷-戴维森（Harley-Davidson）公司的服务中心，面积为2.75万平方英尺，位于西雅图的一个工业园区，附近有一家管道设备批发商，还有一座福音派"蓝天教堂"。我数了数停车场里的车，普锐斯和奔驰车的数量是一样的，都是三辆。在距离停车场入口不远的地方，我看到科技博客达人和当地电视台的记者来得越来越多，他们是来参加一个剪彩仪式的。梅尔沃德还没来，组织方就让我们进去了，已经到场的还有他手下的一些科学家和发明家，穿着白色的实验室大褂，随意地站在他们各自的展台边，那些展台铺陈在有着方格图案的地板上。我们没有看到任何一个激光炮，也没有看到任何一只蚊子，我们想着那些激光炮会把蚊子打下来。即便是人们都在传，这个实验室发明了应对气候变化的解决方案，并申请了专利，我们还是什么都没看到。

梅尔沃德出场的时候，一同走进来的还有不久前当选华盛顿州参议员的玛丽亚·坎特韦尔（Maria Cantwell）。梅尔沃德留着胡子，衣着不讲究，满脸孩子气的笑容，两只胳膊比划着，而参议员则异常镇静、审慎。梅尔沃德的裤子是那种卡其布的，松松垮垮，上身穿夹克衫,但是没有系领带。与梅尔沃德相比,坎特韦尔则很正式,穿着黑色的长裤套装。这是件媒体盛事,但梅尔沃德却别出心裁地给玛丽亚·坎特韦尔参议员进行专场介绍,我们这些来自媒体的人只是簇拥着两个大人物,并根据形势需要,相互间躲避着彼此的镜头,以免影响效果。"这位是菲利普(Philip),"梅尔沃德在第一个展台说,介绍着旁边穿着实验服的年轻人,"他刚刚在普林斯顿大学获得博士学位。"菲利普给他们演示着一个软件,可以对马达加斯加的疟疾暴发进行建模。梅尔沃德解释说,这项研究得到了比尔·盖茨和盖茨基金会的部分资助,因为比尔·盖茨和盖茨基金会几乎要竭尽全力消灭蚊子传播的疟疾。"比尔是我们公司的投资人之一,"他说,"这个东西是公益性的,无偿的,但是我认为,它所涉及的有些技术将会带来很大的利润,有着很好的技术溢出效应。我们会做好的,也是做好事。"

在微软公司,梅尔沃德一直是公司的未来学家和首席技术官。在剑桥大学,他曾一直在斯蒂芬·霍金(Stephen William Hawking)手下从事理论物理研究工作。他是成功学畅销书作家马尔科姆·格拉德威尔(Malcolm Gladwell)笔下的主角之一,是 TED 演讲的红人。他还撰写了一本具有现代主义风格的食谱大全,有 2 438 页,重达 52 磅。在技术圈里,这个人既声名显赫,又令人敬畏。在我们这些跟着参观的人看来,此次实验室的盛大剪彩开业仪式,其目的是反驳那些批评他的人。他从微软公司去职以后,创立了一家投资 50 亿美元的投资公司,名字叫做高智发明公司(Intellectual Ventures,IV)。这个公司受到人们的批评,被指责为专利流氓(patent troll),因为它只是悄悄地购买专利,但是自己一点产品都不生产,而是利用那些专利从威瑞森电信(Verizon)、英特尔(Intel)、诺基亚(Nokia)、索尼(Sony)等制造产品的企业收取专利许可费,否则它就会起诉这些公司侵犯了它的知识产权。批评者说,高智发明公司的商业模式,就是威胁起诉其他公司。截至这次剪彩仪式,高智发明公司就已拥有 2.7 万个专利,不过其他机构的咨询顾问认为,在高智发明公司所属的 1 000 多家空壳企业中,还隐藏着比这更多的专利。高智发明公司每年都花上百万美元的资金，去游说反对进行专利制度改革。但是，不论是在文章中，还是在接受采访中，梅尔沃德都拒绝接受外界给他贴上的"专利流氓"的标签。他说，通过专利转让或许可费，高智发明公司已经获得了十多亿美元的收入，但是还没有起诉过任何一家公司。他告诉大家，这家实验室可以证明，高智发明公司正在依靠自身创造专利技术，"每年大约有 500 到 600 项专利"。

离开菲利普的电脑台，梅尔沃德带着坎特韦尔和我们一行进入一个会议室，里面有一张长长的桌子，边上放着 11 把椅子。会议室的四个角都挂着平板显示器，播放的是同样的视频，一只蚊子以慢动作的形式拍动着翅膀，直到被一束激光击中，然后转着圈地消失了，离开了我们的视线。"在这个会议室，我们将各种各样的科学家请来，与他们进行头脑风暴，孕育新的想法。"梅尔沃德说，"这张别致的桌子和这些精巧的椅子，是我们从一个破产拍卖会上购置的。我们在努力扩大我们的业务，实施这些长远规划，而世界上其他地方都在裁员。"在另一间屋子，他向我们描述了一种高度绝缘隔热的制冷装置，可以在电力间断的情况下，将疫苗保存好几个月。他说："这就像个可乐售卖机。"接着，我们戴上护目镜，穿过一扇门，门上写着醒目的警告标志："大功率激光。不要用余光看激光束。"高智发明公司正在开发一种方法，使用激光而不是使用血液来检测疟疾。这是盖茨基金会资助的另一个项目。附近的一个房间是昆虫饲养所，里面有个壁橱，养的全是蚊子，那个壁橱就像我在牛科公司看到的昆虫之家，是一个模样。"我们自己培育蚊子。"梅尔沃德对坎特韦尔说，"如果你需要说服国会的一些人去做正确的事情，那么你就只需要在这儿把门关上，举行一个会议。"正好旁边站着一位医生，她穿着实验服。"她拥有蚊子专业的博士学位，"他说着，并在她身后做着手势，"看见了吗？那是葡萄干。我们几乎都是用葡萄干喂蚊子。"

在相机的闪光灯下，梅尔沃德很快让坎特韦尔看到了一个冒着蒸汽的球状物，那是在液氮里浸蘸的柑橘泡沫，是受他的食谱大全的启示而制作的。不过，今天的主题是蚊子消除器，我们挤到一个机器设备的旁边,只能看到一部分,那是摄像机的变焦镜头,可以捕捉到飞行中的蚊子,从而对其飞行模式、振翅频率和飞行速度进行分析。这样做的基本想法是找出有害的蚊子,也就是说,将蚊子和黄蜂区分开来,将吸血的雌蚊子和不吸血的雄蚊子区分开来。在最后的设计方案中,利用低强度激光对蚊子进行定位,并在屏幕上追踪,就像是玩一个计算机游戏,或者是打一场冷战,然后用高强度激光将蚊子捕获。坎特韦尔爬上一个梯子,观察蚊子在一个 10 加仑大小的水族池里是如何被定位的,每次锁定一只蚊子,就会有一次绿色闪烁。这位女博士说:"激光器每两秒钟就能锁定一个目标。"梅尔沃德更正道:"激光器每分钟大约锁定 50 个目标。"

这个用激光炮制造的蚊子消除器被人称作光剑(photonic fence),其原理与里根时代的星球大战计划很相似,这一点也不偶然。星球大战计划是用核动力的在太空中运转的 X 激光束来捕获苏联的导弹。这个蚊子消除器是天体物理学家洛威尔·伍德(Lowell Wood)发明的,他是梅尔沃德的挚友,也是高智发明公司的合伙人之一,曾在劳伦斯利弗莫尔国家实验室(Lawrence Livermore National Laboratory,LLNL)工作期间提出并领导了星球大战计划。爱穿扎染衣服的伍德是爱德华·泰勒的门徒。爱德华·泰勒是 LLNL 创建者之一,是"氢弹之父",在马绍尔群岛试爆了他研制的氢弹,是电影《奇爱博士》(Dr. Strangelove)主角奇爱博士的原型人物。胡佛研究所(Hoover Institute)设在斯坦福大学,是一家持自由保守主义思想的智库,伍德和泰勒在那里曾是从事科研的同事。

在 20 世纪 90 年代,伍德和泰勒是最早认真研究在星球数量级这个规模上扭转气候变化那批人中的两位,这种研究后来被称为地球工程。他们的基本思想就是模拟火山爆发的程式,曾在递交第二十一届国际地球应急事件论坛(International Seminar on Planetary Emergencies)的论文中进行了描述,具体办法是,将硫或其他气雾剂喷射到大气中,从而达到 1991 年皮纳图博火山(Mount Pinatubo)爆发的效果,形成的颗粒物会遮蔽太阳光,使得全球气温下降。高智发明公司已经开始申请关于地球工程技术方面的专利，包括阻止飓风、让北极再次冰封、通过工程技术使气候回到"正常"的技术措施，这些内容在实验室盛大开业那天受到人们的普遍猜测。不过，梅尔沃德没有对坎特韦尔参议员提及这些，但是那天晚些时候，在一次简短的对话中，他告诉我，那些猜测和传闻都是真的，当时在场的还有两位谨小慎微的媒体人员。

这次参观考察结束了，又回到停车场，天空灰蒙蒙的。在一个白色的帐篷里，举办方准备了香槟和三文鱼，那是给一些显要之人准备的，有风险投资家，有华盛顿大学的教授，还有著名的野生动物摄影家阿特·伍尔夫（Art Wolfe）。伍尔夫是梅尔沃德的一位朋友，发表了很多摄影作品。梅尔沃德和坎特韦尔参议员站在红色的彩带前面，就在照相机准备好正要按下快门的时候，他突然宣布，"用剪刀剪彩的方式太俗了，我们设计了新的方法"。一名工作人员推过来一个台子，上面有一个很大的红色的引爆按钮，旁边站着另外两名工作人员，带着防火手套，手里拿着灭火器。"这个家伙装上火药了吗？"梅尔沃德问道，接着就开始倒着数数，"五，四，三，二，一"。于是，坎特韦尔参议员就按了下按钮，彩带爆成一团烟火，围观的人员热烈地鼓掌。

气候变化是促进人们改变天气的一个新因素，其实发明家一直都在想着改变天气。1946 年 7 月，欧文·朗缪尔（Irving Langmuir）意外地发明了播云技术，那是地球工程的祖师爷。欧文·朗缪尔当时是通用电气公司实验室的一名研究人员，从事化学研究工作，曾获得诺贝尔化学奖。他将一块干冰丢进一个装有人工云的冰箱里，人工云就立即变成了小冰粒。朗缪尔在日记本上潦草地写道："控制天气。"实验室里有一名科研人员，名叫伯纳德·冯内古特（Bernard Vonnegut），是小说家柯特·冯内古特（Kurt Vonnegut）的兄弟。伯纳德发现了其中的原理，并最终发明了使用碘化银人工降雨的方法，用碘化银作为冰粒凝结剂要比干冰的效果好，可以将云层里的水分凝结成雪花或水滴，从而从天上落下来。柯特·冯内古特在通用电气的公共关系部工作，他1963 年发表了小说《猫的摇篮》（*Cat's Cradle*），书中描述了一种物质，叫"冰-9"(ice-nine)，是一种虚构的晶种(seed crystal)，可以将液体水变成固体形状。1946 年 11 月，朗缪尔实验室进行了第一次播云试验，在纽约伯克希尔山(Berkshire Mountain)上空的云层里丢进去 6 磅冰粒，好像是造成了 3 英里长的下雪地带，而且在全世界引起了极大的关注。人工造雨技术多数是使用碘化银，此后五年里，商业性的人工造雨技术几乎占到美国人工增雨的 10%。不久，沃尔特·迪斯尼(Walt Disney)制作了连环画《造雨大师唐老鸭》(*Donald Duck*, *Master Rainmaking*)，唐老鸭驾驶着一架红色的涡轮螺旋桨飞机，冲进云层中。"晚安，"他尖叫道，"我播云过量了。"很多科学家，特别是在美国，现在怀疑播云的有效性，但是现代人工降雨技术已经在 50 多个国家实施，包括以色列、印度、塞内加尔和沙特阿拉伯。

播云技术的诱惑力也正是它的危险所在，假若这项技术确实有效，那么我们在控制使用它的同时，也会受制于它。詹姆斯·弗莱明(James Fleming)是历史学家，根据他的著作《修补天空》(*Fixing the Sky*)，苏联政府在切尔诺贝利核电站(Chernobyl)事故发生以后，可能使用了播云技术，从而拯救莫斯科，免于核辐射云之灾。有人猜测，喷射碘化银的战斗机在白俄罗斯的上方实行了人工降雨，在白俄罗斯的一些地方，儿童患甲状腺癌的比率骤增了 50 倍。还有，北京人工影响天气办公室为了保证 2008 年奥运会的顺利举行，提前在北京的外面发射火箭，轰击往北京聚集的云，避免在北京上空形成降雨。在亚洲其他国家，播云技术的合法性更是令人质疑。越南战争期间，美国军方秘密实施波比行动(Operation Popeye)，进行人工增雨，把降雨作为战争的一种武器，持续了五年时间，破坏了当地的季节变化，延长了胡志明小道(Ho Chi Minh Trail)上空的雨季。

朗缪尔的播云技术是一项伟大发现，一年以后，他的实验室参与实施飓风计划(Project Cirrus)。这个计划是个机密项目，是由美国陆军、空军和海军联合领导的，每年投入 75 万美元，在 1947 年和 1952 年期间，进行了 250 多次试验，其中还包括一次用人工增雨来扑灭森林火灾。在最初进行的试验中，有一次最为惹人注目，那是 1947 年 10

月，科研人员对"国王"飓风（Hurricane King）进行拦截。"国王"飓风是一个热带风暴，刚刚肆虐了西礁岛和佛罗里达州的南部地区，就要进入大西洋。这个项目的实施人员让轰炸机飞到飓风的风眼中，往里面丢了 60 磅的干冰。于是，"国王"飓风发生了 U 转弯，再次回来，在佐治亚州的萨凡纳（savannah）又一次登陆，造成了一人死亡，财产损失达 2300 万美元。那一年，朗缪尔去洛斯阿拉莫斯国家实验室拜会冷战分子爱德华·泰勒，朗缪尔向爱德华·泰勒吹嘘播云技术所造成的危害。他说，天气控制，"就像原子弹一样，是一个威力强大的战争武器"。他后来对《纽约时报》也这样说。那是历史上第一次人们所知的干预飓风的尝试，梅尔沃德的高智发明公司将来也要解决飓风这一问题，不过采用的是另外不同的方法。

我第一次看到播云行动，是在澳大利亚，那个时候，墨累-达令流域发生严重干旱。在大雪山，为悉尼市提供水电的水库已经干涸，当地的私有电力公司大雪山水电（Snowy Hydro）几近于崩溃。电力公司的控制中心位于库马市（Cooma），是一间黑暗的房子，里面全是计算机和研究生。这些研究生紧紧盯着排着一排的 8 个显示器，追踪着一个经过的冷锋，等待时机，从而向碘化银发生器发出启动信号。那些碘化银发生器共有 13 个，由太阳能提供电力，是树一样的金属塔，隐藏在一片旷野保护区里。

在大雪山地区最大的度假胜地斯雷德博（Thredbo），大雪山水电公司已经在缆车上悬挂了大幅标语，从滑雪者的角度来宣传其所做的工作，"今年冬天的播云行动将改善降雪"。有位经理告诉我，与安装更多的斜面的造雪设备相比，他是多么地喜欢播云技术。由于温度上升得越来越高，那些造雪设备对于地势低的滑雪道是非常关键的。在澳大利亚，我只听到一个人对播云技术的不满，他来自 100 英里以外的一个农业城镇，就在山区的另一边，那个地方非常干旱，作物都干死了。"播云的问题是，"他说，"你来决定哪个地区应该得到雨水。"

梅尔沃德新实验室的剪彩仪式结束后几个月，高智发明公司的首席专利律师凯西·特格林（Casey Tegreene）带着我来到他的办公室。门关上的时候，我看到走廊里闪过一个穿着扎染衣服的身影，那是洛威尔·伍德，身上的衣服很鲜艳，趿拉着拖鞋，一阵风似的冲过去了。梅尔沃德给我讲了高智发明公司所发明的技术，此前我一直想知道他的公司是怎样进行发明的，而特格林也一直自告奋勇地描述该公司进行发明的标准方法。他本人从事高山攀爬和越野跑，在快 50 岁的时候又爱上了极限飞盘运动（Ultimate Frisbee）。在高智发明公司，他负责协调召开"发明会议"，将精挑细选的 3 到 10 名科学家、博士或工程师请到一个会议室里，在里面待 8 到 16 个小时，请他们想方设法来解决那些"大的、有意思的、广受关注的问题"。特格林说，没有什么比喻能够完美地描述会议室里所发生的一切。"那就像是一种头脑风暴，"他告诉我，"也像是一节物理课或工程课，或者看起来像是在吵架争论。"我忽然就想到了情景规划，他们都是最聪明的人，都汇聚在一个会议室里。

2003 年，高智发明公司举办了第一次发明会议，主题是数字相机。高智发明公司现在每个月要举办的发明会议多达五个，讨论解决的问题涉及医学外科技术、超材料等方方面面的内容。"我们可以这么说吧，假如会议的主题是解决地球的反照率问题，"特格林说，"那么我们所找来参加会议的发明人员就会是物理学家或材料科学家，多数人员不止涉及一个专业，是那种博学多识的科学家，比如洛威尔和内森。"围绕地球工程，高智发明公司每年要召开三到四次这样专门的发明会议。特格林说，几乎从高智发明公司成立那天起，梅尔沃德就对地球工程这一主题很感兴趣，也许高智发明公司每年还举办了十次至少是与地球工程相关的发明会议。

这种不拘形式的发明会议都是在我看到的那种实验室会议室里举办的，里面的摄像机和麦克风将发言人员的每一个字都记录下来，然后将这些孕育中的技术发明传送到特格林领导的由 63 人组成的专利团队，其中包括 24 名律师，专利团队的多数成员拥有航空工程、计算机科学、生物化学或数学等领域的博士学位。这些技术发明人员一般是从外地飞过来，停留一两天，吃得很好，有印度餐，有埃泽尔著名的炸鸡(Ezell's Famous Chicken)，还有过去人们所吃的野餐烤肉等。不过，这些来参加发明会议的科技人员得到的报酬并不是很多，可是高智发明公司如果获得发明授权，会给他们一定的股份。"但是，如果这些技术人员得不到一点补偿，我不知道他们是否依然会去做。"特格林说，"我想他们还是会做的。因为那些人喜欢与我们一起进行发明创造，所以他们也就喜欢与我们一起讨论有趣的问题。"

通常来说，特格林会让参加发明会议的人员信马由缰。"不过如果他们开始谈论如何发明一种更好的轻便马车用的鞭子，我们可能会将话题引开。"他说，"轻便马车用的鞭子早在150年前就没有市场了。但是，有时候你还真不能确定有些想法的核心内容是从哪儿来的。也许会有两位参会人员围绕如何让云层里的东西淀析出来而争论这种或那种技术。突然间，你可能会发现一种让云层里的水汽电离出来的更好办法。"

特格林的窗户总是有奇怪的声音，窗户外面是一些树和停车位，距离运动健身场所贝尔维尤俱乐部(Bellevue Club)不远。有只扑翅鸳鸟不停地啄着自己的影子。特格林解释道："那只啄木鸟总是停在那儿，啄窗户的左边。"他转过身，对着我说："我们的发明会议可能会诱发新的想法，这就足够了。我们并不是要开发下一年的产品。最为典型的是，如果你向非常聪明的人提出了一系列有意思的难题，就会促进他们孕育产生一些其他的想法。比如，如果我们解决了如何从大海中获取海浪能的问题，那么就可能引发出一些有价值的想法。"

一般来说，一个专利的有效期是20年，所以高智发明公司的投资者都风物长宜放眼量。据说，他们的钱都投到了两个基金中，时间有十多年。这两个基金，一个是聚焦亚洲的发明开发基金，经费5.9亿美元；另一个资金要多一些，有23亿美元，是发明投资基金Ⅱ。投资者包括亚马逊、苹果、英特尔、微软、索尼等技术公司以及洛克菲勒基金会(Rockefeller Foundation)、惠普基金会(William and Flora Hewlett Foundation)，还有来自布朗大学、斯坦福大学、康奈尔大学、得克萨斯大学所接受的捐赠资金。当然，那些公司自己还要开发自己的专利技术，而那些大学则将来自社会的捐赠资金用于为未来一代谋取福利，而不只是为当代人谋取福利。与快速的眼前回报相比，大的趋势显得更为重要。高智发明公司开发和申请了很多专利发明技术，比如纳米技术、半导体、核能、医学设备以及农业等领域的技术成果，农业技术的回报可能需要很多年才能看到。与这些技术相比，地球工程一点也不逊色。同时，高智发明公司已经获得了收入，截至 2011 年，收益达到 20 亿美元，有一部分收入是通过向技术公司进行专利许可而获得的。令人疑惑的是，这些购买专利许可的技术公司，有些竟然还是它的投资者。由于双方签署了专利许可协议，所以就不会产生专利诉讼情况，不过大概也正是因为担心有专利诉讼的危险，所以才促成了专利许可协议的签署。

特格林告诉我，高智发明公司不久将举办一次关于"如何搬运泥土、岩石等大型东西"的发明会议。"如果有什么东西在一个物体的下面、周围、底部或里面，或者是这个东西很大而且离我们很远很远，那么我们怎么才能拿到它呢？"最近，梅尔沃德乘坐直升机，与比尔·盖茨和沃伦·巴菲特（Warren Buffett）一起考察了加拿大的油砂项目。他们是应基威特公司（Kiewit Corporation）的邀请而去的，该公司是油砂项目承包商，每年投资 60 亿美元，同时它也在全美洲大运河项目中有投资。梅尔沃德已经注意到那儿有大量的硫磺，是油砂开采的副产品，同时也是地球工程计划实施的主要元素，当时正在被高智发明公司申请专利。"那里的硫磺堆积得像一座很大的黄色的山，似乎有 100 米高，1 000 米宽！"他后来对《超爆魔鬼经济学》（Super Freakonomics）的作者说，"人们在硫磺山的周围垒砌成一级一级的台阶，就像是墨西哥金字塔一样。如果你在那儿安置一个小型喷射装置，那么只需要其中一座硫磺山的一个角，就可以解决北半球的整个气候变暖问题。"

就高智发明公司来说，他们的基本态度是不在地球工程中获取利润。"发明新的技术是高智发明公司的主要业务，但是我们不期望，也不试图用我们的气候技术发明来赚钱。"这是高智发明公司在常见问题中回答的内容，那时，社会上已经知道其对于地球工程的兴趣了。那天上午，在特格林的办公室，那只啄木鸟还没有开始啄窗户，发明会议的形式不拘一格，他描述了参加人员离开会议室以后的情况。"发明会议以后，我们会进行一个我们称之为优选的程序。"他说，"我们有一个完整的计算机系统，对专家们提出的想法进行分类，每周都要与专利律师、商业开发人员以及相关人员召开一系列的电话会议。我们会给他们说，'情况是这样，我们正在寻求地球工程方面的想法。这次会议上提出的排名第一的想法是这个，它是否比我们已经拥有的排名第一的想法更好？ 如果不好，那么是否比我们已经拥有的排名第二的想法好？ 如果不好，那么是否比我们已经拥有的排名第三的想法好？' 如果是更好，那么我们就将它排在第三位，而原先排名第三的顺移到第四位，第四位移到第五位，以此类推。我们对这些想法进行排序。"

那么，怎样才算是"更好"？ "这需要考虑很多不同的因素。"特格林说，"你得考虑这些想法衍生而来的成果是否能得到很好的专利保护，所在的产业是否愿意支付技术许可费，是否有商业利用前景，是否在此专利基础上可以研发更多的成果，进一步完善从而申请专利是否投入大，等等。所以说，需要进行综合考虑。"申请一项专利需要很大的投入，通常还很耗时。高智发明公司每年会筛选提出数千个想法，甚至是数万个想法，但是大多数永远也不会进入到被考虑开发的前列。所谓的优选程序，通常来说是只选择那些最有商业化前景的想法进行研发。"如果某个想法在某个领域排在前几位，"特格林说，"那么我们就围绕它进行专利申请。"尽管已经了解了他们关于成果发明的所有步骤，我依旧没有弄清楚他们为什么还要去申请地球工程方面的专利。

地球工程的倡导者，或者说至少是地球工程研究的倡导者，一般来说可以分为三类，一类是科学家，极度害怕如脱缰野马而无法控制的气候变化；一类是自由市场推进者，极度害怕政府强制进行碳减排；还有一类是资本家或重视慈善的资本家，对上面两种观点兼而有之。

对这三类人员进行调查，我只需要到两个华盛顿去就可获得答案，一个是华盛顿特区，一个是华盛顿州。

不管是在华盛顿特区还是在华盛顿州，往来穿梭于会议、论坛、讲座和实验室之间的，都是科学家，其中较为知名的有肯·卡尔代拉（Ken Caldeira）。他在斯坦福大学卡耐基研究院（Carneigie Institute）工作，是著名的气候模型研究者，提出了"海洋酸化"（ocean acidification）这一术语。他的政治主张与爱德华·泰勒和洛威尔·伍德完全相反，在这两位冷战斗士提出其皮纳图博火山模式解决方案时，肯·卡尔代拉极力反对，然后就提出了一些意见，拿出了一些证据。他几乎比任何人都更加了解气候变化对当今世界的影响，很快就经常去造访国会山，成为高智发明公司旗下一名重要的发明家。当然，很明显，他进行发明的动机不是为了企业利润。以一个与气候相关的发明为例，他承诺，"将我此专利收益的100%，全部捐赠给非营利慈善机构和非政府组织"。

随着全球碳排放的增加，很多国家的政府越来越接受地球工程。巴拉克·奥巴马（Barack Obama）当选美国总统后，一些国家首先成立了最高水平的科学小组，先是英国的皇家学会，然后是美国的国家科学院。此后，英国的下议院和美国的众议院都举办了地球工程听证会；美国国防部国防高级研究计划局（DARPA）举办了机密会议；美国联邦政府审计总署和国会研究服务局进行了调查研究；美国气象学会和英国气象局发表了政策声明；英国机械工程师研究院（Britain's Institute of Mechanical Engineers）组织了设计大赛；全球在阿西洛玛（Asilomar）召开道德和伦理会议；兰德公司发布研究报告；2009年在哥本哈根召开的气候大会举办了相关活动；英国政府拨款对部分研究给予资助；位于华盛顿特区的一家共和党与民主党都支持的政策中心提出了新的术语气候修复（climate remediation）；2014年IPCC报告中也讨论了这一问题。不论是研究论文，还是研究小组，抑或是研究论坛，大多数的意见并不是要组织实施地球工程，而是要小心谨慎地进行研究。

关于地球工程，目前最有前景的项目依然是皮纳图博火山模式解决方案，其部分理念来自太阳辐射管理理论（solar radiation management, SRM），这个术语也是卡尔代拉提出来的。历史上首次明确地将火山爆发与全球气候联系起来的人，是本杰明·富兰克林（Benjamin Franklin）。1783 年，富兰克林在法国公干，当时冰岛连续八个月发生了一系列的火山爆发事件，北半球的气温骤然下降。"整个欧洲上空弥漫着难以消散的大雾，北美大部分地区也是这样。"富兰克林写道，"因此，地球表面一开始就上冻了。因此，地面上最初落下的雪就没有融化。因此，空气就愈加地寒冷。"还有一个很有前景的 SRM 项目，是由英国教授约翰·莱瑟姆（John Latham）和斯蒂芬·萨尔特（Stephen Salter）提出来的，主要是研制无人驾驶的、以风为动力的帆船，可以在公海上远航，通过喷洒海水进行海洋播云，从而提高海水的阳光反射能力，也就是反射率。他们后来都为高智发明公司工作。按照如此构想，照射到这些云端的太阳光将会更多地被反射回去，从而使得地球的温度降低。

　　第二类地球工程倡导者是自由市场的推崇者，他们常常忽视科学家对于地球工程研究和项目实施的细微区分。我在华盛顿特区就发现了这一点。有人告诉我："环保主义者和产权保护主义者之间的根本分歧也正是这两类地球工程倡导者之间的不同认识。"这个人是一名律师，在弗吉尼亚州一个很小的智库工作。这家智库有时会突然持全面的怀疑态度，后来甚至向法庭起诉，要求查询著名气候学家迈克尔·曼（Michael Mann）的电子邮件，希望以此来揭示所谓的气候科学只不过是用纳税人的钱玩的一个花招。"我们的不同认识在于，他们的意见是通过工程改变人们的生活习惯，那是减缓。而我们的意见是通过工程改变环境，这是地球工程。"纽特·金瑞奇（Newt Gingrich）在参加 2012 年总统竞选前，对这一观点进行了回应。他在参议院投票否决一个气候法案，并给他的支持者写了封信，信中说："地球工程与其他的所谓绿色法案不同，不会给美国经济带来上万亿美元的压力。每年只需几十亿美元，就可能解决人们关切的全球变暖问题。我们不会给普通的美国大众造成损失，我们会通过科技创新成果提出应对全球变暖的解决方案。我们的理念是：发挥美国人民的聪明才智，让那个绿色法案见鬼去吧。"

美国企业研究所（American Enterprise Institute，AEI）是保守派思想的灰衣主教（éminence grise），金瑞奇曾在那儿当过高级研究员。多年来，该研究所一直是很多要人的思想的来源，比如米尔顿·弗里德曼（Milton Friedman）和迪克·切尼（Dick Cheney）等。其他人员现在依然指责该研究所，批评它否认气候变化。这个研究所得到埃克森美孚的资助，游说反对《京都议定书》，它还向其他科学家提供经费一万美元，要他们撰文反对 IPCC 的报告。但是在 2009 年，美国企业研究所地球工程项目的共同主任之一告诉我，气候变化是真实存在的。那么现在就有两个问题，一个是你是否想为此做些什么？一个是你愿意为此付出多少经费？"这里，认识差距很大。"他说，"我认为美国人不可能承受大量的支出成本。那么唯一的方案就是地球工程。"这个项目的另一位主任在供职美国企业研究所以前，曾在其他地方工作了十年，大多数时间里都研究如何基于市场机制来减少碳排放。"我一直尽可能地想把工作做好，但是都失败了。"他说，"我不得不相信，任何经济上看来合理可行的计划都会失败。好吧，那么下一步该怎么办呢？我们不得不进行很多的适应。但是，接着而来的是，我们的适应也是有限的。所以，我们就需要更大规模的适应，也就是地球工程。"我再一次亲身体会到美国在气候变化方面保守思想的微妙转变，这就是，否认气候科学正变得越来越没有说服力，拒绝采取措施则根本就站不住脚。

在华盛顿州，西雅图市不仅拥有高智发明公司，而且还拥有华盛顿大学，从而在地球工程领域吸引了很多大牌学者来做报告，举办论坛。同时，西雅图还是比尔·盖茨的地盘，这可是研究经费的重要来源之一。由于内森·梅尔沃德的牵线搭桥，盖茨认识了洛威尔·伍德，并在伍德的引荐下，进而结识了肯·卡尔代拉。从 2006 年开始，盖茨本人受到卡尔代拉以及另一个著名地球工程研究人员的特别影响。盖茨虽然不是以基金会的名义，但是依旧对技术非常痴迷。2007

年初，这两名学者向盖茨抱怨说，即便是最为基础的地球工程研究，也没有资金。于是，盖茨就提供了经费。虽然这笔资金是非正式的，但最后的项目名字却很正式，叫作创新气候和能源研究基金（Fund for Innovative Climate and Energy Research），也就是 FICER，截至目前，资助了 510 万美元，用于召开地球工程学术会议，实施地球工程研究项目。

在最近的地球工程历史上，盖茨的资金带来了发展的转折点。2008年，美国召开地球物理联盟大会（Geophysical Union conference），参加人员有卡尔代拉、伍德、美国企业研究所地球工程项目的共同主任之一以及几十名资深科学家。会议间隙，举办了一系列小型餐叙，席间"人们的谈话不再是'我们能做吗'，不是'我们应该做吗'，而是更多地聚焦于'我们怎么做'"。著名记者杰夫·古德尔（Jeff Goodell）在他关于地球工程的著作《如何给地球降温》（*How to Cool the Planet*）对此进行了描述。

那一年，卡尔代拉和其他顶级科学家也在一次研讨会上研究如何让地球降温的问题。会议是诺维姆小组（Novim Group）举办的。这个小组是一家按照伊阿宋（JASONs）模式新成立的非营利组织。JASONs 是一家非正式的俱乐部，成员都是科学精英，从 1960 年以来，为美国国防部国防高级研究计划局、海军和中央情报局等很多政府部门和机构解决了机密技术难题。在诺维姆小组举办的研讨会上，很多参加人员都是 JASONs 的会员，项目研究小组的负责人是物理学家斯蒂夫·库宁（Steve Koonin），他曾担任过 JASONs 的负责人。参加会议的时候，他的身份是英国石油公司的首席科学家，后来不久就被奥巴马总统提名担任能源部副部长，具体负责科学事宜。"想一想，假如总统给你打电话，说有能源紧急问题，"库宁在会上说，"那么你应对的速度有多快？你该怎么做？"伊阿宋俱乐部得名于希腊神话中的神伊阿宋（Jason），现在人们期待伊阿宋俱乐部的科学家成员来拯救这个世界。2009 年，诺维姆小组的执行主任在电话中说，他"刚刚接到邀请，下周要去出席一个高净值人士参加的会议，那些高净值人士对于投资地球工程领域抱有浓厚兴趣"。他没有提及任何一位参加会议的人员的名字，不过他说："你会认识其中一些人的。"我后来注意到，诺维姆小组的一项关于全球气温纪录的研究，从比尔·盖茨的创新气候和能源研究基金那里获得了 10 万美元的资助，这也许是巧合，也许不是。

除此以外，盖茨还不失时机地给利兹大学（University of Leeds）从事云层分析研究的教授提供资助 15 万美元；给湾区的一名发明人员和企业家 30 万美元，让他在实验室给约翰·莱瑟姆和斯蒂芬·萨尔特的帆船测试喷洒海水的可能性；给第一次对硫和其他气溶胶发射到平流层的不同方式进行系统比较研究提供了 10 万美元经费。这个系统研究是无人机生产商极光飞行科学公司（Aurora Flight Sciences）负责的，调查了各种各样发射硫和气溶胶的方式，包括火箭、飞船、湾流公司（Gulfstream）的飞机、悬吊管道以及美国战舰上使用的马克（Mark）7 型 16 英寸巨炮。在这些方案中，最便宜的是利用波音 747 飞机，但是这种飞机的最高飞行高度也达不到太阳辐射管理理论的要求。这就需要一种新型的飞机。用不了多长时间，在各类关于地球工程的研讨会和报告中，就会出现另一个名字，这就是西雅图的波音。代表波音公司参与地球工程的是其首席科学家兼波音幻影工厂（Boeing Phantom Works）副总裁。这个工厂在伊利诺伊州和加利福尼亚州都有生产基地，主要是承担国防和航天业务，有着很多的使命，其中之一是"开发潜在的新市场"。

梅尔沃德的办公室位于一个商务花园的一座棕色大楼里，距离凯西·特格林同样位于商务花园的办公室有半英里左右，距离高智发明公司有 3 英里左右。他的办公室即便看上去乏味无趣，但至少是很宽敞的。到他的办公室去，需要走过接待室，还要经过一幅美丽的图片，那是梅尔沃德拍的，画面是崩裂的巴塔哥尼亚冰川（Patagonian glacier）。还要经过他收藏的近一百台不同年代的打字机以及看起来像是一个异龙的骨骼。（梅尔沃德有个爱好，与著名的古生物学家杰克·霍纳一起收集恐龙骨骼。由于他的资金投入和积极推动，全世界关于 T. rex 霸王龙的标本不断扩大，增加了 50%。)在他的办公室里，还有个史前鱼头的模型，足有一辆 Smart 汽车那么大；也有一幅梅尔沃德本人的照片，他那是去俄勒冈的安普瓜河(Umpqua River)钓鱼。那幅照片捕捉了他狂笑的瞬间，他刚刚钓到一个 6 英寸长的虹鳟鱼，那是当时河里最小的鱼。我走进去，他正坐在一张木桌旁，被三个计算机屏幕包围着，手里捧着一罐无糖可乐。他的衬衫半掖在裤子里，脚上穿着袜子，趿拉着特瓦(Teva)牌人字拖鞋。

那段时间，梅尔沃德刚开始向公众宣传他公司关于地球工程的发明成果。"这项发明成果的工作原理很有趣，"他说道，"太阳对地球的辐射量是平均每平方米 340 瓦。所谓辐射强迫，指的是被二氧化碳所捕获的更多的热量，现在是每平方米近 2 瓦，如果翻番，每平方米在 3.7 瓦左右。这个量度大约是太阳能量的 1%！因此，如果考虑这一问题，一个非常简单的想法是，全球变暖就是这 1% 太阳能量的累积，就像每一美元增加一分钱似的。"他进而说，关于 SRM，一个简单的想法就是，我们要把那增加的 1 美分还回去。"如果你能让太阳光黯淡 1%，那么你就解决问题了。"

在使得阳光黯淡下来的尝试中，选择硫气溶胶作为调光剂，从某种程度上看是必要的。这是因为，虽然纳米颗粒和小型反射物质也能起到让阳光黯淡的作用，但是硫更为安全，火山爆发时喷发出来的就是硫这种物质，而且大自然中本来就已经存在。梅尔沃德说："这很自然，硫气溶胶已经在大自然中存在数十亿年了。可以这么说，你看到的，就是你应该做的。"

皮纳图博火山和其他火山为这一理论基础提供了基本的证据，所以在高智发明公司看来，下面主要的问题是，如何在火山不爆发的时候，把气溶胶喷发到高空，使之进入到大气中。"我们希望我们所考虑的解决方案比我们以前看过的更为实际，"梅尔沃德说，"有没有一个聪明又便宜的方法，可以将硫气溶胶喷射到大气的平流层？"

2006 年，洛威尔·伍德从劳伦斯利弗莫尔国家实验室退休，然后就北上与梅尔沃德共事。当时关于向大气喷射气溶胶的想法，比如用大炮、在航空燃料中加硫等，在梅尔沃德看来，具有着"某种鲁布·戈德堡（Rube Goldberg）机械的特性"。他告诉我："现在，有人会说，认为我讲的什么'鲁布·戈德堡特性'，不过是五十步笑百步罢了，但是怎么说呢……你想想，数千门大炮，炮口直直地指向太空，每天都打炮，而且一打炮就一整天。这场景是不是太疯狂了，而且花费巨大，每年要数十亿美元。现在，如果与人们做的很多其他事情相比，数十亿美元其实已经是非常非常廉价的了。如果我们袖手旁观，任由全球气候变暖，那么，你知道会有多少庄稼被损毁？经济将受到多大影响？那个时候，我们将不得不想办法来应对。比如，位于海边的城市，以意大利威尼斯人为例，要么不得不构筑海堤，要么不得不背井离乡。到了这个时候，那花的钱就会很多很多了。"通过一系列的发明会议，高智发明公司提出了开展 SRM 的两个新方法。"是这样，我们开始寻找解决方案，然后就找到使用其他地球工程的其他方法。"梅尔沃德说，"但是，就太阳辐射管理来说，我们认为我们的方法是截至目前最为有效的系统，比其他人的方法都要好。"

高智发明公司的第一个办法是通过一根管子将硫喷射到平流层，这个管子是用一系列气球来支撑的，那就是"成串的珍珠"。梅尔沃德说："那是我起的名字。第二个方法和第一个方法实际上是一样的，但是我们还是把它当作另外的方法，是因为它比第一个方法更好，主要是将高达 25 公里的可充气的大烟囱竖立起来，通过它输送火电厂的废气，并把它排放到平流层里。"如果排放的高度不够，那么二氧化硫作为火电厂的主要排放物，就会造成酸雨。正是由于二氧化硫，美国的火电厂从 20 世纪 70 年代以来就受到《清洁空气法》（Clean Air Act）的严格管制。高智发明公司的这个办法看起来将会使昂贵的脱硫器变得无用武之地。"可充气大烟囱的主意是洛威尔·伍德想出来的。"梅尔沃德说，"他一开始给我们解释说，那是一种'螺旋管式的气球'。我们最初并不理解。从形状上看，那是个环形物，是个炸面圈。但是，因为一个轴线要延伸 25 公里，如果真的把它看作个炸面圈，那也未免显得怪异。如果那样想的话，你的脑子一定是搭错线了，但是洛威尔的脑子就是与众不同，他是个非常具有独创精神的思想家。"热空气上升，烟囱可以进行绝缘，所有的计算似乎也都对。但是，这个方法还有很多未知。"比如，没有人曾经制造过 25 公里高的大烟囱。"梅尔沃德这样说。发明家们依然在继续探索。

"问题好像是，我们为什么不直接把管子竖在那儿，然后往上打气呢？"梅尔沃德这样说，"但是由于液压头的问题，这样做很困难。因此，问题好像是这样来解决，我们把管子卷起来，然后准备很多的气泵。如果每隔 100 米，我们就有一个气泵，那么问题就很简单了。"梅尔沃德手下的两名雇员最近在美国航空航天局的太空升降梯大赛（Space Elevator Games）中赢得了 90 万美元。当时的新闻报道称，"他们是以激光为动力的机器人，用了不到 7.5 分钟，就爬上了一个900 米高的缆索，那条缆索是从悬停在空中的一架直升机上垂下来的。

"如果你做一个太空升降梯，"他说，"那么，你对下面的道理就会全明白，缆索越长，就必须越结实。任何一根缆索，如果是太长，就会因自身的重量而折断。"虽然说是用一个气泵和一个气球来进行 SRM从技术上来说是可行的，但是采取成串珍珠的方法，显然看起来要先进得多。"整个过程中，可以一直有支点对管子进行支撑，"他说，"那么一根非常长的管子的结构性问题，就解决了。"与建造一个高达 25公里的大烟囱相比，这根管子的很多零件都已经具备了，当然，喷射机制还需要进一步完善。

高智发明公司的团队人员通常有伍德、梅尔沃德、卡尔代拉、特格林和各种各样的人物。在最初的关于"成串的珍珠"技术讨论会以后，这个团队将再召开六次发明会议，对这些想法进一步凝练。当这个团队最终公布结果的时候，他们发布了一个 18 页的研究报告，上面有着很多具有未来主义特点的画面。这个团队给他们的发明成果起名为平流层盾牌（Stratospheric Shield），简言之，就是平流盾牌。他们建议，这一发明成果的应用，可以先从北极开始，因为那儿的温度上升得最快，冰融化后使得地球看起来像是秃了一块，地球工程圈内都称之为圆顶小帽。为了扭转全球范围内的气候变暖趋势，改变二氧化碳翻番的现状，气候模型建议每年需要向平流层泵入二氧化硫200万到500万公吨。不过，仅就北极来说，粗略估算一下，也需要20万吨。高智发明公司提出设想，在北极地区的不同地方建造几个泵站，每个泵站每年可喷射二氧化硫10万吨，每分钟达到7吨。这些泵站只在春天运行，因为冬天的北极都是黑暗状态。管子将把液态硫送到大约20英里高的高度，很多喷雾器将喷发一团100个纳米大小气溶胶颗粒。研究报告称，如果这样做了，那么平均气温将下降华氏5度，海冰将回到工业社会前的水平。每个泵站的大致价格是2 400万美元，包括运输和安装费用，另外每年还需要运行费用1 000万美元。也就是说，如果与在纽约市建立一个防洪大堤或在西雅图修筑一个防洪海墙相比，那还是相当便宜的。

我指出，这个发明对于应对海洋酸化问题没有什么作用。梅尔沃德坦然接受，并说："是啊，但是我们也有解决方案。首先，海洋酸化的整个问题是由肯·卡尔代拉提出来的，而卡尔代拉目前就在这儿工作。不过，在深入讨论这个问题之前，我得给你讲讲有关我们公司飓风干扰抑制器的情况。"在卡尔代拉和伍德主持召开的一次早期地球工程会议上，梅尔沃德解释道，斯蒂芬·萨尔特作发言报告，其后不久被高智发明公司聘用，具体负责一些项目，包括他提出的加厚增白云层理论（这项专利的所有者是萨尔特，不是高智发明公司）。"但是，他还有另一个非常出色的主意，"梅尔沃德说，"所以我们就着手来改善它，现在我们已经有非常棒的措施，来减少飓风的强度。"

萨尔特水槽（Salter Sink）与其他企业控制飓风的办法差不多，比如新墨西哥州的公司亚特莫海（Atmocean），其设计理念是基于这样的事实，飓风的能量是从海洋的热量中获得的。海水表面的温度越高，风暴的强度就越大，就像过去发生的桑迪飓风那样。"即便没有全球变暖，这个技术也是很有用的。"梅尔沃德说，"不过，由于全球变暖，这些飓风将变得更加强烈。"高智发明公司的办法是，将海洋表面温度高的海水泵入到大海深处去，从而降低海洋表面的温度，这是一种机械式的海水搅动。海槽本身是很大的、漂浮的环形物，直径达 300 英尺，是由废旧轮胎制成的，与管子连在一起。他们称这些管子为"排水渠"，往水下延伸几百英尺。根据高智发明公司的研究建议，如果在墨西哥湾四级飓风刮过的途中安置 700 个萨尔特水槽，那么飓风将会不再发生。

在一次发明会议上，伍德灵光闪现，认为可以将这个海水搅动过程用于解决海洋酸化问题，因为海洋酸化程度高的地方就是海水的表面，那里是多数海洋生物栖息的地方。"所以，我们认为解决海洋酸化问题是可能的。"梅尔沃德说，"如果我们在海里放进去一批这样的萨尔特水槽，然后搅动海洋表面的海水。如果我们能搅动海洋表面的海水，那么就会有效地减少可能发生的海洋酸化问题。这个办法还没有得到 100％的证实，不过，肯和他的一些合作者已经开发了部分模型。"

2009 年底，就在哥本哈根气候大会召开前不久，高智发明公司发表了关于控制飓风的论文，继续坚持了关于地球工程的原则界限，也就是说，这个研究成果是为全人类的，全世界的，不是仅仅为了公司的发明人员。"就像平流层盾牌等其他地球工程发明成果一样，"该论文声称，"高智发明公司并不赞成立即建造或部署萨尔特水槽。事实上，高智发明公司目前没有很好的商业模式来支撑这项技术的开发。我们公开这个发明成果，目的就是想说明，至少对于某些灾难性风暴，还是能够做些实际性的防护工作的。"

后来，我看到飓风控制的技术被申请了专利，署名有梅尔沃德，还有盖茨、萨尔特、莱瑟姆、伍德、卡尔代拉、特格林和其他一些人。商业模式可能不会在见效方面"立竿见影"，但还是一直都有的。专利申请除了描述萨尔特水槽的力学原理，还描述了一家理论上存在的飓风控制公司如何向个人出售保险。在专利申请正在审核的一种情况下，假使"至少有一家公司感兴趣，至少有一笔收入"，那么这项"生态变革设备"就是有市场需求。在专利申请正在审核的另一种情况下，"假使开发飓风控制设备的公司向至少一家感兴趣的企业宣传暴风带来的破坏……向至少一家感兴趣的企业提供减少暴风破坏所需的成本以及

可能性……至少获得一笔收入"，那么就会招徕潜在的市场客户。高
智发明公司正在申请一个专利，内容是关于全球变暖时代的一项新的
保单。这是防火保险公司基本的商业模式，不过高智发明公司这种保
单只适用于飓风，不适用于自然火灾。

梅尔沃德和高智发明公司关于地球工程的想法最先是由《超爆魔
鬼经济学》这本书介绍给世界的，该书作者是史蒂文·列维特（Steven
Levitt）和史蒂芬·都伯纳（Stephen Dubner）。他们两人对于气候科
学的态度以及支持地球工程作为替代温室气体减排的想法，好像是只
与高智发明公司的研究人员谈过，没与其他科学家说过。社会上对这
本书的批评是激烈的，梅尔沃德也被卷了进来，他感到很焦灼。

"有些气候活动家认为，我们应该阻止任何其他关于气候问题解
决方案的争论。"梅尔沃德上次与我交谈时这样说，"他们就一个解决
方案，这就是温室气体减排、使用可再生能源之类的。他们对地球工
程恨得要死。他们脑子里想的就是节俭和保护，生活中减少对资源的
使用，在某些情况下，这是反技术的。其实，如果真的持有那种想法，
全球变暖会最终说服人们相信他们想要的是什么。"梅尔沃德认为，
他理解为什么地球工程会让那些人苦恼不安。"他们说，如果有简易
的办法，人们会接受的。"他说，"而现在，我的回答是，他们的办法不会
有任何的效果。一点不会，根本不可能，什么效果也不会有。德国和
美国已经浪费了不少纳税人的钱，用于补贴资助一些产品，那都是反
市场规律的。德国提出要成为太阳能发展中心，这是多么可笑滑稽
啊，因为德国的那些太阳能生产设备极有可能增加了全球变暖，实际
上对环境造成了危害。我没有进行全面的计算，但是生产太阳能设备
是需要消耗很多能源的，而如果整天都是阴云，你就不会得到较多的
能量回报。"（不过，IPCC 已经对此进行了核算，光伏能源产生的温室
气体要比天然气少大约 20 倍，比煤炭少 40 倍。）

有一段时间，梅尔沃德好像是引导美国企业研究所质疑那些花在
温室气体减排的资金是否得到最好的利用。只采取减排来应对全球

变暖的策略，对于"地球上的穷人来说，是特别粗暴的。"他说，"我们的国家有钱，所以我们有能力做那些劳什子东西。穷人做不起啊，或者是，他们也不愿做啊。在亚洲，在中国，他们需要工业发展，我不知道你会如何来阻挡他们的发展。"在非洲，问题更麻烦，更棘手。"那里的人甚至生活在死亡的边缘上。"他解释道，"现在如果有人说，'啊，气候变化会使他们的境遇变得更糟。'的确如此。但是，如果你快要饿死了，或者你由于疟疾以及其他一些疾病而苟延残喘，而这些饥饿和疾病用哪怕是微薄的一点资金就可得到一定的缓解，那么，与富裕国家和富人花费在气候变化上的资金相比，这里就有一个有趣的道德问题：我们在应对气候变暖方面应该花多少钱？"

他作了个类比，这个类比对于气候政治来说，是"政治上极度不准确的"。"这就像一些宗教团体发现 HIV/AIDS 时所发生的一样，"他说，"就像是，'瞧，我们不要人们发生同性恋，不让人们长时间发生同性性关系。现在有了个天赐良机，上帝要惩罚那些同性恋家伙或吸毒者或淫乱之人了'。"他说，有些环境运动主义者对于地球工程建议的反应，就具有意识形态的色彩，"很像教皇对于 HIV 的立场"。教皇说，解决 HIV 的办法不是使用避孕套。但是，尽管在信仰问题上，教皇是绝对正确的，应该得到教众的尊重。不过，从实践经验看，他在这个 HIV 问题上，是完完全全地错了。祈祷禁欲并作为解决 HIV 问题的良药是没有效果的。

如果人们"不能禁止不安全的性行为"，"不能停止对美食的嗜好"，那么人们又如何能解决大气排放问题呢？这是梅尔沃德所不能理解的。"我担心，祈祷人们不用能源，就像祈祷人们不吃甜甜圈和祈祷人们禁欲一样。"他继续说道，"这句话要表达的信息是，'是这样，从现在起再过 40 年或 100 年，到 2100 年，事情将会变得真的很糟糕，这就是你们为什么今天不能使用能源的原因'。换一个说法是，如果人们今天在性活动中不采取保护措施，那么几年过后，你就会有性命之忧。假使人们理解不了这一点，那么这个说法就不会得到更好的接受。教皇说，禁欲是人们战胜 HIV 的唯一方法，这从道德上就站不住脚。与其禁欲，还不如要了人的命。我觉着，禁欲比放纵还他妈的坏。"

"我不认为当今世界愿意为气候变化做点什么。"他说，"我可能是错的，但是我现在可以说，地球上的国家可以分为两类。一类是那些说气候变化是头等重要之事但什么也不做的国家，一类是那些说见鬼去吧而且什么也不做的国家。由此看来，我们做了什么呢？什么也没有！零！在碳交易方面，欧洲做了一点点，但是没有人会告诉你欧洲干了点啥，全是驴粪蛋子表面光。现在，你来告诉我，哪里有乐观主义？"他喝了一大口健怡可乐。"我们之所以对地球工程感兴趣，"他说，"是因为我们比较了人们所说的和所做的，发现说的总是比做的多。"

会后，我曾问特格林这样一个问题，如果高智发明公司研究地球工程的目的是为了整个世界，那么为什么还要申请专利？我把这个问题又抛给梅尔沃德，他毫不迟疑地进行了回答。"这个领域的确有点让人痴迷。"他开始说，"我们发明的目的，呃，是为了钱。我们是个公司，我们是个要获取利润的企业。从我们的这些项目中，很难看出哪个项目能够真正赚到钱。有人可能在其他的国家也做这样的研究，我们不清楚是否能得到他们的成果，从而申请我们的专利。这与你出售一百万份的东西是不一样的。我们最终决定申请专利，部分原因是，那正是我们所做的；部分原因是，我们认为在将来决定这项技术是否有用或如何使用的决策中，可能会给我们一席之地。"这番话听起来非常合情合理，不过，我依然不知道是否该相信他。

后来，高智发明公司又受到媒体的质疑。有一档广播节目《今日美国生活》揭露了一家公司，说是这家公司曾告诉记者不会因为其专利而提起诉讼，但是发生了其使用专利起诉其他公司的案件。根据该节目报道，这家公司将专利卖给其附属企业，出售的条件是，附属企业因为专利而获得的大部分利润要归这家公司。提起诉讼的正是这些附属的空壳公司。高智发明公司旗下的空壳公司是绿洲研发（Oasis Research），位于得克萨斯州有着2.4万人的城市马歇尔（Marshall），办公地点在一幢二层楼里。记者来到的时候，发现这家空壳公司的办公室空荡荡的。这幢楼里还有其他的办公室,也是空荡荡的,也是干专利诉讼业务的。逐渐地,其中背后安排的猫腻就被揭露出来了。这个节目的报告对此进行了指责,但也可能是让此类行为变得更加肆无忌惮。到了2011年,高智发明公司就开始公开地提起专利侵权的法律诉讼,而且是以自己的名义,希望从摩托罗拉、赛门铁克(Symantec)、戴尔、惠普等大牌公司那里分一杯羹。

地球工程发明会议最终无疾而终,高智发明公司也只是做了场美梦,专利申请被搁置,下一步该怎么办,似乎是所有地球人的事了。"总起来说,全球变暖可能是我们这个社会需要应对的最糟糕的难题。"梅尔沃德告诉我,"几乎是对于我们心理来说最严重的问题。即便有些生态问题很棘手,但是由于在空间和时间上是有限度的,我们也能解决得很好。比如我们曾碰到过埃克森·瓦尔迪兹油轮原油泄漏污染、拉夫运河(Love Canal)环境污染等事件,如果说事件的影响是立即产生的,是局限于当地的,是极端严重的,那么处理起来就很容易。森林火灾的处理也是如此。遇到这种情况,就像是,'噢,上帝啊,我们得解决这个问题'。"他停顿了一下,接着说,"全球变暖的问题是,在空间上是没有限度的,这个问题是全球性的。它在时间上也是没有限度的。我们还没办法来解决这个问题"。梅尔沃德并没有说明地球工程是合理的、理想的解决方案,他只是想说明地球工程是不得已而采取的措施,因为我们别无选择。

我感觉自己接受了他的这套逻辑。我意识到,不管高智发明公司是否心照不宣地期待获得利润,这都不重要了。也就是说,高智发明公司声称"不期望"或"不愿意"利用地球工程来挣钱,也声称不会就专利提起诉讼,虽然它的这些说法有欺人之嫌,但都没有关系了。如果说梅尔沃德能有一项发明拯救这个地球,那么他挣些钱又有什么不可以的呢?

直到1月的一个下午,我才完全理解了地球工程的作用。那是在西雅图,那天的气温比平常要热,但也不是很不正常,下雨比平常要多，但也不是很不正常。在华盛顿大学，一位名叫艾兰·罗伯克（Alan Robock）的气候科学家正在主持一个研讨会。罗伯克是罗格斯大学（Rutgers University）的教授，他谢顶，蓄着胡须，脸色凝重，身穿条纹衬衫，扣子没有扣。他所关注的地球工程问题是美国企业研究所和梅尔沃德所不曾提到的。他认为，解决气温问题，并不一定能解决下雨问题。使用 SRM 理论来实现全球变暖的逆转，使气温回到"正常状态"，并不一定能保证降雨模式也会作出相应的变化。根据超级计算机模型，大自然要有一个平衡。如果地球工程技术人员希望得到某个温度，他们可以向一个方向拨动地球的温度计。在有些情况下，对有些地区来说，如果地球工程技术人员希望得到某些降雨，他们可能需要进一步向前拨动温度计，或者是从另一个方向往回拨。

罗伯克说，地球工程倡导者认为火山爆发就是他们理论的根据，向人们展示火山爆发喷出的硫气溶胶降低了大气的温度，而且相对来说也没有什么危害。"但是我一辈子都在研究火山，"他说，"我可以告诉你，火山爆发并不是没有危害。"根据国家大气研究中心（National Center for Atmospheric Research）2007 年的一个研究报告，皮纳图博火山减少了亚马逊地区的降雨量，破坏了印度和非洲的雨季，导致了当地的干旱。后来，英国气象局进行了研究，在 1900 年和 2010 年期间，非洲萨赫勒发生了四次最干旱的夏季，其中三次就发生在北半球刚刚经历火山大爆发以后。研讨会上，罗伯克提供了流传已久的故事，1783 年冰岛发生火山爆发，给本杰明·富兰克林留下了非常深刻的印象。这次火山爆发对雨季造成了很大的破坏，导致中国、印度发生了干旱，受影响最大是埃及，那里发生了特别严重的干旱，随着尼罗河的干涸，在两年时间里有六分之一的人口死亡或逃亡。"11 月底过了不久，开罗就发生了饥荒，饿死的人与瘟疫造成的死亡几乎一样多，"当时的一位法国游客这样写道，"街道上，以前满是乞讨的人，而现在一个乞丐也没有了，他们不是饿死，就是逃离了这座城市。"

罗伯克翻动着他的电脑演示文稿，在世界地图这个片子上停了下来。这个片子显示了使用圆顶小帽方法所造成的结果。所谓圆顶小帽方法，就是只在北极喷洒二氧化硫，为北极营造一个盾牌，与高智发明公司的建议完全一样，只不过罗伯克是通过他的超级计算机模型实现的。他谨慎地说，这只是一个模型演示，只是一种可能的结果。但是，作为未来的一个图景，它还是很有借鉴意义的。SRM 好像是在世界上最穷的地方创造了一个降雨异常的区域带。根据他的计算模型，部署平流层盾牌等设施将会减少南太平洋的降雨量，使得太平洋上的岛国面临干旱的威胁，那些岛国本来可能会因为海平面上升而被淹没的。同时，这类做法还会摧毁亚洲的雨季，使得孟加拉国遭受更多的雨水，使得印度遭受常年的干旱；还会摧毁非洲的雨季，将塞内加尔和很多萨赫勒地区变成一片昏黄，这都是拜碳排放和地球工程所赐，而要变成昏黄的沙漠，仅仅通过碳排放就可造成那种后果。

但是，根据这个计算模型，SRM 还会将多数北美地区、多数欧洲地区、多数俄罗斯地区、多数南美地区以及多数澳大利亚地区的气温和降雨恢复到工业化前的时代。罗伯克坦承，SRM 甚至还会改变日落状况。我的眼睛盯住西雅图和美国西部，那是我的家园，我妻子的家园，我们家人的家园。那里也是比尔·盖茨的家园，比尔·盖茨妻子的家园，他们孩子的家园。那里也是内森·梅尔沃德和他妻子以及孩子的家园。好像我们所居住生活的这个星球一隅的环境一如过去一样，没有什么变化，气温是正常的，降水也是正常的。这儿下雨是很多，但是到了夏天，太阳就会出来。一切都是绿的，那种绿色摄人心魄。东边有山，西边也有山，每个地方都有水。夏天，我只愿意生活在这儿，哪儿都不想去。

我能猜测到两个华盛顿地区的地球工程技术人员会朝哪个方向拨动表盘。正是在那个时候，我确切地意识到，对于我们中的一些人来说，一切都不会变的，都会很好的。

结语:奇幻思维

　　就在我坐在桌子旁写本书结语的时候,2012 年结束了,这一年注定将永远地铭记在我的心里,因为我的儿子是在这一年出生的,因为很多重大事件也是在这一年发生的。3 月的一天,密歇根气温达到 75 华氏度,鲜花提前绽放。一场龙卷风席卷密歇根,我骑着自行车去看龙卷风造成的后果,这些早开的鲜花在下一次寒流来临之际就会枯萎死亡。美国 61% 的地区遭受干旱,致使食品价格飞涨,造成农作物损失 160 亿美元。密西西比河的水位降至历史最低纪录,航行的船只要么减少载荷,要么冒着搁浅的危险。落基山脉非常干旱,科罗拉多和新墨西哥这两个州发生历史上最严重的火灾,森林大火在海拔一万英尺高的山上蔓延燃烧,而在平常情况下,这样的高度都是积满了雪。在 38 个州,特别是深受干旱滋扰的得克萨斯,暴发了历史上最严重的西尼罗病毒,这种病毒是由蚊子传染的,感染了 1 118 个人,造成了 41 人死亡。在迈阿密-达德县,一名妇女成为当地第一个登革热感染者。

　　2012 年,美国三分之一的人口所度过的日子中,至少有十天的气温在 100 华氏度以上。根据美国各地气象站的报告,全年平均气温超过历史纪录的有 362 次,低于历史纪录的为零次。按月份来说,平均月气温超过历史最高纪录的有 2 559 次,比如说,1 月、6 月及 11 月的当地气温比历史上同一时期的气温都要高,只有 194 次气温低于历史最高水平。按日期来说,平均每天气温超过最高纪录的有 34 008 次,比如说,4 月 19 日、8 月 24 日及 12 月 14 日的当地气温比历史上同一时期的气温都要高,只有 6 664 次气温低于历史最高水平。大急流城

（Grand Rapids）、加尔维斯顿岛（Galveston）、格林维尔（Greenville）、奥尔巴尼（Albany）、比林斯（Billings）、波士顿、麦迪逊（Madison）、纳什维尔（Nashville）、路易斯维尔（Louisville）、芝加哥、特伦顿（Trenton）、里士满（Richmond）以及其他数百个城市的天气都比以前热。就美国本土大陆来说，2012 年的日平均气温是 55.3 华氏度，比 20 世纪的日平均气温高 3.2 华氏度。年平均气温比以前的纪录整整高了 1 度。

在北极地区，格陵兰 97％的冰层都出现融化现象。海冰萎缩的幅度是惊人的，达到了新的纪录，比 2007 年的历史纪录还减少了 30 万平方英里，减少面积相当于得克萨斯州那么大。北海通道上航行通过了 47 艘货轮，创造了新的纪录，几乎是 2010 年的 12 倍。有一艘船，长达 644 英尺，浮在海上就像是一个社区，被称为"地球上最大的私人可生活居住游艇"，航行通过了曾经危机四伏的西北航道。还有一个游艇是澳大利亚人拥有的，这个澳大利亚船主向一个 15 岁的努纳武特姑娘提供烈酒，那位姑娘穿着很少的衣服一头扎进没有冰的波弗特海中。于是，加拿大警察扣押了这艘船，从船上搜出了价值 4 万美元的烈酒和价值 1.5 万美元的非法烟火。全球温室气体排放升高了 3.1％，但是欧盟温室气体排放交易计划中的碳价格却达到历史上的新低，排放 1 吨二氧化碳的交易还不到 5 欧元，同时大气中二氧化碳的浓度达到里程碑式的 400ppm。联合国新一轮漫无目的的气候对话已确定在卡塔尔（Qatar）举办，不过那个对话只是个聚会罢了，卡塔尔人均温室气体排放是世界上最高的。

接着，暴发了桑迪飓风，造成 600 亿美元的经济损失，掀起的海浪淹没了大西洋沿岸的很多地方，使得纽约市民构筑海堤的愿望更加迫切，让奥巴马总统在他的连任竞选中得到了纽约市长迈克尔·布隆伯格（Michael Bloomberg）的支持，在纽约州的竞选投票中得票遥遥领先，难免令人有所非议。同时，这次飓风还推动奥巴马在第二个总统任期内把气候变化放在重要的位置。当德意志银行的丛林帐篷搭建在南街海港的时候，纽约市正经历着一场大风暴，卷起的海浪有 12 英

尺高。此后,便有着态度坚决的城市重建计划。我们相信了气候变化
这个事实。这就提出了一个问题,即相信了气候变化,又能怎样呢?

在心理学里,奇幻思维指的是一种推理上的谬误,主张思想就是
行为,也就是说,思考就是行动,相信就是实施。也许此时最奇异的臆
断是,我们对气候变化越来越炽热的信任,真的会导致阻止气候变暖
的努力。但是,正如我在加拿大、格陵兰、苏丹、西雅图以及世界各地
所看到的那样,这不可能必然地成为现实。我们注意到,在这个新的
世界上,还需要勘探新的石油,还需要耕作新的农田,还需要制造新的
机器。就我六年来写作这本书并进行新闻报道中所看到的来说,气候
比我们变化得快。

2012 年夏天,我有些日子是在波因特霍普的因努皮亚特村度过
的。那里就在楚科奇海的海岸,是个古老的地方,几乎比地球上任何
一个地方都古老。该村的村长总是说他的村庄是北美大陆最古老的
持续有人居住的社区,不知道他的这种说法是否准确。他驾驶着他的
黑色福特 SUV,带着游客来到一个有着沙滩的岬角,这个岬角已经被
无情的海浪冲刷没了;又来到一幢半地下的草皮房子,是用鲸鱼的骨
头做的支柱,他的祖母曾在里面居住过。他给我解释说,第一批欧洲
人好像是 19 世纪 40 年代来到波因特霍普的,来的目的是猎捕北极露
脊鲸。当地的老人说,那时的北极露脊鲸非常多,在楚科奇海的浅海
地区,你可以从一个北极露脊鲸背上跳到另一个北极露脊鲸背上,从
一个北极露脊鲸喷射的水柱跳到另一个北极露脊鲸喷射的水柱。捕
鲸人就是最初的石油商人,他们就像魔法师变戏法似的,用北极露脊
鲸制成了因努皮亚特人根本想象不到的东西,这就是燃料。第一批到
这儿来的捕鲸人在他们的日志中记录了波因特霍普的繁荣景象,他们
从船上看到这儿有很多女人,很多房舍,还有很多狗。但是,仅仅过了
短短的几年,捕鲸人的鱼镖就捕杀了大多数北极露脊鲸,进而也使得
依赖北极露脊鲸生存的大多数人难以为继,造成十室九空,仅有少数
幸存者,而且是面容憔悴,食不果腹。一只狗都没有了,都被吃光了。

　　一个世纪以后，爱德华·泰勒来到了波因特霍普，当时他因为在马绍尔群岛核试验爆炸的成功而声誉鹊起，但是过了多年以后才提出了通过地球工程应对气候问题的建议。他下定决心要为原子弹爆炸找到一个民用办法，于是在因努皮亚特村以南 20 英里的地方选定了一个地方，希望利用一系列的核爆炸将那个地方变成阿拉斯加北极地区的第一个深水港口。他将这个建议称为战车计划（Project Chariot）。很快，其他科学家就测算出，如果发生核爆炸，那么这个村庄将会被放射微尘所毁灭。但是，只是在波因特霍普成为全国环境保护的焦点之后，爱德华·泰勒的这个计划才得以中止。

　　现在，该村的村庄正在翘首以待荷兰皇家壳牌公司翻修一新的石油开采无敌舰队。在 193 号租约拍卖会上，有 12 个拍卖价格最高的石油地块位于无冰的楚科奇海浅海地区。奥巴马政府把加速国内能源生产作为"高于一切"的任务，因此最后会给壳牌公司开绿灯。截至那个时候，壳牌公司已经在北极石油地块租约和基础设施建设方面投入了 45 亿美元，其石油开采项目似乎是难以撼动的。

　　当库鲁克号以及另一艘钻井船在经历一番改进驶离西雅图的普吉特海湾、开往阿拉斯加时，我目送着它们远去，其中库鲁克号钻井船高耸的船体被一艘巨大的、专门建造的拖船牵拉着。这两个钻井船都被美国海岸警备队的船只护送着，确保各项安全。壳牌公司船队里的钻井采油船将达到 20 艘，公司具备了三级石油泄漏响应能力，整个阿拉斯加北部地区就有数千名员工，还有很多的飞机库以及飞机。过去，我曾担心壳牌公司想干什么，但是现在我不再有一丁点的怀疑。壳牌公司精于规划，从总体来说有着非常优秀的团队，从个人来说有着非常优秀的泰勒等人，所以，它必定会成功的。

　　又过了不到六个月，时间差不多是 2012 年年底，世界上最注重未来发展的石油公司的北极旗舰钻井船就搁浅在了阿拉斯加科迪亚克岛（Kodiak Island）附近布满岩石的海岸了。这个钻井平台的照片很快就登载到世界各地新闻报刊的头版。在经历重重困难曲折后，库鲁克号钻井船又回到了西雅图，这期间出现了拖锚而行、海上试采失败、环保署制裁等事件，但是不管怎么说，这艘船依然开启了北极海冰真正融化以来美国在北极海上的首次石油开采。壳牌公司在路易斯安那州的工作人员把库鲁克号钻井船拖回来，遇到了一次飓风，气压极低，仅为960毫巴。科迪亚克岛的居民告诉我，即便是阿拉斯加经验丰富的船长，也要惊慌地将船泊入安全的港湾。拖钻井船的拖链在40英尺高的海浪中折断，此后的四天里，工作人员进行了多次救援和紧急拖拉，拖链又拉断过好几次，直到最后才把这艘巨大的钻井船拖拉上岸。海浪不断地击打着这艘钻井船的甲板。现在，壳牌公司豪赌45亿美元的北极石油开采之举，目前落到了坚硬的岩石上。说实在的，我一直对这家公司的智囊团钦佩不已，但现在我与其他人一样，对其处境深感震惊。

每次在一起开会，我们都深为参加会议的专家的智慧所折服，他们可以说是最聪明的人，都是泰勒、梅尔沃德那样的人，都是高智商的专家和工程师。我们的世界发生了巨大的变化，我们很多人对这个变化了的世界都感到很陌生，正像阿拉斯加居民对于路易斯安那州的拖船船长感到陌生一样。在此当口，我们中一些最具智慧的人正在制定庞大而复杂的计划，来解决物理学上的一个基本问题，这个问题就是，由于碳的增加，热量变得更多。我们应该铭记，简单的事情中，也需要天赋异禀。我们应该铭记，往往直到事至眼前，我们才意识到自己是多么的傲慢自大。

2012年，西雅图的夏天也非常热。我和詹妮（Jenny）以及我们新生的孩子常常睡在楼下，因为楼上太热了。我们以前几乎没怎么开过空调。我们比往常时候游泳游得更多，这对于身体当然有好处。我们买了辆更大的车，这是个喝油的老虎，但是很适合我们全家使用。我们的家在西雅图新建的轻轨附近，在下一次翻新重修时，我决心提高房屋的隔热效能，让壁炉更加高效。不过，我们在那个夏天到处跑，给我们的汽车加了很多壳牌公司的汽油。那个夏天，我还乘了很多次飞机，从碳排放的角度看，这将会使环境变得更糟。

　　一天下午，我眼看着库鲁克号钻井船被拖着往北驶去，然后登陆一个名叫"交易"（Intrade）的博彩网站，打开其"预测市场"（prediction market）页面，在气候和天气栏目里投了个 100 美元的赌注。我本来可以赌全球天气异常或者赌桑迪是 2012 年飓风季节发生的最后一次飓风，但是我最后选择的是极地冰盖融化，这就是，2012 年 9 月，北极海冰的面积将减少 370 万平方公里。这纯粹是为了好玩，只是一个噱头，目的是想证明，我们每一个人，特别是那些生活舒适的人，都可以在闲来无聊的时候，对天气的混乱状况进行赌博。但是，我最后竟然轻易地赢得了这个赌注。

　　当然，发灾难财总是有点不仁义，但是从本质上来说，这也没什么错。我写这本书，既不是要指责马克·富尔顿、费尔·黑尔伯格以及卢克·阿尔费等奉公守法的企业家，也不是要批评斯特朗中士和米尼克·克勒斯特等忠诚的士兵。如果说本书的读者因为没有全面了解他们生活的境况以及我们生活的境况而诽谤他们，那是因为我写的这本书没有真正完整地描述清楚这些状况。

　　关于气候变化，最难的问题是，在不同人的视角里，气候变化的影响并不是一样的。有些人，比如富人，北半球的人，会在气候变化的环境下获得长足发展，而其他人则不能。很多人会加强自我防御和保护，尽量免于气候变暖的最坏影响，而其他人则不能，只有承受气候变暖带来的恶果。现在，有人发灾难财的问题不是说这样做不道德，而是说，气候变化与其他灾难不同，这个灾害是人为造成的。最应该对历史上温室气体排放负责任的人，也最有可能是那些在新的现实中获得成功的人，也是受气候变暖威胁最少的人。由于历史和地理条件的差异，世界上存在着贫穷和富裕、南方和北方的失衡，而这种失衡被气候变暖大大加速了，甚至使双方的鸿沟变得更加宽大。

　　环境运动发起者往往回避这样一个事实，即有些人会看到气候变化带来的好处的一面，比如会对矿工带来更多的矿产开采，会对食品商带来更多的销售机会。这是因为，任何局部、区域性的利益都会使得因为没有减排而混乱的世界变得更加扑朔迷离，更加难以理解。我对此并不回避,因为本书中描写的人物揭示了一些重要的观点,这就是,在不公平的世界里,所谓合理的自私自利,并不总是像我们期待的那样。从经济学的角度看,全球变暖并不仅仅是我们没有贴上价格标签的外部效应那样简单。自由市场是有局限的,只能给我们解决这个限度的问题。这就使得全球变暖变成了一个真正邪恶的问题,但是同时也给了我们一个更加明确的道德界限。我们并不仅仅是借用我们自己的未来。从多数情况看,我们并不是我们自己行为的受害者。依赖情感的共鸣来促进我们采取应对气候变化的措施,常常被认为是幼稚的做法,因为从空间上和时间上,气候变化的受害者都是遥不可及的,所谓射过来的子弹是看不见的。但是,我相信,如果希望我们生活在北半球的人因为个人感受到威胁而大幅度减排或降低消费,抑或向遥远的国家提供必要的适应气候变化的资金,那是更幼稚的想法。

在未来的世界里,如果没有相应的情感共鸣,那么政治上的愤怒是不可能有什么作用的。对石油公司发飙发狂是不够的,当然会起一点点作用。美国参议院没有通过一部关于气候的法案,联合国从来没有达成一个关于气候的协议,其事后解读的理由是多种多样的,但是其原因是相当简单易懂的,这就是,在富裕的北半球国家,当我们依然在更多地谈论北极熊而不是谈论人的时候,事实上并没有真正的听众。几乎没有人去关心那个事,目前不会有人去关心的。

本书写作到一半的时候,我向人核实一些事实,那人是纽约的一名投资银行家,从国外购置了些农田。在事实核实中,我们争吵了起来。他说,在购置农田的过程中,有着一系列经纪人的尔虞我诈,很多小农场主被强大得难以想象的力量所强迫,但这与他无关,并不是他的过错,因为这一切都是发生在他的银行介入之前。"就像我从一个人那里买了些大麻,而这个人是从另一个人那里买来的,另一个人是从另外一个人那里买来的,而另外一个人则是从危地马拉(Guatemala)的一个人那里,但是危地马拉的那个人却是通过杀人而获取那些大麻的",他说。但是,您知道,我对此进行了反驳。这位银行家在购买这些大麻之前，是知道大麻从哪儿来的。他知道他为了获得他的利益损害了别人的利益。

气候变化常常被确定为一个科学问题或经济问题，抑或是一个环境问题，不被看作是一个人类公正公平的问题。这种认识，也应该改变。从此刻起，我们中有很多人可能会变得很富裕，很多人会变得很嗨，很任性，生活将一如既往地进行下去。但是，在此之前，我们都应该弄明白，我们真正理解我们所购买东西的现实到底是什么。

关于本书资料来源

　　我个人写作这本书用了好几年的时间，多数内容都是基于我亲眼看到和亲耳听到的。我会想尽一切办法对书里采用的资料进行核实，一是与我数千页的手写和打印采访笔记进行核对，二是与我实地采访中拍的照片和录的声音进行核对。在很多情况下，通过咨询其他在场的人员，我都能够进一步核实事件的细节。

　　外出采访以前和采访回来以后，我尽最大可能阅读关于要去的每一个地方和采访的每一个主题的每一篇文章，所以我要特别感谢在我之前去那些地方的记者以及派遣记者的新闻机构。这些机构有：《纽约时报》(*The New York Times*)、《华尔街日报》(*Wall Street Journal*)、《金融时报》(*Financial Times*)、《华盛顿邮报》(*Washington Post*)、《洛杉矶时报》(*Los Angeles Times*)、《休斯敦纪事报》(*Houston Chronicle*)、《基督教科学箴言报》(*The Christian Science Monitor*)、美国国家公共电台(NPR)、英国广播公司(BBC)、《卫报》(*The Guardian*)、《经济学人》(*The Economist*)、《明镜周刊》(*Der Spiegel*)、《麦克琳》(*Maclean's*)、《环球邮报》(*The Globe and Mail*)、《悉尼先驱晨报》(*Sydney Morning Herald*)等，这些新闻机构依然将其记者派到世界各地。从这些记者的报道和他们的思想中，我借鉴了很多，收藏了他们采写文章的电子版，保存在我的笔记本硬盘里，装满了整整一个文件夹。还有很多地方的新闻媒体，给我提供了很有价值的信息来源，仅略举部分媒体如下：《白令观察家》(*Barents Observer*)、《阿拉斯加递信报》(*Alaska Dispatch*)、《鞍山》(*Sermitsiaq*)、《国土报》(*Haaretz*)、帝王谷新闻社(Imperial Valley Press)、《非洲秘闻》(*Africa Confidential*)、《太阳报》(*Le Soleil*)、综合区域信息网(IRIN)、救济网(Relief Web)、《马耳他时报》(*Times of Malta*)、《印度时报》(*Times of India*)、《每日星报》(*Daily Star*)以及《棕榈滩邮报》(*The Palm Beach Post*)等。

起初，为了了解气候变化的影响，我阅读了尼古拉斯·斯特恩勋爵的《气候变化经济学》，剑桥大学出版社 2007 年出版；伊丽莎白·科尔伯特(Elizabeth Kolbert)的《一次灾难的实地笔记》(*Field Notes From a Catastrophe*)，布鲁姆斯伯里(Bloomsbury)出版社 2006 年出版；蒂姆·富兰纳瑞(Tim Flannery)的《天气制造者》(*The Weather Makers*)，大西洋周刊出版社(Atlantic Monthly Press)2005 年出版；马克·林纳斯(Mark Lynas)的《六度的变化》(*Six Degrees*)，第四等级(Fourth Estate)出版社 2007 年出版。后来，为了进一步思考人类对于气候变化的反应，我深入阅读了乔治·阿克洛夫(George A. Akerlof)与罗伯特·希勒(Robert J. Shiller)合著的《动物精神：人类心理如何驱动经济、影响全球资本市场》(*Animal Spirits：How Human Psychology Drives the Economy*，*and Why It Matters for Global Capitalism*)，普林斯顿大学出版社(Princeton University Press)2009 年出版。

关于人类北极开发和西北航道的历史，我主要参考了马丁·桑德拉(Martin Sandler)的《不屈不挠：对西北航道的史诗般探索》(*Resolute：The Epic Search for the Northwest Passage*)，斯特灵(Sterling)出版社 2006 年出版；吉拉德·肯尼(Gerard Kenney)的《危险航道》(*Dangerous Passage*)，自然遗产(Natural Heritage)出版社 2006 年出版。为了了解加拿大与其北部地区的复杂关系，我阅读了肯尼斯·寇茨(Kenneth Coats)的《加拿大的殖民地》(*Canada's Colonies*)，洛里默(Lorimer)出版社 1985 年出版；弗兰克·特斯特(Frank Tester)和皮特·库奇斯基(Peter Kulchyski)合著的《错误》(*Tammariit*)，不列颠哥伦比亚大学出版社(University of British

Columbia Press)1994 年出版。

我在冰封雪冻的楚科奇海停留了一个月，美国破冰船希利号（Healy）上的科学家以及国务院的代表在夜间举办非正式的讲座，不仅对于他们是自娱自乐，对于我也大有收获，成为我获得信息的来源之一，了解了很多关于《海洋法》、北极冰盖融化的情况以及不同北冰洋沿岸国家如何对北极和石油蕴藏丰富的海底争夺控制权的情况。拉力·梅耶是新罕布什尔大学（University of New Hampshire）的首席科学家和海岸与海洋测绘中心的主任，给我提供了特别重要的信息来源。在俄罗斯，尤利·卡兹敏（Yuri Kazmin）提供了很有价值的洞见，给予此类帮助的还有加拿大的罗恩·迈克纳博、丹麦的特林·达尔-杰森、瑞典的马丁·雅克布森以及华盛顿和莫斯科的很多人，只是这些人都不愿意被提及姓名。在美国地质调查局，唐·高蒂尔（Don Gautier）、布伦达·皮尔斯和达夫·豪斯克奈特帮助厘清了石油潜在储量的大小。

壳牌公司关于情景规划的历史，见彼得·舒瓦兹所写的《长远规划的艺术》（*The Art of the Long View*），双日/流通（Doubleday/Currency）出版社 1991 年出版；他的该书续集《长远规划的知识》（*The Learnings of the Long View*），自创空间（CreateSpace）出版社 2011 年出版。壳牌公司的很多公开发表的报告以及《异端时代》（*The Age Of Heretics*）作者阿特·克雷纳（Art Kleiner）各种各样的文章，对我也有很大帮助。那本《异端时代》是双日/流通出版社 1996 年出版的。

为了了解加州大火及其背景情况，我阅读了约翰·麦克费（John McPhee）的《控制自然》（*The Control of Nature*），法劳斯和特劳斯以及吉罗（Farrar, Straus & Giroux）出版社 1989 年出版；列欧·赫里斯（Leo Hollis）的《凤凰》（*The Phoenix*），凤凰出版社 2009 年出版；尼古拉斯·巴蓬的《贸易论》，伦敦出版社 1690 年出版。关于加利福尼亚州和美国西部永无停息的与干旱的抗争，我参考的是马克·莱斯纳的《卡迪拉克沙漠》，维京（Viking）出版社 1986 年出版；罗伯特·戈林纳

(Robert Glennon)的《不可遏制的态势》，岛屿(Island)出版社 2009 年出版；凯文·斯达(Kevin Starr)的《加利福尼亚：历史》(*California: A History*)，现代图书馆(Modern Library)出版社 2005 年出版。凯文曾就金州和美国梦写过七卷本的巨著，而这本《加利福尼亚：历史》则是其精华本。

关于费尔·黑尔伯格在非洲购置土地的情况，我参考了美国政府当前和过去的资料，与此同时，我还阅读了黛博拉·斯克罗金斯(Deborah Scroggins)的《艾玛的战争》(*Emma's War*)，众神图书公司(Pantheon) 2002 年出版；道格拉斯·H. 约翰逊(Douglas H. Johnson)的《苏丹内战的根本原因》(*The Root Causes of Sudan's Civil Wars*)，印第安纳大学出版社(Indiana University Press) 2003 年出版；安·兰德的《阿特拉斯耸耸肩》(*Atlas Shrugged*)，兰登书屋(Random House) 1957 年出版。关于全球粮食危机的情况，我参考了朱利安·克里布(Julian Cribb)的《即将到来的大饥荒》(*The Coming Famine*)，加州大学出版社(University of California Press) 2010 年出版；托马斯·马尔萨斯的《人口原理》(*An Essay on the Principle of Population*)，J. 约翰逊(J. Johnson)出版社 1798 年出版。为了了解绿色长城等防沙带的历史，我阅读了温蒂·坎贝尔-普迪的《抵御沙漠的女人》，维克多·戈兰茨(Victor Gollancz)出版社 1967 年出版。

关于科恩·欧豪斯所憧憬的未来两栖建筑设计的愿景，我参考了他与戴维·可宁(David Keuning)合著的《漂浮》(*Float*)，阿姆斯特丹弗雷姆(Frame)出版社 2010 年出版。关于气候变暖情况下世界上传染病的增加，我阅读了已故学者保罗·爱普斯坦(Paul Epstein)和丹·费尔波(Dan Ferber)的《变化的星球，变化的健康》(*Changing Planet, Changing Health*)，加州大学出版社 2011 年出版。

我是较早加入谷歌群的成员之一，虽然我总是潜水，但是这个群还是很活跃的。群里热烈讨论过地球工程，是肯·卡尔代拉发起的讨论，让我对地球工程的特点以及实施地球工程的动机有了审视的机会。我在采访并忙于写作自己的书的时候，参加讨论的人员正在酝酿两本非常优秀的著作，分别是杰夫·谷戴尔（Jeff Goodell）的《如何让星球降温》（*How to Cool the Planet*），霍顿·米夫林·哈考特出版公司（Houghton Mifflin）2010 年出版；艾利·肯迪斯奇（Eli Kintisch）的《黑客星球》（*Hack the Planet*），维力（Wiley）出版社 2010 年出版。《超爆魔鬼经济学》是史蒂文·列维特和史蒂芬·都伯纳的著作，威廉莫罗（William Morrow）出版社 2009 年出版，详述了高智发明公司的内部工作机制，对我帮助很大。詹姆斯·罗杰·弗莱明（James Rodger Fleming）的《修补天空》由哥伦比亚大学出版社于 2010 年出版，讲述了一些关于气候和天气的逸闻趣事，不断地提醒着我们这样一个事实，即我们一直想控制天气。

2010 年和 2011 年，我在华盛顿大学听了很多关于地球工程的报告，做报告的一些人是这个新兴科学领域中的翘楚，对伦理道德有着独到的思考，他们是：戴维·凯斯（David Keith）、达尔·詹密森（Dale Jamieson）、费尔·拉什（Phil Rasch）、艾兰·罗伯克、珍·龙（Jane Long）、克里斯托弗·普林斯顿（Christopher Preston）、斯蒂夫·雷纳（Steve Rayner）、本·黑尔（Ben Hale）以及迈克尔·罗宾森-多恩（Michael Robinson-Dorn）。经常参加报告会的有华盛顿大学的戴维·巴迪斯蒂（David Battisti）教授，我们相谈甚欢，既讨论科学问题，也讨论地球工程的谋术。斯蒂芬·加迪那（Stephen Gardiner）是哲学教授，是这个系列报告的组织者，他还著有《完全的道德风暴：气候变化的伦理悲剧》（*A Perfect Moral Storm：The Ethical Tragedy of Climate Change*），牛津大学出版社（Oxford University Press）2011 年出版。他的著作让我认识到，气候变化并不是典型的"公地悲剧"，或者至少说，即便是公地悲剧，也只是我们中的一些牧民放养的牛个头大了些罢了。这与传统的观点是恰恰相反的，公地悲剧这个概念是生态学家加勒特·哈丁（Garret Hardin）首次提出来的。

我第二次去阿拉斯加的楚科奇海，住在波因特霍普村，随身带着丹·奥尼尔（Dan O'Neill）的著作《燃放鞭炮的男孩》（*The Firecracker*

Boys）。该书由圣马丁出版社（St Martin's Press）1994 年出版，讲述了我们差一点爆炸六个氢弹从而创建一个新的北极港口的故事。这段历史很精彩曲折，我很早以前就想读。

最后，我想说一点翻译问题。本书中涉及的外语，有些是我本人翻译的。最初用俄语和法语进行的采访，我都努力把握和领会对话者的意思，但是对他们说话中的神韵则难以会意。采访对话中的西班牙词汇则能很好地理解。

致　谢

　　和詹妮弗·伍(Jennifer Woo)在西雅图新婚才几个周,我就突然接到写作本书的任务。她心地善良,对我的工作给予充分理解和大力支持。感谢她答应我的求婚,感谢她给予我的几乎无限的耐心。詹妮弗十月怀胎,一朝分娩,生下我们的第一个孩子,给我们带来了极大的快乐。这本书是我的第一本书,却花费了更长的时间。

　　如果没有两个人最初的指导,我可能不会了解我这个写作项目的广度。他们是卢克·米切尔(Luke Mitchell)和希瑟·施罗德(Heather Schroder)。卢克·米切尔是我的朋友,也是与我一起在《哈泼斯杂志》(*Harper's Magazine*)共事的第一位编辑。他派我第一次去北极考察,我回来以后,他又帮助我认识到持枪的加拿大士兵的举动是很重要的,这不仅是因为他们显示了气候变化和加拿大与美国之间的关系,还因为他们揭示了人性。希瑟·施罗德是我在 ICM 的经纪人,他帮助我将写作的重点聚焦到显而易见但又是关键的问题上,这就是全球变暖问题,包括它如何影响人类以及哪些人影响它,是全球性的问题。本书涉猎的范围要比北极广泛得多。

　　企鹅出版集团(Penguin)的伊蒙·多伦(Eamon Dolan)愿意对我这个首次写书的人下赌注,给了我极有价值的建议。他都不知道他的建议对我的帮助有多大。后来,他另谋高就。接替他的编辑是弗吉尼亚·斯密斯(Virginia Smith)。斯密斯集幽默和严谨于一身,指导着我这个写作项目的进行,一直到最后的完成。她具有深邃的洞察力,不论是大问题,还是小问题,都乐于挖掘问题深处的故事,极大地提高了本书的质量。同时，凯特林·弗莱恩（Kaitlyn Flynn）也对本书的最终完稿做了大量的工作。

开始写作本书以后，我最幸运的事情是，雇用记者达蒙·泰博（Damon Tabor）为我工作了一年。不过，没有多久，我们俩都认识到，我应该为他工作。下一次，我也许会这样做。达蒙离开我去干更重要的大事之前，已经将本书很多章节的事情安排妥当，包括落实采访人员，甚至在有些情况下，还帮我厘清那些我根本没有意识到的故事。当然，他还用砖头练习铁头功。真的。

很多组织和机构在有意无意之中对我的写作工作提供了支持，或者在我完成这个项目期间使我的家庭没有衣食之忧。我要特别感谢密歇根奈特-华莱士董事会（Knight-Wallace Fellows at Michigan）的查尔斯·艾森德拉斯（Charles Eisendrath）、波吉特·瑞克（Birgit Rieck）、玛丽·艾伦·铎蒂（Mary Ellen Doty）、帕蒂·梅西-威尔金斯（Patty Meyers-Wilkens）、坎迪斯·列帕（Candice Liepa）以及梅利莎·瑞丽（Melissa Riley），感谢国家地理学会的奥利弗·佩恩（Oliver Payne）、皮特·米勒（Peter Miller）、雷恩·艾迪森（Lynn Addison）、苏珊·威尔奇曼（Susan Welchman）、尼克·莫特（Nick Mott）、马克·希尔沃（Marc Silver）、格林·欧兰德（Glenn Oeland）以及丽贝卡·马丁（Rebecca Martin），感谢国家研究所调查基金（Investigative Fund at The Nation Institute）的伊斯瑟·卡普兰（Esther Kaplan），感谢普利策危机报道中心（Pulitzer Center on Crisis Reporting）的乔恩·索亚（Jon McCotter Sawyer）和汤姆·哈德雷（Tom Hundley），感谢哥伦比亚大学以及约翰 B. 欧克斯（John B. Oakes）家族。除了卢克·米切尔，《哈泼斯杂志》还给我指派了非常优秀的编辑，有吉纳维芙·斯密斯（Genevieve Smith）、拉菲尔·克罗尔-宰迪（Rafil Kroll-Zaidi）和克里斯托弗·考克斯（Christopher Cox），同时还资助并首次出版了本书一些章节，包括《北极热》《太大不能烧》以及《水往钞票流》的部分内容。《外部世界》（Outside）杂志的阿莱克斯·赫德（Alex Heard）是我喜爱的编辑之一，他首先向我提出了采写任务，后来成为本书中的《格陵兰岛凸起》那一章。《农田抢夺》这一章最先是在《滚石》(*Rolling Stone*)上发表的,当时的编辑是严肃认真、非常优秀的埃里克·巴迪斯(Eric Bates)。

还有很多人给了我很大的支持,这种支持往往显得不是那么很表面,很有形。在这里,我要感谢大卫(David)和杜安娜·冯克(Duane Funk)、罗纳尔德(Ronald)和丽萨·伍(Lisa Woo)、格雷斯·冯克(Grace Funk)和本森·维尔德(Benson Wilder)、詹姆斯(James)和玛格丽特·伍(Margaret Woo)、杰森(Jason)和康多尔·伍(Condor Woo)、詹姆斯(James)和纳丁·哈朗(Nadine Harrang)以及我们在西雅图、纽约、尤金(Eugene)、贝灵厄姆(Bellingham)和安娜堡(Ann Arbor)等地的朋友们。

还有数以千计的人通过电话、电子邮件、采访等方式回答我的问题,有些人的名字书中提到了,但大多数都没提到。我对所有这些人表示深深的感谢。有些人甚至给予我更加难得的帮助,让我与他们一起旅行数日或几个星期,或者是不惜让我进入到他们的生活里,不怕打扰,从而让我明白以他们的视角是怎样看待这个世界的。如果没有米尼克·克勒斯特、山姆队长、约翰·迪克森、费尔·黑尔伯格、帕佩·萨尔、厄纳姆尔·霍克、卢克·阿尔费和内森·梅尔沃德的慷慨相助,我是不可能很好地写作这本书的,即便是写,其中的乐趣也没有现在的一半多。我希望本书中的内容是正确的,当然,如果有什么错误,都是我个人来承担。

我要对下面这些人致以专门的感谢,他们是:斯特朗中士、丹尼斯·康隆(Dennis Conlon)、道格·马丁(Doug Martin)、约翰·费利尔(John Ferrell)、米德·特里德威尔(Mead Treadwell)、彼得·舒瓦兹、罗恩·迈克纳博(Ron Macnab)、米切尔·拜尔斯、斯考特·博杰森(Scott Borgerson)、马特·鲍威尔(Matt Power)、拉力·梅耶(Larry Mayer)、安迪·阿姆斯特朗(Andy Armstrong)、布莱恩·凡·佩(Brian Van Pay)、鲁西阿诺·冯塞卡(Luciano Fonseca)、塔纱·金迪尔(Tasha Gentile)、吉米·琼斯·奥勒冒恩(Jimmy Olemaun)、亚历

山大·瑟基夫（Alexander Sergeev）、阿尔特·奇林加诺夫（Artur Chilingarov）、露达·美克蒂切娃（Luda Kekertycheva）、加利克·格力库诺夫（Garrik Grikurov）、维克多·波斯洛夫（Victor Poselov）、特林·达尔-杰森（Trine Dahl-Jensen）、马丁·雅克布森（Martin Jakobsson）、布伦达·皮尔斯（Brenda Pierce）、达夫·豪斯克奈特（Dave Houseknecht）、杰里米·本瑟姆、亚当·牛顿（Adam Newton）、斯夫莱·克杰达尔（Sverre Kojedal）、乔夫·达贝尔克（Geoff Dabelko）、范尼·维纳斯（Vanee Vines）、朱莉安娜·海宁森（Juliane Henningsen）、库皮克·克勒斯特（Kuupik Kleist）、简斯·B.弗莱德里克森（Jens B. Frederiksen）、利卡·金森·特洛来（Rikka Jensen Trolle）、尼克·霍尔（Nick Hall）、蒂姆·达弗恩（Tim Daffern）、乔拉·普洛斯库洛斯基（Giora Proskrowski）、莫什·泰塞尔、拉菲·斯多夫曼、阿夫拉哈姆·欧菲尔、维力·克鲁格（Willi Krüger）、埃里克·吉利兰（Eric Gilliland）、马克·厄尔南迪斯（Marco Ernandes）、约翰·温克沃斯（John Winkworth）、乔·弗莱恩（Joe Flynn）、保罗·约翰逊（Paul Johnson）、苏西·戴夫（Susie Diver）、加利·威尔斯（Garry Wills）、比尔·赫夫曼、托德·谢尔兹、雷纳·阿库纳、斯蒂芬妮·平瑟托（Stephanie Pincetl）、墨林·卡莫兹（Merlin Cammozzi）、克雷·兰德利（Clay Landry）、鲍勃·休华德（Bob Heward）、丹尼尔·斯纳尔·拉格纳森（Daniel Snaer Ragnarsson）、埃里克·斯布洛特（Eric Sprott）、古德荣·英吉尔波松（Gudjon Engilbertsson）、杰里米·查理斯沃斯（Jeremy Charlesworth）、让·斯泰恩松（Jon Steinsson）、肯尼斯·克里斯（Kenneth Krys）、凯文·班波罗夫（Kevin Bambrough）、里可·戴维奇、瑟奇·卡兹纳迪（Serge Kaznady）、谢莉·黄（Shirley Won）、斯格伦·戴维斯多蒂尔（Sigrún Davíðdóttir）、斯夫里尔·帕尔马松（Sverrir Palmarsson）、特里·斯布拉格、乌里·考斯奇（Uli Kortsch）、西恩·科尔（Sean Cole）、卡尔·阿特金（Carl Atkin）、戴维·拉德（David Raad）、约翰·普兰德佳斯特（John Prendergast）、皮尔·罗斯（Peer Voss）、费尔·克兹纳（Phil

Corzine)、费尔·沃恩肯(Phil Warnken)、乔纳森·戴维斯(Jonathan Davis)、纳特戴维·莎富兰(David Schaffran)、尼克·瓦德哈姆斯(Nick Wadhams)、詹妮·沃伦(Jenn Warren)、伊森·德文、尼克姆·奥诺尼乌(Nkem Ononiwu)、阿伯斗拉耶·迪亚(Abdoulaye Dia)、德斯内格·郝伯特(Desneige Hallbert)、查德·库明斯(Chad Cummins)、蒂姆·克鲁普尼克(Tim Krupnik)、克拉拉·博格特(Clara Burgert)、诺姆·乌杰尔、卡洛琳·瓦德汉姆斯(Caroline Wadhams)、安东尼奥·马兹特里(Antonio Mazzitelli)、亚历桑德拉·吉安尼尼(Alessandra Giannini)、让-马克·西纳萨米(Jean-Marc Sinnassamy)、吉尔·阿里阿斯·费尔南德斯(Gil Arias Fernandez)、西蒙·巴萨迪尔、约瑟夫·凯撒、达雷尔·佩斯(Darrel Pace)、韦恩·休伊特(Wayne Hewitt)、约瑟·姆斯卡特、伊凡·康西格利奥(Ivan Consiglio)、伊曼纽尔·马利亚、阿提克·拉赫曼、雷恩·布莱德雷(Ryan Bradley)、洛希特·萨兰(Rohit Saran)、阿加·萨赫尼(Ajai Sahni)、纳兹姆尔·伊斯兰(Nazmul Islam)、阿迪克尔·穆斯林·乔杜里、泽萨·卡里姆·乔杜里(Reza Karim Chowdhury)、比诺里·巴塔查尔吉(Binoy Bhattacharjee)、比伯忽·普拉萨德·鲁特雷(Bibhu Prasad Routray)、萨姆加尔·巴塔查尔吉(Samujjal Bhattacharjee)、詹妮弗·马娄(Jennifer Marlow)、杰尼·克伦茨基·巴塞罗斯(Jeni Krenciki Barcelos)、斯宾塞·阿德勒(Spencer Adler)、多罗拉·胡夫(D'lorah Hughes)、佛朗哥·马齐耶托(Francisco Maschietto)、皮埃特·迪克、彼得·威斯敏(Peter Wijsman)、西斯·莫雷纳尔(Thijs Molenaar)、弗兰斯·巴伦兹(Frans Barends)、理查德·佩里坎(Richard Pelliccan)、雷纳·朴森斯(Rene Peusens)、约特·斯图伊克(Jort Struik)、科恩·欧豪斯、康尼·冯·德尔·希登(Conny van der Hijden)、马尼克斯·德·弗里恩德(Marnix de Vriend)、丹尼尔·佩皮童(Daniel Pepitone)、约翰·卡多恩(Johan Cardoen)、皮欧特拉·普奇欧(Piotr Puzio)、苏珊娜·本那(Susanne Benner)、保罗·爱普斯坦、瑞普·巴罗、托马斯·斯考特(Thomas Scott)、丹尼洛·卡尔瓦浩

(Danilo Carvalho)、迈克·道尔、米基·考斯(Mikki Coss)、克里斯·提特尔(Chris Tittel)、艾米莉·基利斯基-古铁雷斯(Emily Zielinski-Gutierrez)、阿伦·安德森(Alun Anderson)、格雷格·黄(Greg Huang)、谢尔比·巴恩斯(Shelby Barnes)、马瑞雷恩·迪克斯(Marelaine Dykes)、凯西·特格林、塞缪尔·瑟恩斯特罗姆(Samuel Thernstrom)、李·雷恩(Lee Lane)、肯尼斯·格林(Kenneth Green)、戴维·施纳尔(David Schnare)、麦克·迪特莫尔(Michael Ditmore)、阿龙·多诺厚(Aaron Donohoe)、戴维·巴迪斯蒂、内尔·阿基尔(Neil Adger)、希瑟·麦克格雷(Heather McGray)、罗杰·哈拉宾(Roger Harrabin)、安迪·霍夫曼(Andy Hoffman)、安迪·布什鲍恩(Andy Buchsbaun)以及理查德·卢德(Richard Rood)。对于帮助过我的人，如果我在此没有提及感谢，那完全是我的失误，特致歉意。

我请朋友和家人帮助我给本书起个书名，出版商安·戈多夫(Ann Godoff)建议为《横财》(*Wind fall*)，最为妥帖，比我们想的名字都好。〔公允地说，本·鲍克(Ben Pauker)也提出了这个名字，只是我没有注意到。〕我这里要谢谢那些帮助起书名的朋友和家人：本、迈克·本诺斯特(Mike Benoist)、达夫·肖(Dave Shaw)、阿莱克斯·赫德、雅菲特·克汀(Japhet Koteen)、本森·维尔德、凡妮莎·葛萨利(Vanessa Gezari)、蒂姆·马奇曼(Tim Marchman)、爱莎·苏丹(Aisha Sultan)、迈克·拉里斯(Mike Laris)、达蒙·泰博、伊森·德文(Ethan Devine)、塔马尔·埃德勒(Tamar Adler)、威尔森·克罗(Wilson Kello)、诺姆·乌杰尔(Noam Unger)、卡里·汤姆逊(Kalee Thompson)、詹姆斯·弗拉赫斯(James Vlahos)、亚当·阿灵顿(Adam Allington)、伊凡·哈珀(Evan Halper)、马德雷讷·伊彻(Madeleine Eiche)、吉瀚·吉姆(Kihan Kim)、阿龙·辉(Aaron Huey)、乔拉·普洛斯库洛斯基。对你们，我深感歉意，因为我没有采纳你们的语意双关的精彩书名。

在西雅图公立图书馆，克里斯·西加西(Chris Higashi)借给我一个锁柜，还给我提供了一个安静的房间，让我写作本书，对此，我深为感谢。虽然离家更近,但是阿龙·辉和克里斯汀·莫尔(Kristin Moore)还是将其办公室搬到对面的街上。我在俄罗斯酝酿写作此书的时候,阿龙·辉就是这样,一直陪着我。他在自己的办公室里给我准备了一张书桌,以便能够与我一起完成本书的写作。我要感谢阿龙·辉,同时我还要感谢帝国咖啡馆的服务员,那个咖啡馆就在这个街区,距离阿龙·辉的办公室不远,那里的服务员可是个好人,也给我提供了间办公室,办公室里还提供咖啡。

译 后 记

　　在我的英文阅读体验中,麦肯齐·芬克的《横财》是颇有玩味的。芬克积六年之功,采访数百人,行程数万里,而终成此书。以语言来说,芬克遣词造句都非常有讲究,在不经意中流露出幽默、风趣、睿智、深邃,展示了语言的精妙和力量。以内容来说,芬克另辟蹊径,从不同的视角,分析气候变化所带来的蓬勃商机,无疑会给当今社会应对全球变暖带来新的思考和启发。

　　正因为该书语言的讲究和内容的新奇,此次翻译对我是一个不小的挑战。作者信手拈来的一个平常的词,特别是孤零零的术语,我往往就需要花费大量的时间来了解其后面的背景和相关的资料。就原文的理解方面,玛丽莲·菲舍尔(Marilyn Fisher)给了我很大的帮助。她是美国律师和法律学者,知识面极广,是我在户外徒步时偶遇的。我翻译此书时,她正在我居住的城市里一所大学教授法学。初次同行,在共同的户外爱好之外,我们对很多问题有深入的交流,有倾盖如故之感。后来,几乎每个周末都相约驴行,每次山野行走,我就抓住机会,和她交流翻译中的问题,她都能给我很好的解释。译稿初步完成后,我就一些问题与芬克进行沟通,他对我的疑惑进行了更深一步的详细解释和确认。在这里,我要对玛丽莲·菲舍尔和麦肯齐·芬克的大力帮助表示衷心的感谢。

　　气候变暖给我们带来了很大的影响,甚至给很多人带来了灾难性的后果,在国际社会呼吁通过减排、节能、适应等措施应对气候变暖的态势下,有些人却发现了其中的商机,并从中牟利。这钱似乎赚得不那么硬气或理直气壮。芬克为他的著作广泛征集书名，最后采用了 windfall 这个词。翻译成中文，也是很伤脑筋，难以找到完全合适的词。脑子里曾冒出"不义之财"这个词，但似乎有不正当或不合法之嫌，这与书的内容不完全一致。书稿完成后，再三斟酌，还是把 windfall 翻译成"横财"，一是这些钱确有不同寻常之处，不管怎么说，是利用别人的灾难或者从拯救别人出水火之中而赚的，在道德或伦理上显得有点理屈；二是部分学术界专家在提到这本书时也使用横财这个词。Windfall 这个词的翻译只是一个例子，书中很多句子的理解让我很费思量，翻译起来颇为踟蹰。尽管我努力把握原文的意思，但是翻译中还会存在不足和不当之处，有些地方难以将原作语言的神韵完全传递出来，这是译者要负责的。

为了应对全球变暖，国际社会经过多年的艰难磋商，终于在 2015 年 12 月 12 日通过了《巴黎气候协定》，确定了温室气体排放的减排目标。2017 年 6 月 1 日，美国总统特朗普在华盛顿宣布，美国将退出该协定。关于气候变化、全球变暖，虽然有充足的科学证据，但依然是见仁见智，对于如何应对气候变化，更是各打各的算盘，各算各的账。只是，面临气候变暖，几家欢乐几家愁。

最后，感谢江苏人民出版社给我这次合作的机会，感谢出版社的戴宁宁主任和莫莹萍编辑，她们的认真负责给我留下了深刻的印象，更为本书的译文增色很多。

全球变暖，济南的夏日尤其酷热，其南部山区还是凉爽的，那里的空气也新鲜，少有雾霾的困扰。

王佳存
2017 年 6 月于济南

图书在版编目(CIP)数据

横财:全球变暖 生意兴隆/(美)麦肯齐·芬克
著;王佳存译. 一南京:江苏人民出版社,2018.4
("同一颗星球"丛书)
书名原文:Windfall:The Booming Business of
Global Warming
ISBN 978-7-214-20727-2

Ⅰ.①横… Ⅱ.①麦… ②王… Ⅲ.①企业经营管理
一通俗读物 Ⅳ.①F272.3-49

中国版本图书馆 CIP 数据核字(2018)第 035718 号

书 名	横财:全球变暖 生意兴隆	
著 者	[美]麦肯齐·芬克	
译 者	王佳存	
项目统筹	戴宁宁	
责任编辑	戴宁宁 莫莹萍	
装帧设计	刘葶葶	
责任监制	陈晓明	
出版发行	江苏人民出版社	
出版社地址	南京市湖南路 1 号 A 楼,邮编:210009	
出版社网址	http://www.jspph.com	
照 排	江苏凤凰制版有限公司	
印 刷	江苏凤凰通达印刷有限公司	
开 本	652 毫米×960 毫米 1/16	
印 张	19.25 插页 10	
字 数	264千字	
版 次	2018 年 4 月第 1 版 2018 年 4 月第 1 次印刷	
标准书号	ISBN 978-7-214-20727-2	
定 价	48.00 元	

(江苏人民出版社图书凡印装错误可向承印厂调换)